尾張野の伝統工芸

野嵜正美　文・写真

まえがき

毎年、名古屋では秋に「職人展」が開かれている。会場には、四五の団体、一六の個人が参加しており、実に多くの人が会場を訪れている。実演の職人の技に魅せられている人、職人に話しかけ技術的なことを訪ねる人、作品に目を輝かせて見入る人、作品を入手しようと尋ねている人などで溢れ活気がある。百貨店でも伝統工芸の催がよくあり、そこにも結構な人数の人が訪れている。伝統工芸への関心は結構高いとの印象を受ける。こういった催では総じて生活と関わる実用の具の性格を持つものであるが、それを持ち用いることに喜びを覚えるものである。

伝統工芸品の多くは、「用」に応えるものであるが、人は単に使用に耐えることだけでは満足しないものである。気持よく使えるものであってほしいのであり、加えて美しい物であることを求める。歴史の中で「用」に優れ且つ美しさをも兼ね持っているものが、磨かれ続け現在にまで受け継がれて我々の目を引き和ませてくれている。それを用いることに悦びを覚える。こういったものが伝統工芸品であるといえよう。伝統工芸品は生活の中から生まれ生活と共にある故か、長い伝統の中で熟《な》らされて、穏やかで安定感があり、飽きがこない。美しさも一歩さがっていて接する者に疲れを感じさせない。これが伝統工芸品の美しさであり、特性であると思う。この伝統工芸品の持つ美しさと性格が、慌《あわ》ただしい今の社会の中で生活する者を惹きつけるのであると思う。

今、人々の伝統工芸への関心には高いものがあるといえる。しかし、現実には伝統工芸は困難な状況下にある。もともと伝統工芸品は日本の伝統的な生活様式や生活感覚と結びついているものである。社会構造の変化、急速に進む生活様式の洋風化があり、またそのことから生活感覚も変化してきており、伝統工芸品との結びつきが薄れてきた。慶事、仏事などにおいても家から離れて料理屋・レストランで行われるようになり、大切に手入れ保存されてきた道具・器物も使われなくなった。家の建替や改修の際、処分されてしまう状況にある。一部の品物は代替品に取って代わられてしまっている。外国での安い労働力によって作られた物が入ってくるようになり、生業《なりわい》としてやっていけなくなったものもある。経済システム、産業構造は大きく変化してきておりそれに伴って労働環境、若者の職業観も変わり、伝統的というものの前近代的な要素を多分に持っている工芸品製作に携わることを嫌がる風潮もある。何年も地道に技を磨いていく職人の道を歩むことを避けようとする。こういう風潮の中で、「伝統的」と価値付けられているものの、工芸の仕事も後継者を得ることが困難となっている。ローカルな特殊性の強いものの中には消えていかざるを得ない状況におかれているものもある。

原料・素材の確保の問題もある。かって「技術以前に原料が滅びる」という言葉を目にしたことがある。原料の種類によっては原料そのものが減ってきており、それに原料といっても最初から直接製品に結びつくものは少なく、原料に加工しなければならない。加工する人もいなくなって原料造りができない。今、伝統工芸はこんな点でも苦境にあるのである。

伝統工芸が困難な状況にあることは否めないことであると思われる。伝統工芸品とその技術は一度絶えるとその復活は極めて難しくほとんど不可能であると言われている。それ故に、そのための策が講じられてきてはいる。昭和二五年五月制定の文化財保護法は、伝統的な優れた技術を「無形文化財」として保護しようとした。昭和二九年改正され、新基準による重要無形文化財の認定制度が生まれ、翌三〇年の第一次認定以来多くの優れた重要無形文化財保持者が認定されてきた。だが、これは文化的な面からの保護奨励の策であり、全体として芸術性が評価されるものであり、多くは日常生活の用に供せられる伝統工芸品については、その適用は難しいものがあった。

そこで、昭和四九年五月に伝統的工芸品のおかれている状況に鑑み、「伝統的工芸品産業の振興に関する法律（伝産法）」が公布された。これは衰微の方向にある伝統的工芸品の技術を守り維持をはかり、次世代へ継承していくための振興を目的とするものである。こういった法律を制定し、生産を振興しようとするのは、これまでの伝統工芸、伝統工芸産業の在り方では存在できなくなってきていることを示している。行政による梃子《てこ》入れが必要になってきているのである。

この法律は伝統工芸品を次の条件を満たすものと規定している。

（一）主として日常生活の用に供されるものであること。

日常生活用の器物、道具、衣料品、装飾品などである。この場合の日常生活の範囲はかなり広く考えられており、冠婚葬祭や節句など一生に、或いは年に数回の行事でも、日本人の生活・精神生活に密着しているものは含まれる。伝統的工芸品の特質、独特の味わいは手工業性と切り離せないものであり、主要工程は熟練を要する手工業とする。

（二）その製造過程の主要部分が手工業的であること。

（三）伝統的な技術又は技法によって製造されるものであること。

原則として百年以上前から続いていることが基準となっている。百年前の技術・技法そのままでなくても、継承の過程での改善発展が製品の特質を変えるに至らないものは可とされる。

（四）伝統的に使用されてきた原材料が主たる原材料として用いられ、製造されるものであること。

原則として百年以上継続的に使用されてきているもの。但し持ち味を変えない範囲で例外として一部の原材料の使用は認められる。

（五）　一定の地域において少なくない数の者がその製造を行い、又はその製造に従事しているものであること。

　ある程度の規模があり産地を形成していること（一〇又は三〇人以上の従業員）

　これらの条件を満たし、伝統的工芸品産業審議会が認定し、経済産業大臣（旧通商産業大臣）から「伝統的工芸品」として認定されると、種々の助成措置が受けられるとしている。

　昭和四十九年の第一次指定以降現在に至るまでの愛知県で指定を受けているものを書き出してみると、

［陶磁器］　常滑焼（第五次認定　昭五一）
　　　　　赤津焼（第七次認定　昭五二）　　瀬戸染付焼（第三一次認定　平九）
［石工品］　岡崎石工品（第九次認定　昭五四）
［染織品］　有松・鳴海絞（第三次認定　昭五〇）
　　　　　名古屋友禅（第一八次認定　昭五八）　　名古屋黒紋付染（第一八次認定　昭五八）
［仏　壇］　名古屋仏壇（第六次認定　昭五一）　　三河仏壇（第六次認定　昭五一）
［文　具］　豊橋筆（第六次認定　昭五一）
［家　具］　名古屋桐箪笥（第一五次認定　昭五六）
［装飾品］　尾張七宝（第二九次認定　平七）

となっており、一二種が指定を受けている。

　この法律を受けて、第二条第一項により指定を得たものの製造に関する伝統的な技術及び技法に熟練した従事者を認定する制度がつくられている。「伝統工芸士」の認定である。伝統工芸士を認定することにより、高い技術技法の保持、その向上を図り、若手を育成する指導者としての役割を期待し、以て伝統的工芸品産業の振興に寄与せんとしたものである。現在、県下の各産地、各部門で伝統工芸士の称号を有する方が、自信を持って製作に励み、活動をしておられる。

この伝産法の趣旨から愛知県内では右記のものが指定を受け、伝統工芸士の認定を受けて伝統工芸の維持継承を図っているが、これは一定の規模を持つところである。これ以外にも実際には、我々の生活の場の近くにあって昔から馴染み愛着を持っている伝統工芸が存続している。極めてローカルであり、生産者も少なく需要も少ない小規模なものである。それ故に却って特別な感情を持っていて、衰微していくことに寂しく思うものがある。そんなものにも目を向けていくことが必要であると思うこの頃である。

幼少の頃の記憶、体験からか、伝統工芸品を見ることは好きなことであった。旅行の際にも、当地の伝統工芸に出会うことはうれしい。時間に少々ゆとりが出来た時期になってきて、自分の生きてきた尾張の伝統工芸の今の状況を少しでも調べてみたいと思うようになった。時を見て集めた資料、写真がかなり貯まってきたのでそれを整理しようとしていたとき、後輩が目にし、刊行を強く勧めてくれたのであった。この時期のふるさとの伝統工芸を記録として残すことも意義があることと思い小さなものであるが、当地の今の伝統工芸の状況を、歴史、製法の特色、携わっておられる方々の思いも含め、出来るだけ写真を多くいれてまとめてみたものである。

平成二十年　四月

おことわり

・訪問して文、写真にまとめたのは、ほぼ十年間のものであり、初期に訪れた職種には現在の状況とずれもあります。現時点に合わせるには困難があります。念のため各項の最後に訪問取材した時期を示しておきました。参考にして目を通していただければ幸いです。

尾張野の伝統工芸　目次

尾張野の伝統工芸

野点の席にひときわ映える つまおり傘

糸掛け作業をする尾関浩一氏

つまおり傘と風格

茶会の野点《のだて》の席で、ひときわ映えるのは大きな朱色の和傘である。これが「つまおり傘」「朱傘」である。今では正式には「儀式用端折《つまおり》長柄傘」と表現されているが、一般にはつまおり傘といわれる。古代から用いられた傘で、公家、僧侶、武家の儀式等必須のものであって、後ろからこの大きな傘をさしかけた。社寺の儀式・祭典で重要な役割を持ち、荘厳さを増す効果が期待された。江戸時代には、大名行列、遊女の道中にまで用いられた。

今では格式にこだわらず、野点はもとより、和菓子店舗や旅館でも、華やかかつ落ち着いた雰囲気を醸し出すものとして用いられている。個人で求められる方も結構あると聞く。

尾張の朱傘

このつまおり傘が作られているのは尾張北部扶桑町、木曽川間近の山那である。この地は、木曽川が犬山で平坦部に流れ出し扇状地を形成するが、その上部に位置し、地味の低いところであった。『尾張徇行記』を見ると、「戸口多ク耕地不足ナル故ニ、農事ノミニテハ生産ナリガタク、工商ヲ以ッテ渡世ヲ送ル者多クアリ、云々」とあり、副業が重要であった。くわしくは別に記すが、木曽川沿いには、一円に竹役が課せられていたことからもわかるように、竹林が多く竹細工も極めて盛んであった。こんな背景があって傘づくりもなされていたと考えられる。

親骨の先端：つまおり

今日も、番傘・蛇の目などの一般の和傘は対岸の岐阜市で作られている。技術的にも高いものが要求され、用途も異なるつまおり傘も、この地に導入され、作られるようになったと考えられる。

つまおり傘を作っていたのは尾関家で、記録によると、元亀年間（足利義昭将軍時代）に既に朱傘を製作していた。現当主・尾関浩一氏は第一四代という。現在、伝統的なつまおり傘を作っている業者はほかに京都にあるものの、この業者は全ての工程を扱わず、半製品を仕入れ京都風の朱傘に仕上げているという。全ての工程をこなし製作しているのは、ここ尾関家のみであるという。

つまおり傘は、普通の傘が直骨であるのに対して、名が示すように親骨の先が三cmほど内側へ曲げられている。同じように大きな傘である祭傘が直骨で危なっかしいのに対して、猫が爪を内側に引っ込めている感じで、深みと落ち着きがあり、美的感覚にも優れている。機能的には、風にあおられても端がバタバタしない、尾張の方言で言えば、「あぶたれる」ことがなく安定感がある。普通の大きさの三尺もの（骨の長さ）で、直径六尺（一・八メートル）、重さ三・五キロもあるので、大変意味のあることである。

二つ目の特徴は傘の内側の押上骨《おしあげぼね》（岐阜和傘では小骨という）に糸掛けがしてあることである。これは、本来的には長い骨の傘に生ずる捻れを防ぎ補強するものであるが、何色もの絹糸を用い、彩り鮮やかで装飾性に優れ、傘の品位を感じさせる。

三つ目はその大きさである。普通は親骨の長さ三尺、三尺五寸、骨数六十、七十であるが、先代（正光氏・愛知県無形文化財指定）は六尺もの大きな傘を作られたことがある。傘の半径六尺、従って直径十二尺（三・六メートル、骨数八十本）であり、それはちょうど八畳間に収まる大きさである。

このように大きく優雅な品位のあるつまおり傘が、尾張野で作られ続けている。

つまおり傘の材料と工程

一　骨

緑色の傘の注文もある

骨は二種に分かれ、親骨と傘の内側にあって親骨を支える押上骨（岐阜和傘では小骨という）がある。その素材はいうまでもなく竹である。

元来、真竹《まだけ》が用いられてきたが、今は良質の真竹が入手できなくなってきている。竹そのものが減少してきているところへ、昭和五〇年頃、真竹の大開花があり、多くが枯死し入手が困難になった。今では長い親骨には孟宗竹を用い、それでも押上骨には何とか真竹が使われている。一時輸入竹の紹介もあって使おうとしたが、竹の質・虫食い穴等の問題があり、今は使用していないという。

親骨、押上骨とも、墨を柿渋で溶いて作った液を塗り、従って真っ黒である。これを炭火で炙《あぶ》り、まっすぐに修正し、親骨の方の先端を炭火で熱した道具を用いて曲げる。両骨とも接合部に穴をあける。

二　轆轤《ろくろ》の工作

ロクロには粘りがあり加工しやすい萵苣木《ちしゃのき》（轆轤木ともいう）を用い、ロクロに工作した後、柿渋、塗料を塗り漆を掛ける。傘の上部のロクロを頭甲ロクロといい、押上骨を付けるのが押上ロクロである。

三　骨通し

親骨は頭甲ロクロに、押上骨は押上ロクロに取り付ける。それぞれの骨の先端とロクロの歯には小さな穴があけてあり、そこに撚《よ》った木綿糸を通して取り付ける。

次に親骨の中節と押上骨の先端とを同じく木綿糸を通して接続する。この糸を中糸という。撚った一定の太さのある木綿糸は開閉の際の摩擦にも耐え、切れることがないという。

四　紙張り

紙は良質の和紙を要し、四〇年ほど前までは、もっぱら美濃の紙を使ってきたが、今は京都府綾部黒谷の和紙を使っている。黒谷は律令時代に紙を税として上納していた古くからの紙漉産地で、近くに京都を控え良質の多種の紙を生産することで有名である。ここの傘紙は、できあがった時の張り感触がいいという。

＊黒谷―先頃ここを訪れた。今ここも紙漉を生業とする家が減少してきて、一五、六軒となってしまっている。原材料も高知、和歌山、韓国から入手する状態で、加工は共同作業場で行う。傘紙はいわゆる傘判で漉くが、他の紙よりやや厚手で漉くのは難しいとのことであった。

①骨材の真竹

②防腐防虫加工

③炭火で炙り竹を真直にする

④骨の接合部の孔あけ

⑤轆轤の塗り、乾燥

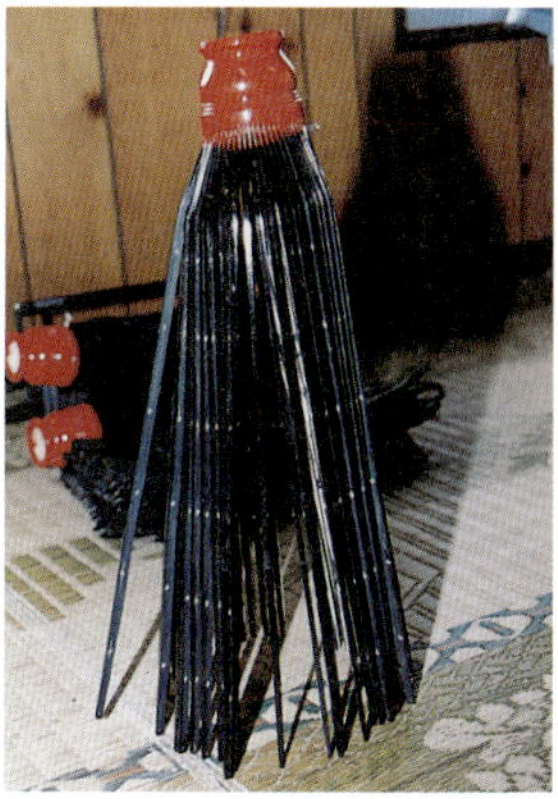

⑥骨通し：押上ロクロを付ける

⑦傘づくりの中心：紙張り

黒谷和紙の里：集落の中央に黒谷和紙会館がある

　この手漉き和紙に一枚一枚刷毛で朱の顔料を塗っていく。化学塗料を使用しないで顔料を用いるのは色褪《いろあせ》を避けるためである。こだわりを持ち続けていくとの言であった。乾いた後、その紙を横槌でたたき均質な厚さにする。紙の耳の部分はやや厚いからである。

　紙張りを始める前に重要な骨割りをする。骨の間隔を定規で等分しておくことが必要である。

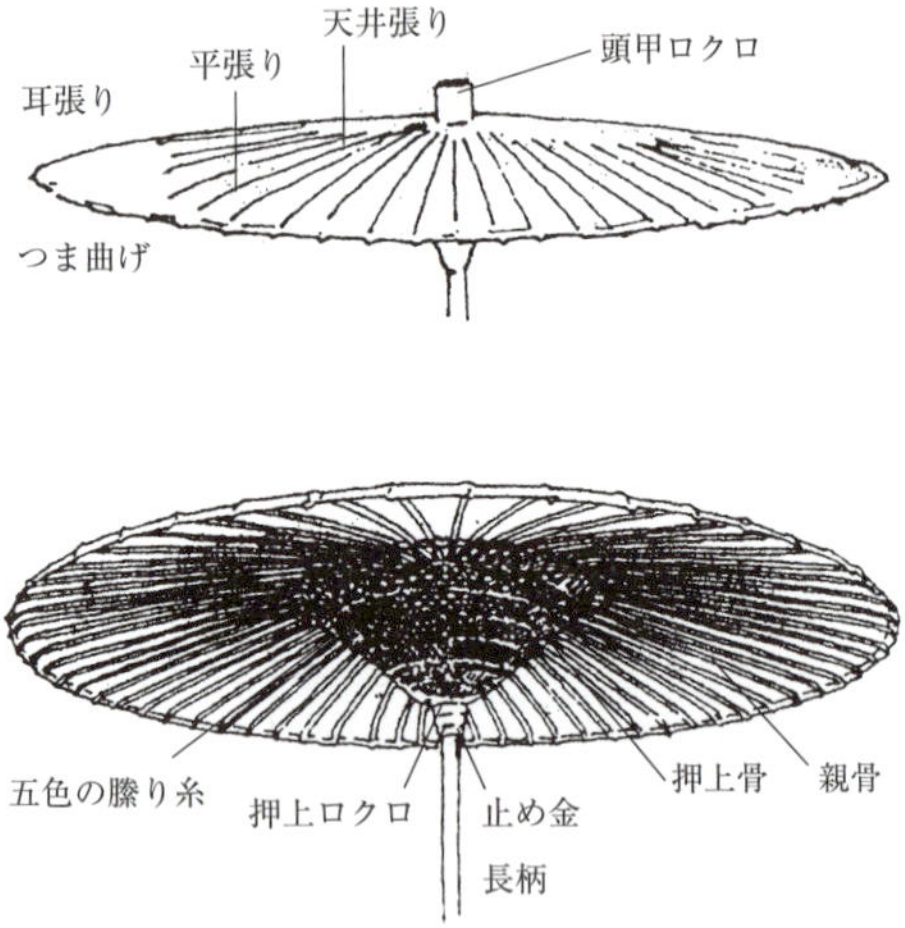

つまおり傘部分名称

　いよいよ傘作りの中心である紙張りである。最初に耳張りをする。親骨の先端のつま曲げの部分に張るもので、その紙の中心には耳糸が張り合わされ、補強されている。

　次いで平張りをし、頭甲ロクロのハダ巻きと押さえをして中張りに移る。

　次に天井部の処理をし、天井張りをする。張る紙には適当な湿り気が施してある。古びた木箱の底に湿らせた土が入れてあり、その上に新聞紙を置き、朱色の和紙の束がのせられている。湿り気を施すのは張りやすくするためであり、糊が乾いたとき紙がピンと張るようにするためでもある。

　使う糊であるが、いまも蕨粉《わらびこ》を用いている。蕨粉を練ったものに柿渋を混ぜて作る。蕨粉の入手が困難になってきているが、傘張りにはこれが最適であり、この入手の続くことを願っているという。

五　朱塗り

　紙張り、乾燥の後、朱の顔料を塗る。朱傘を引き立てる朱色が施される。

六　乾燥

　仮の柄を付けた大きな朱傘が庭いっぱいに干される。

七　折り込み

　天日で乾燥の後、少し夜露に当てて湿らせてから折り込みをして傘の畳み癖をつける。湿らせてからでないと紙がパンパンに張っていてとても畳むことができない。夜露による湿り具合が一番良く、この作業は夜の仕事となる。

八　化粧

この後、頭甲ロクロの化粧張りをし、骨の表面に漆を掛ける。こうしてから亜麻仁油を塗り、さらに頭と骨に漆を掛ける。

九　飾り糸掛け

朱傘を引き立てるのは朱色と押上骨に掛ける飾り糸である。

飾り糸は通常五色を用いる。これは五行（万物生成の木・火・土・金・水）を表しており、緑・赤・紫・黄・白の五色である。

色の生糸を押上骨に編み込むといった感じで、実に彩り鮮やかで、五色の糸の出発するもとの編み込みは、手鞠《まり》を思わせるものだ。この糸掛けは、本来傘の捻れなどを防ぐ補強のためのものであるが、装飾性が強められ人目を引きつける。

一〇　仕上げ

仮の作業用柄を外し、正式の木柄を取り付ける。柄は朴木《ほうのき》で下塗りをしたのち漆で仕上げられており、籐・弾き・尻金具が取り付けてある。長さは三尺もので二・二メートル、太さ三・五センチで、現在、柄は長いので運搬・保管の便を考えて、二分できるようになっている。これで完成である。

⑧朱を塗る

⑨乾燥

⑩飾り糸掛けをする

五色の縢り糸の美

庭園に映えるつまおり傘（犬山市有楽苑）

つまおり傘の状況

現在、この伝統的なつまおり傘を作る人が減り、天職として製作に携わるのは尾関家のみとなったようである。伝統的行事や儀式に、あるいは装飾の小道具としての需要はあるが製作の本数には限界がある。

国宝茶室「如庵」

今、年間三〇〇本ほど製作されているが、そこへ五十本ほどの修理が持ち込まれる。五十年から百年ほど前に作られたものがほとんどで、紙の張替えと折れ骨の修理である。ほとんど当家で作られたものであるが、つまおり傘を作る人がいなくなってきた今は、他家で作られたものも持ち込まれてくる。作り方、部品の相違もあって時間がかかり修理も難しいとのことである。

当主は、「自分の先祖の作った傘を修理していると、その技術の確かさを見て、受け継いだ技術を生かさねばと思う。ますます精進すべきことと、伝統の重みを感ずる」と語られた。また一方で、「最近は外国で安価に作らせた製品が入ってくるようになり、長い伝統の中で培われ受け継がれてきた精神と技術が消えていってしまうのではないか」との不安も抱くようになっているとも語っておられた。

（平成一一年）

訪問先

尾関朱傘製作所　尾関浩一（宣明）氏

愛知県丹羽郡扶桑町大字山那六一一

電話　〇五八七—九三—二二一九

呉須赤絵と桜楓の雲錦手
犬山焼

作品を手に犬山焼を語る後藤陶逸氏

犬山と趣致ある絵付焼物

犬山は、木曽川と川畔にそびえ立つ犬山城で知られ、残したい日本の風景の一つである。

この犬山は成瀬氏三万五千石の城下であった。しかし成瀬家は徳川将軍家の陪臣で大名ではなく尾張藩主の付家老であった。それ故に犬山は尾張藩の中で特殊な性格を持つ地であった。瀬戸という大窯業地をもつ尾張藩内で、その圧力のある中、「御庭焼」と称して新たな窯がここ犬山に開かれた。

犬山焼は春の桜と秋の紅葉をあしらった特色ある絵付の焼物である。歴史もさほど古くなく、ローカルな焼物であるが、呉須赤絵《ごすあかえ》と雲錦手《うんきんで》の二つを特色とするもので、茶道具、香炉、壺などの装飾置物に華麗な作品を焼出し、多くの愛好家を生み出した。

犬山焼の歴史

犬山焼の創始は、宝暦年間に丹羽郡今井村宮ヶ洞の奥村傳三郎なる人物によって開窯されたことに発すると伝えられている。器種は、徳利・片口・すり鉢・茶碗・皿など日常の炊事用具が主体であった。製品には犬山の角印があるものがあり、犬山焼といわれていたと考えられる。この今井窯は三代にして廃絶された。今我々がイメージする赤絵の製品はまだ作られていなかった。

その後三〇年ほどを経た文化七年（一八一〇）に、犬山本町の島屋宗九郎が時の城主成瀬正寿《まさなが》に願い出て城下の東方丸山の地に築窯した。お庭焼と称したものであるが、経営困難のためか、綿屋太兵衛（大島暉意）なる人物の手に移り、京都粟田口より二名の陶工を招き粟田《あわた》焼の作風を取り入れようとしたが、結果はよくなかった。文政五年にいたって春日井郡志段味《しだみ》村（現名古屋市守山区上志段味）から加藤清蔵なる陶工を招き、さらに新たな陶工を招き寄せた。瀬戸系の丸窯が築かれ、磁器製造も始められた。この窯も財政上の故か、天保元年（一八三〇）に廃業の憂き目を見た。

このような状況下、城主成瀬正寿は陶業の挫折を惜しみ、保護援助し、加藤清蔵を窯主として再興をはかった。再興された窯では水野吉平が来て、従来の犬山焼に赤絵が加えられた。続いて画工逸兵衛（道平）が名古屋から招かれていたが、城主成瀬正寿が春秋にちなんで桜と紅葉を光琳風に描かせたと伝えられている。これが雲錦手といわれる文様で、桜の雲と楓の錦を意匠化して、器の内外に鮮やかな色彩で表現したものである。この文様は以後犬山焼の象徴となっていった。史書には、この他に兼松所助（所介）、川本治兵衛、近藤清九郎等の名が上がっている。

時代は大きく動き、明治維新、版籍奉還・廃藩置県となり、窯を続けることは困難となり廃止となった。犬山焼は、御用瓦師であった尾関作十郎がこの陶業を譲り受け、経営を続けることとなった。二代目作十郎信美は中心となって犬山陶器会社を設立した。他に組合立犬山愛陶舎が設立された。しかし、明治二四年の大地震（濃尾地震）の被害は大きく、ともに解散状態となった。

その後、三代目作十郎信敬が後を襲い窯を復興した。この尾関窯のほか、先の会社解散後独自に陶業をはじめていた後藤鐐次郎、青山茂、紀頭留吉、吉野鐵次郎、大沢久一が日用雑器を中心に生産を高めていた。

第二次世界大戦中・戦後の困難を乗り越え犬山焼は、現在、窯の伝統を持つもの三窯を含めて四窯があるが、伝統的な作風を伝える一人が後藤陶逸氏である。

犬山焼の製法

一　陶土・土作り

陶土　岐阜県伊岐津志《いぎつし》、蘇原《そはら》、塩河《しゅうが》の土。愛知県瀬戸の土。

製土

①陶土の乾燥

②粉砕（臼で搗く）

③水簸《すいひ》　水漉　モロ池で漉《こ》す

④漉込み

・液状の土

・上液に明礬を加える。

・粘土分を甕に移す。

・水分を抜く。

（菊練り）

②土練り

①モロ池で漉す

④絵付け作業

⑤絵付け後の乾燥

③轆轤成形中の後藤陶逸氏

冬場：モロ板の上で凍らす。
夏場：瓦の上で天日干し。
⑤土踏み
⑥土練り
・土の気泡を抜く。
・土の硬さを均質にする。

二　成形
①轆轤成形と手捻《てびねり》成形
②仕上げ

三　素地乾燥
日陰乾燥をしてから、天日乾燥する。

四　絵付
①素焼　八〇〇℃
②下絵付・染付
③施釉　釉薬：長石、灰、イギ土
④乾燥
⑤施釉後始末
（暈《ぼかし》刷毛使用、高台の釉の剥ぎ取り）

五　本焼　上絵付
①本焼　一二三〇～五〇℃
②上絵付
絵具調合・
赤絵：弁柄、緑青
＊染付：呉須、青呉須、海碧呉須

香炉

大壺

菓子鉢

「竹林の七賢」絵皿

⑥瓦斯窯での焼成

③焼付
上絵窯、七八〇℃
④窯出し　一日半冷ます
⑤金彩が加わる場合
焼付　金窯・飾窯
⑥窯出し
一日半冷ます。
⑦検品　完成
（平成一二年六月）

訪問先
後藤陶逸陶苑

香合と香炉

桜と紅葉の抹茶碗

後藤陶逸氏
犬山市犬山字相生一四
電話　〇五六八—六一—〇五七八

尾北

生活の中に竹の特性を生かす
尾張の竹細工

米揚笊を編む平田重則氏（一宮市瀬部）

「当村家職籠作リ」

濃尾平野は、河川の運んだ土砂によってできた沖積平野の典型として知られている。木曽川が山地から平野部に出るところに見事な犬山扇状地が広がり、この下流側に河川が運搬した堆積物によって形成された氾濫平野が続き、さらに先に三角州平野、江戸時代以降の干拓によって生まれた人工平野が連なっている。

このうちの犬山扇状地から氾濫平野にかけて良質の竹林が育ち、竹との繋がりが深い生活が営まれてきた。特に上部の扇状地では、加工しやすい真竹《まだけ》や淡竹《はちく》が繁茂しており、古くから竹細工を農閑期の余業として営む農家が多くあったことが知られている。旧丹羽郡の瀬部（現一宮市）、島宮、東野（現江南市）などは有名であった。江戸時代の『尾張徇行記』の瀬部村の項を見ると「大体村立ハヨクシテ竹木茂リ、殊ニ竹立ヨキ所ナリ、農業ノ余力ハ前条ニモ記ス如ク、往昔ヨリ専ラ生産ノ援ケトス、第一ニ筲《かご》ヲ造リ名古屋又は知多郡辺へ多クウリツカワセリ、……竹細工物ハ年中ニ大凡百両ノ余モ交易スル由」とあるように、盛んに竹細工を生産、商ってきたところである。「寛文村々覚書」は「当村家職篭作り」の村として、他に宮後、赤童子、和田勝佐、斎藤、柏森をあげている。

この地方に、いつ頃から竹細工が行われ始めたかは詳らかではないが、口伝によると、室町時代、永享の乱の頃、大和の浪人が東野に土着し、竹細工の技術を教えたという。文献的に見ても、室町時代にまで遡ることができるようである。「応仁記」（群書類従所収）の中に、細川勝元が畠山尾張守政長と結盟の間柄でありながら助勢しなかったために政長が敗れたが、その際の落首に「無性ナル竹ヲ頼テ尾張籠クムヨリハヤクフチソハナル」とあり、すでに籠作りが世に知られていた。

『尾張名所図会』瀬部竹籠造

竹を加工する技術は単に日常使う生活用具の生産だけでなく、特殊な技術としても重要であった。『尾張徇行記』に「慶長十四酉年北方村ニテ木曽川堤防決壊ノトキ、瀬部村ノ人来テ石篭ヲ造リシナリト」とあり、『寛文村々覚書』にも「御用ノ節、篭作人足出、御扶持方被下ル。人足ハ堤銀ニ差次被下ル」とあり、川沿いの村々に篭人足が課せられており、堤防の補強の石籠・蛇籠《じゃかご》造りで活躍している。さらに特殊なものとして大仏の竹組を作った例がある。岐阜市の岐阜公園前にある金鳳山正法寺の大仏がそれである。三八年の歳月を費やして天保三年に完成したものであるが、公孫樹《いちょう》を芯柱に、竹材を編み、一切経を張り、上に漆を施し金箔をおいた、いわゆる一閑張《いっかんば》り手法の盧遮那仏で、高さ四丈五尺（一三・六メートル）の大きなものである。これを瀬部村を中心に籠作りの人たちが多数赴いて完成させたもので、当地方の竹細工の技術が近在だけでなく

金鳳山正法寺（黄檗宗）大仏「籠大仏」

広く知られていたのである。
しかし、日常はもっぱら日用品を作っていたのであり、地元の丹羽、葉栗、中島郡はもとより、海部、名古屋、遠くは知多半島にまで販路を広げていた。

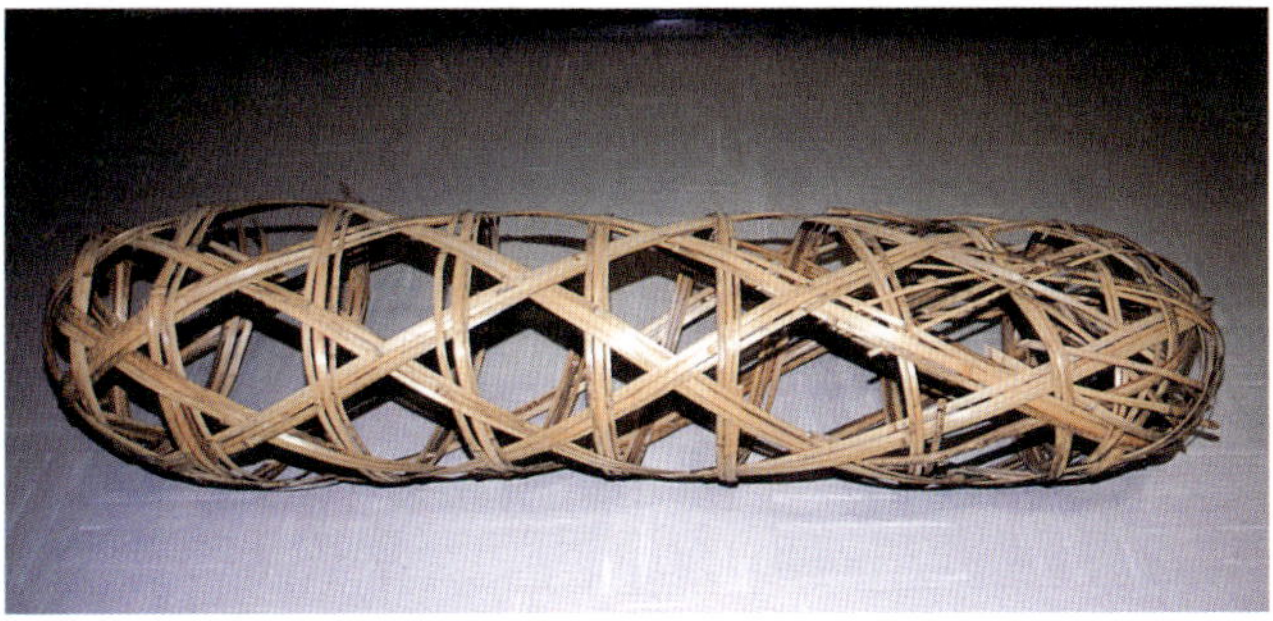

蛇篭《じゃかご》について
竹で編んだ大きな竹籠で、中に石を入れて河川に沈め、水流の勢いを止め土砂の流失を防いだもので、水防に大きな役割を果たした。享保期に全国に広がったといわれている。尾張でも木曽川をはじめ、大きな河川で用いられた。　江南市歴史民俗資料蔵

明治以降の竹細工

近代に入って起伏はあったものの、総じて活況を呈してきた。中部各県、遠くは中国地方にまで販売された。盛り花籠などは海外にも輸出されたという。大正十一年には、東野竹細工信用販売購買組合が組織されている。創立当時、組合員二二〇名（内生産者一二〇、他は商店・行商など）であり、竹細工製品の査定、証紙の貼付などを行った。昭和五三年の時点では古知野竹製品商工業協同組合として存続し、組合員全員が活動しているわけではないが、組合員約一〇〇名となっている。竹製品の内、箕《み》はこの組合を経ないでは販売できないことになっている。昭和一五年には、別に瀬部地区にも瀬部竹材加工組合が設立されて共同販売をしてきたが、これは今は解散されてしまっている。

戦後、もの不足のためもあって需要が大きく活況を呈してきた。持てるだけの製品を持って電車で出かけると、目的地に着くまでに全部売れてしまったという状況であったと聞いている。地区の八割以上もの家が竹に関係した仕事に従事していたという。

しかし、その後の高度経済成長期の到来、ビニール製品・プラスチック製品の普及につれ、需要は急速に減少してきた。それでも竹製品の良さに魅せられて、また農具としての箕などの一定の需要もあって、老人たちによって生産は続けられてきた。昭和五三年時には、瀬部七人（本業三人）、島宮四人（本業二人）、東野一五人（本業六人）、古知野四人が従事していた。その時期の主製品は、笊《いかき》類と箕《み》であるが、それでも前者は年間五千個位、後者は一万丁前後である。特に穀類生産作業ではなくてならない箕は使いやすいという評判で、遠く四国、九州からの注文もあったという。

かつて広くあった竹藪も今ではほとんど見ることができなくなっている。当地方の竹藪に決定的な打撃を与えたのは伊勢湾台風で、これによって根が傷み、竹藪は潰れていった。それに加えて、自然《じねん》

杭《ご》（竹に花が咲いて枯れる現象）で竹が減った。当地方では知られた八丁藪もかっての姿を見ることはできない。その後は地元で竹材を確保することはできなくなり、東濃、三河のものを購入して使っている。

（昭四五年、平一二年）

消えようとする尾張竹細工

生活様式の変化、新しい素材の出現により、竹製品の需要は減少の一途をたどり、竹細工は急速に衰退してきた。竹製品に囲まれて育った者にとって懐かしく哀惜の気持ちもあって、久しぶりに当地方を訪れてみた。竹細工の古里という雰囲気は全くなくなっていた。訪ね歩いてみると、今、竹細工を続けておられる方は僅か三名で、ともに高齢である。注文があり、気分の良いときに作るという状態という。三名のうち何とか継続的に作っておられるのは一名だけ、大正七年生まれ八二歳の平田重則氏である。もともと竹細工には得意な分野があって、それぞれほんの数種類の製品を作ってきた。今、比較的元気な平田氏は、研いだ米の水切りをする米揚げ笊をもっぱら作ってこられた。平田氏の製作工程を写真で紹介しておきたい。

製作工程

竹材の種類

淡竹《はちく》（一般にヒゴ物製品に用いる）

一 竹割り

まず長さ四メートルの竹を八本に割る。それを皮と身に分ける。

二 ヒゴ作り

皮の部分をさらに小さく割り裂いて刃物で削りヒゴを作る。刃物を膝に固定し、ヒゴを引くようにして削る。

三 枠作り

一斗用の大きさで一六〇センチくらいの長さ、厚さ五ミリほどの竹を丁寧に削り輪を作る。

四 編み

①前半、枠のほぼ四分ぐらいところから口の方向に編み始める。縦桟は幅は一・五センチ、厚さ一ミリ、口の部分は止めとなっており厚さ六ミリほどである。一斗用で一七本とする。

＊ヒゴを編み込んでいき、枠のところでターンするのであるが、その際ヒゴを一八〇度回転させて次を編み始める。回転させないと一本おきに竹が表裏になってしまう。

・口の所まで編んだ後、縦桟を強く後ろへ引いて口を揃える。

②後半、次に後ろの部分を編んでいく。難しいのは、最後のところを丸く収めることである。

・縦竹を徐々に狭めながら編んでいき最後に縦竹すべて枠の内側へ入れる。

・縦竹の中央の三本を後ろへ折り曲げ、編み目へ挿し入れ固定する。

五 枠の整理 縁《ふち》巻き

枠竹の部分を他の竹材で包み、手当たりよく、美しく見えるようにする。

六 完成

訪問先

平田重則氏

愛知県一宮市瀬部字川東一一

（平成一二年）

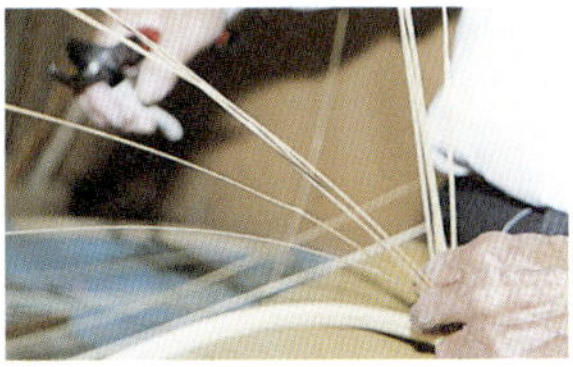
①編み始め

②編み

③編み・縦桟すべて設定

④編みの進行

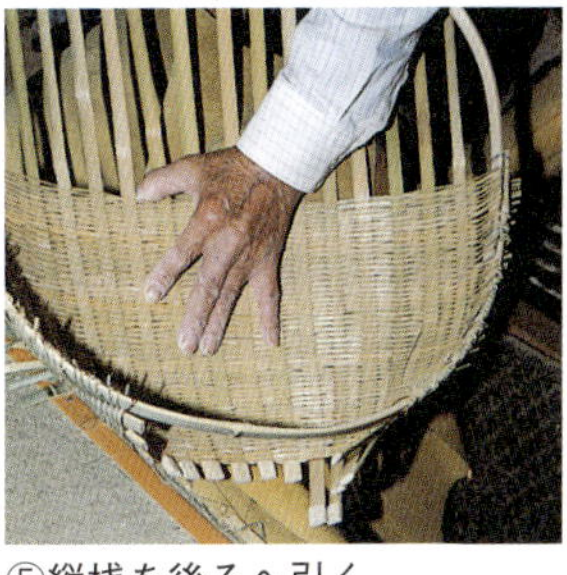
⑤縦桟を後ろへ引く
→笊の口を作る

⑥後半の編み始め

⑦後半の編みの進行

⑧笊の後部のまとめ 1

⑨笊の後部のまとめ 2

⑩笊の後部のまとめ 3

⑪笊の後部のまとめ 4

⑫笊の後部のまとめ 5

⑬笊の縁巻き

⑭完成

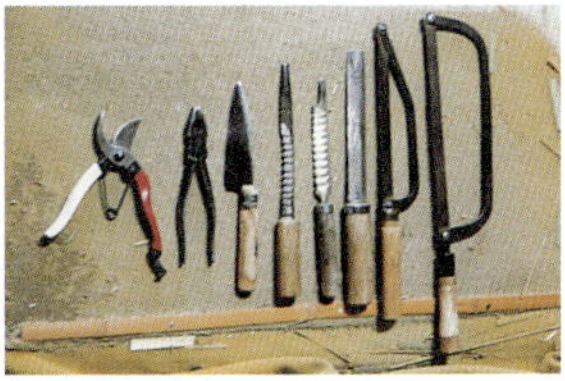
米揚笊を作る道具

味噌漉

うどん掬揚

丸笊（野菜揚）

味噌の簾、水取り

ごき

うどん揚

うどんさくり

竹材と製品

竹材の種類

真竹《まだけ》―主にヘギ物製品に用いる。全体の六〇%くらいを占める。

淡竹《はちく》―主にヒゴ製品に用いる。全体の二〇%ぐらい。

猛宗竹―主に荒物（力持ち）に用いる。全体の一〇%ぐらい。

黒竹―装飾的製品に用いる。全体の一〇%ぐらい。

＊なお、竹材は生後五～七年のものが使いやすいという。

竹細工製品の分類

ヒゴ物―主に水切りを目的とするもの。笊類が中心で、瀬部、島宮地区が主産地。

ヘギ物―主に運搬、物入れ。東野、古知野地区が主産地。

笊《ざる》（笊籬《いかき》）と籠

笊

尾張ではイカキということが多い。

笊編み　底部と胴部の区分がない。浅い円形で編み目がやや粗く、水抜けが良い。米揚笊、丸笊、味噌漉、うどん掬揚《すくい》、干し笊、箕などで、水切り、乾燥用具が多い。

籠

籠編み　編み目があいている。一般的に底部と胴部とでできている。大型の物が多い。

四つ目編み　六つ目編み

飯櫃　岡持

魚籠（どっぺ）提げ籠　芋籠　ろ籠

鉈籠　てんぺつ　など。

竹製品の種類（昭和五十年頃の製品）

1　厨房用

米揚笊―研いだ米の水を切るのに用い、一方に口がついている。

丸笊―洗った野菜などの水を切るのに用いる。

うどん掬揚《すくい》―うどんを茹でて熱湯から揚げるのに用いる。

うどん揚―茹で揚げたうどんを入れておく。水切れの良い笊。

うどんさくり―うどん屋がうどんを温めるのに用いる。

苗籠、堆肥籠

飯櫃

角いわし籠

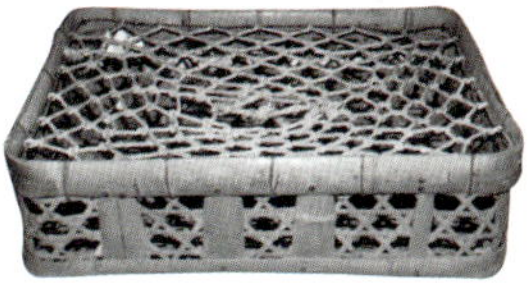
かよいこ

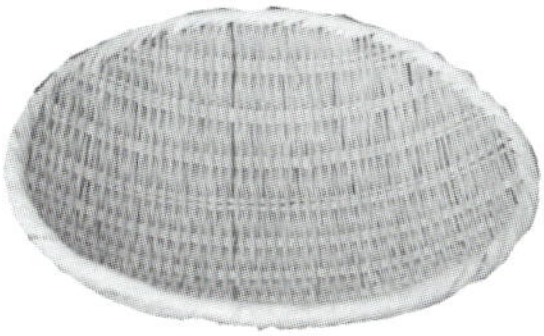
干し笊

御馳走籠

岡持

しんど籠

茶碗揚

手提げ籠

四つ目提げ

四つ目荷籠

煮籠（営業用）

ごき―茶釜に掛けてご飯などを温めるのに用いる。
味噌の簾《す》―味噌の中に沈め溜《たまり》をとる。
味噌漉―擂り鉢ですった味噌を漉すのに用いる。
茶碗揚―洗った食器類の水切りに用いる。
ご馳走籠・いわし籠―祝事の際、生魚などを入れる。
煮籠―魚など煮崩れしないよう、この籠に入れて煮る。
飯櫃―気温の高い夏はご飯が傷みやすいので木のお櫃に代わって用いる。
弁当箱―気温の高い夏、弁当が傷まず重宝である。
干笊―梅干し、瓜漬けなどを天日で干すのに用いる。

2 運搬用

しんど籠―農産物などを入れて運ぶ大型で、網代《あじろ》編《あ》み。同型の横編みのものは運搬籠という。
四つ目荷籠―紐が付けられ、農産物などをいれ天秤棒で荷なう。
堆肥籠、苗籠―堆肥、田植えの際の苗

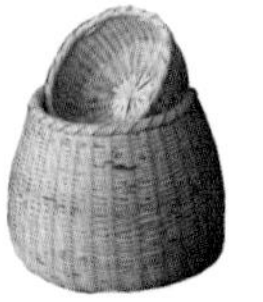

どっぺ

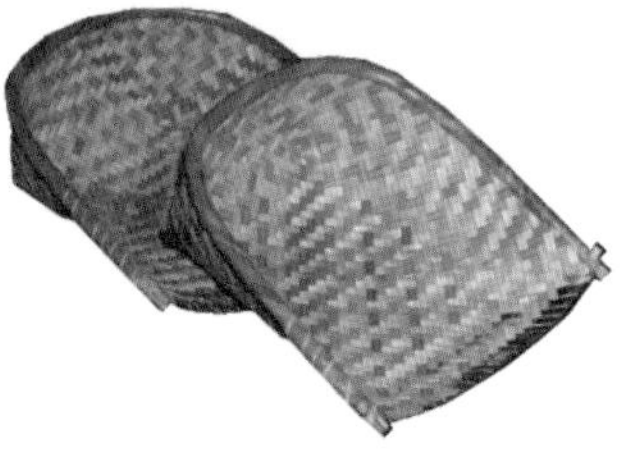

箕・二種

桑摘み籠

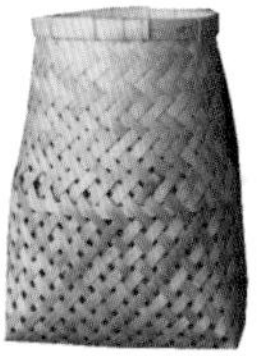

魚入れ

ろ籠

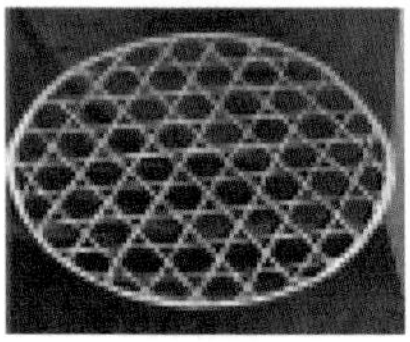

円座

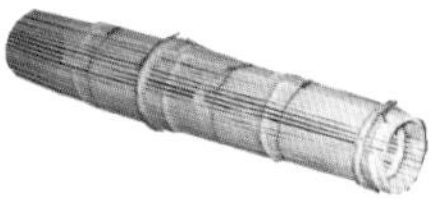

うげ（のぞき）

鉈籠

腰付け

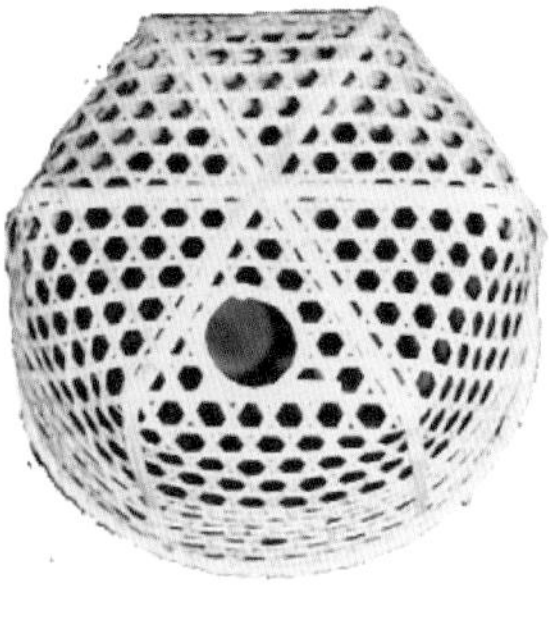

鶏伏せ籠

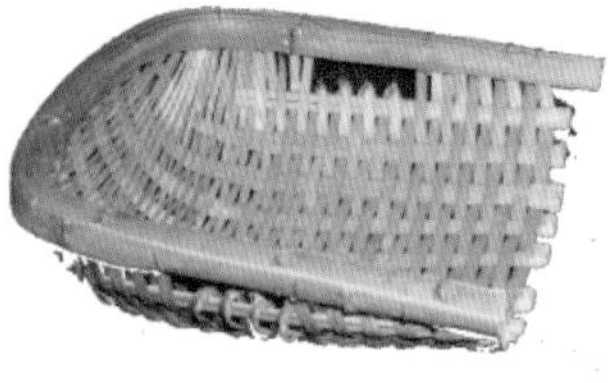

草箕・竹箕

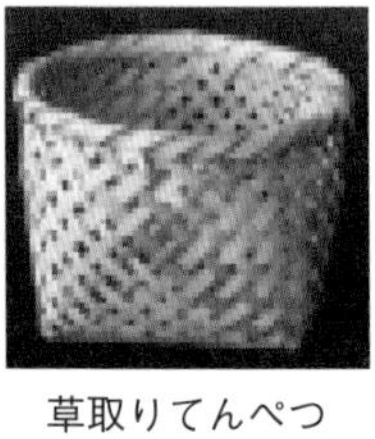

草取りてんぺつ

を運ぶ。

ぱいすけ（石荷、石ざる）―砂利などを運ぶ土木作業用。

かよいこ―鶏を運ぶのに用い、上部には網がかけてある。

御膳かご―食べ物や食事道具を入れ天秤棒で荷って運ぶ。昨今は使わない。

四つ目提げ、卵提げ（果物ちぎり）

岡持―蓋付きで買い物などに用いる。

手提げ袋籠―上部に布製の袋の付いた婦人携帯用小物入れ。

3　農業用

桑摘み籠、桑ふり籠、円座・角座、ろ籠―ともに養蚕用具である。

腰付け（腰てんぺつ）―田畑で石ころ、落ち穂拾いなどに用いる。

括《くく》りてんぺつ、草取りてんぺつ―腰に付ける大型のものをいう。

芋籠―水の中で左右に回し芋の皮をとるのに用いる。

箕《み》―籾や米を運んだり、微妙に動かして塵芥などを選別するのに用い、用途が多い。他に代わるものがな

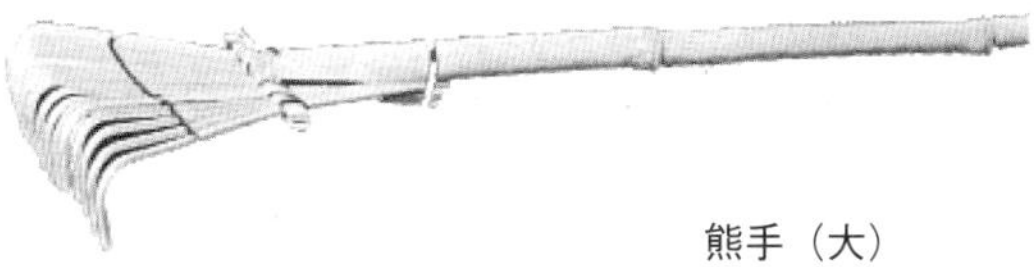

熊手（大）

芋籠

玉入れ籠

書類籠

花籠

建前籠

いので、農家の需要が多い。米箕と計箕の二種がある。東野地区が中心である。

ろ籠—繭の殺菌、乾燥に用いる。

鉈籠—腰に下げ鉈などを入れる。作業中に落ちないように口がすぼんでいる。

熊手—穀物や落葉など掻きめる道具。大熊手と片手で使う小熊手がある。

草箕—草、土物の移動などに用いる。

4　漁具、飼育用

どっぺ—捕った魚を入れておく蓋付きの容器、水に沈め魚を生かておく。

うげ（のぞき）—川底に沈めておき魚を捕る漁具、入った魚は出れない構造。

どじょうすくい（どじょういかき）—小川で足で小魚を追い込んで捕る漁具。

5　その他

鶏籠（鶏ふせ）—庭先で鶏を飼ったり、親鳥とひよこを育てたりするのに用いる。直径一メートルぐらい。

花籠—大正年間、貿易品として需要大きく全盛時代であった。

炭取籠—炭を小出しに入れておく籠器。

凧糸籠—飯櫃の応用型で、ヒゴは太いものを使用。

風呂籠—尾張地方では冬期、風呂に入ったとき保温のため風呂桶の上に籠をのせた。戦後しばらくまで使用されていた。

書類籠—書類などを入れ整理する。

建前籠—新築の際、小道具、小材料などを入れ作業をした。

玉入れ籠 紙屑籠—くす玉、紙くず籠。

訪問先

古知野竹製品商工業協同組合（昭和五四年）

籠市商店（平成一二年）

岩倉

子の健やかな成長を願う　鯉のぼり

冬の風物詩　のんぼり洗い

鯉のぼり

小学校唱歌　作曲・廣田龍太郎

一、いらかの波と　雲の波
かさなる波の　なか空を
たちばなかおる　朝風に
高くおよぐや　こいのぼり

二、ひらける広き　その口に
舟をものまん　さま見えて
ゆたかにふるう　尾ひれには
ものに動ぜぬ　姿あり

三、百瀬の滝を　のぼりなば
たちまちりゅうに　なりぬべき
わが身にによや　男の子ごと
空におどるや　こいのぼり

誰の口にも出てくる童謡である。鯉のぼりの歌は日本童謡百歌集に、これを含めて三曲も収録されている。それだけ子どもたちの近くにあるもので、親がその成長を思う心の深さのあらわれと思う。

鯉のぼりのいわれ

鯉のぼりのいわれは、中国黄河上流に

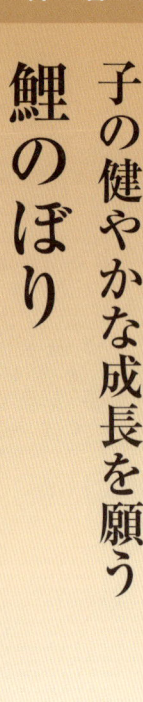

ある竜門を登った鯉は竜と化すという伝説から、鯉の滝のぼりは立身出世の譬《たと》えにされたことによる。安藤広重の浮世絵（「名所江戸百景」）に見られるように、江戸時代になると、吹き流し型の鯉幟が立てられるようになった。岩倉市では今も、この鯉のぼりが昔ながらの手法で作られている。毎年一月から三月にかけて市内を流れる桜の名所でもある五条川で「のんぼり洗い」の光景が見られる。つとに岩倉市の風物詩になっている。

　伝統的な鯉のぼりを染めているのが松浦勉、正幸父子。松浦家の屋号は中島屋幟店といい、創業は室町時代に遡る。鯉のぼりの製作は江戸時代の後期からと伝えられているが、それまでは武士の旗指物などを作っていたようである。今日では、これまでの木綿地の鯉のぼりは大きく減少し、軽い合成繊維を素材として鮮やかな染料を用いた大量生産による製品が出回っている。しかし当家では、今でもなお木綿地の素材に先祖からのデザイン、手描き、流水での糊落し、と伝統的手法を守っている。

広重「江戸名所百景 水道橋駿河台」

製作工程

その製作過程を追いながら、継承され培われてきた伝統的手法を記す。

一　素材

金巾《かねきん》といわれる木綿の布を用いる。重すぎると鯉がうまく泳がなくなる。幟の大きさは様々であるが、三間（五・四メートル）ものが一般的であり、その大きさに裁断する。裁断するといっても、鋏で縁に切れ目を入れてから裂くのである。手慣れたもので、あっという間の早業である。

二　下絵描

下絵の上にこの布を置き、下絵図案を写し取るようにして描く。下絵は代々伝えられてきたものである。松浦家の鯉の特色は、単なる鯉だけではなく、金太郎が鯉にしがみついており、然も背に乗るのでなく腹にしがみついている図でユーモアがある。出来上がるとこの金太郎が赤く鮮やかに浮かび上がる。金太郎の付かない鯉もあるが、これは比較的小型のものに多い。

三　布張り

丸竹で作った枠に、木綿糸で布を一〇センチくらいの間隔で縢《かが》り縫いの要領で固定し、布をピンと張る。当家では一般によく使われる伸子《しんし》は使わない。伸子のかかった部分が伸び、縫製の処理がしにくいからであり、仕上がりも良くない。

四　糊置き

張られた布に描かれた下絵に従い糊を置いていく。糊はカッパといわれる漏斗状の道具を用いて、その小さい口から絞り出すようにして置いていく。糊は糯米《もちごめ》の粉、米糠《こめぬか》を練って作ったものである。糊で描いた線は輪郭であり、

五条川横の乾場で天日干し

糊置き

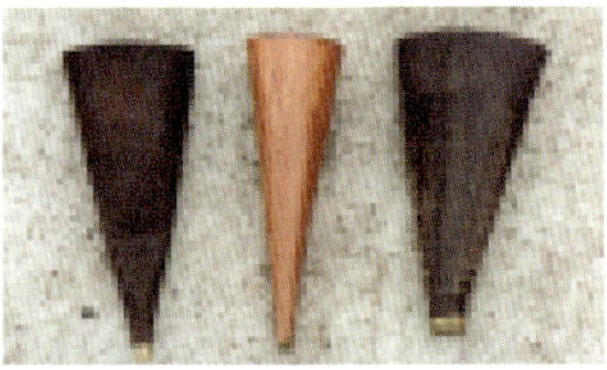

カッパ：先から糊を押し出し線描きする

染め付け

のんぼり洗い

黒や赤の顔料で色づけしたのが他の場所に滲まないようにするためのものである。糊を落とした後は、そこには色はなく白い線となり、鱗や金太郎の図柄の輪郭となる。

　この糊置き、糊引きが図柄の生気に関わるもので、息を詰め丁寧に、一方では勢いのある線を描かなければならないという。

五　染め付け

　糊置きした図柄に従って色をさしていく。色は顔料を用いる。顔料にこだわるのは、普通の染料は色褪せするからである。刷毛と筆を巧みに使い分けながら塗っていく。鱗は一枚一枚、中心は濃く、周辺はやや薄くぼかすように色をさす。この仕事は乾きが速いと濃淡がうまくいかないので日陰で行う。

六　天日干し

　糊置きしたものを天日で干す。着色を完全にするために必要な措置である。

七　糊落とし＝洗い

　鯉のぼりを染める時期は、寒い一月から桜の咲く頃までである。然も早朝から行う。六時半頃から二時間ほど川に浸す。胸までの長靴をはいて川に入り、糊を落とす。これが〝のんぼり洗い〟といわれ、岩倉の冬の風物詩となっている。糊落としは包丁とブラシを使って行う。包丁は和包丁で刃は切れ

出来上がった鯉のぼり
（金太郎が鯉にしがみつく独特の図柄）

ないように潰してある。盛り上がったように置かれた糊も柔らかくなっており、それを削ぐように布を傷つけないように水中で落としていく。刷毛で表面をこすり残っている糊を洗い落とす。朝も早い時間に行うのは、水温が上がると繊維の中に入り込んでいる顔料の粒子が動き絵際《えぎわ》が緩んで暈《ぼ》けるからであり、また川底の汚れが浮かび上がってきて作業の上で不都合を生ずるからでもある。

　洗い終えた鯉のぼりは川からあげて、さらに水道水をホースで勢いよくかけ、付着物などを完全に洗い落とす。

八　糊付け

　干し場である程度乾燥させた後、薄く糊を引き、後で皺が出ないようにする。

九　天日干し

　天日でよく乾燥する。川と堤防に続いている広い干し場いっぱいに鯉のぼりの干してある様は見事である。

一〇　縫製

　鯉本体の左右を縫い合わせ、その鯉のぼりの所定の場所に鰭《ひれ》を縫い付けていく。工業ミシンで要領よく丁寧にすすめられていく。鯉の口にリングをはめ、縫い込む。最後に紐を通して結ぶ。

一一　完成

鯉のぼり作りの今

少子化、住宅事情の変化、生活感覚の変化が進んでいるところへ、大量生産によって作られる鯉のぼりが出回り、伝統的な手描き染めによる大きな鯉のぼりの注文は減ってきている。鯉のぼりと一緒に立てられる鍾馗や武者絵などの注文もほとんど来なくなっているという。しかし、少なくなったとはいえ、「こういった伝統的な手作りの幟を求めて注文が全国からあり、幟作りは続けて行こう思う。幸いなことに息子が後を継いでもいいといってくれています」（松浦氏）と明るい顔で語っておられた。

　五月幟を立てる習慣は絶えることはないだろう。男児の凛々《りり》しい成長を願う鯉のぼりが泳ぐ姿は五月の空にはなくてならないものである。

（平成一二年）

訪問先

中島屋幟店　松浦勉、松浦正幸氏

岩倉市中本町中市場二六－一

電話　〇五八七－三七－〇四四四

起（一宮市）

飾らない素朴な美しさ 起の土人形

彩色の仕上げをすすめる中島一子氏

人形のこと

人が人形を持つようになったのは、極めて古い時代にまで遡ると考えられる。しかし、今日とはその存在の意味が異なっていた。かつて人形は祭祀、信仰、習俗などに関わるもの、人の災厄を引き受けるものであり、豊穣・幸せをもたらすことを願うものであった。また、時として呪詛の具とする呪術性の強いものだったと考えられる。

考古学的には、縄文時代の土偶、木偶が人形の祖形といえよう。その後の古墳時代の埴輪は、極めて写実的で表現力に富み、美術品的な美しさを有している。

古代から日本には人形《ひとがた》（形代《かたしろ》）の風習があった。これは人形に穢《けが》れを移し、川に流すという風習である。また中国から三月上巳《じょうし》の穢れを祓う行事が伝来していた。これは貴族の間で陰陽師《おんみょうじ》を招いて、祓いをすませ人形を流すものであった。源氏物語に何カ所も出てくる「雛遊《ひいなあそ》び」とこの風習が、室町時代頃までに融合していったといわれている。

大蔵永常「広益国産考」
人形彩色仕立あげの図

戦国時代の混乱が収拾され、泰平の江戸時代になると、これが女児の節句として一般化し、雛人形という名称も生まれた。江戸時代に雛人形は非常に発達し、美しさを求める人形が生み出された。今日の我々がいかにも日本の人形らしいと見る人形のことである。

年中行事化した雛祭りは、商工業の発達、都市生活の向上、文化の発展によりいっそう盛行していった。三都から地方の城下町にも普及していった。

尾張の土人形

江戸期は農村の生活も向上したものの、都市の豪華な高価な人形は持つことはできなかった。加えて農村特有の風俗習慣もあり、土を素材とする人形が作られていた。土の雛人形はもちろん、天神、娘、福助などが求められ、贈られたりした。土雛《つちびな》だけでなく他の土人形を荷《にな》った行商人が村々を売り歩くようになった。江戸後期の農学者である大蔵永常の「広益国産考」には、「今尾州遠州辺農家にては、三月節句に土人形を求めて、衣装雛と交え飾れり。貧家にては土人形斗かりを飾れり。……三日前になれば、いかなる貧家にても、女子は親にすがりて雛を求めてくれよとせがむ也。然るにこの土人形をあたえぬれば、風呂敷抔を箱に打ちかけて飾りて悦ぶこと限りなし」という記事があり、貧しい庶民もそれなりに土人形の雛飾りをしたことがわかる。男子には天神さまが贈られ、学問の大成を祈る風習のあったことも各地に伝えられている。南濃地域で手に入れた土天神があるが、それをわけてくれた古物商が、そんな習慣のあったことを話してくれた。

今記したように、土人形は江戸末期の文化・文政期頃から明治初めにかけて生まれ、広がっていった。しかし、明治も進むと、ドイツやフランスから人形が輸入されるようになり、また新しい素材の人形も現れた。人形に美術的な美しさを追求する動きも出てきた。こうした中で、伝統的な日本の人形は、美意識の対象として作られる人形と、武士、富商層から広がり華美なものになっていった節句人形との二つの傾向を見せるようになった。

そんな中、地方や農村地域では経済的事情もあり、安価な土人形が愛されていた。土人形の素朴さ、古い表現の中に美しさを見いだしていたのだろう。

かつて尾張とその周辺は、多くの土人形を生んだところといわれてきた。尾張南部の知多半島の乙川《おっかわ》、大城下町の名古屋、犬山、そして大口、扶桑、久保一色、島宮、浅井など尾張西北部で多くの土人形が作られ、近隣の町では土人形の市が立ったといわれる。だが、今ではほとんど消えてしまっている。江南市歴史民俗資料館や大口町歴史民俗資料館には尾北地区の土人形が集められている。

こういう状況の中で、今も土人形の製作を続けているところがある。知多の乙川と尾張の最北西部の起《おこし》（冨田）である。

起の土人形

起土人形の起源については詳《つまび》らかにすることはできないが、天保の頃に中島郡冨田村の佐右衛門なる人物が名古屋御器所七本松に赴き、ここの土人形師から人形作りの技を習得して帰り、冨田の地で作り始めたといわれている。また一説には、春日井郡枇杷島で技を習い、この地で制作をはじめたともいわれる。いずれにしろ京の伏見人形が模され、各地で作られるようになっていた。先の「広益国産考」は「此土人形といへるは伏見人形とて城州伏見にてつくりて鬻《ひさ》ぐ家多し。近頃名古屋三州遠州辺にてつくり出して鬻ぐ也」と記しており、名古屋でも土人形が作られいて、これを習って他の地域でも作り始めたものである。初代中島佐右衛門氏は明治一九年没、起土人形は幕末に始まったことになる。昭和十年代の、当家の土人形のチラシ広告が残っているが、多くの人形、土鈴が掲載されており、広く商いが営まれていたことがわかる。

ちなみに、このチラシには土鈴が記されているが、これは岐阜の美江寺の蚕鈴《かいこすず》である。美江寺蚕祭（旧正月晦日・今は三月第一日曜日）で売られる土鈴は、蚕室でのネズミ除け、蚕の成育をかなえてくれるものという。養蚕農家をはじめ、多くの人が買い求めた土鈴であった。

残念なことに土人形、土鈴を慈しんでこられた中島一夫氏は平成一七年に倒れられた。翌平成一八年、幼少時から粘土に触れ、土人形をこよなく愛し続けられた氏を偲び、起土人形が消えゆかぬことを願って、尾西市歴史民俗資料館で「起土人形・土鈴」展が開かれた。この展覧会では、中島氏の作品を中心に、尾張の土人形の歴史を知る上で参考になる四五〇体もの作品が展示されていた。

現在は、技術を会得していた妻の一子氏が、夫とともに作ってきた土人形を忘れられず、人形作りを再開された。一子さんがお元気なうちに、土人形作りの伝統技術を学ぶ人が出てくることを願わずにはいられない。

起土人形の製作工程

原料

粘土　かつては近くの土であったが、今では岐阜県の高富、関、中《なか》有知《ありち》などの土。

製作工程

一　土づくり（土練り）
・粘土に水を加えながら鍬を用い練る。

二　延ばし
・粘土を一定の大きさに切る。
・粘土を麺棒で延ばす。

三　型込め
・粘土板をヘラで型の大きさに応じ切る。
・型は表と裏、または左と右の対。
・型に粘土を押し込む。粘土の上に布を当て隙間のないように押し込む。
・はみ出た粘土をヘラで削り取る。
・しばらく乾燥する、時間は大小により異なる。

四　型抜き
・型から成形物を外す。

五　貼り合せ
・型から外した成形物を表と裏、また

①麺棒で伸ばす

②型に粘土を押し込む

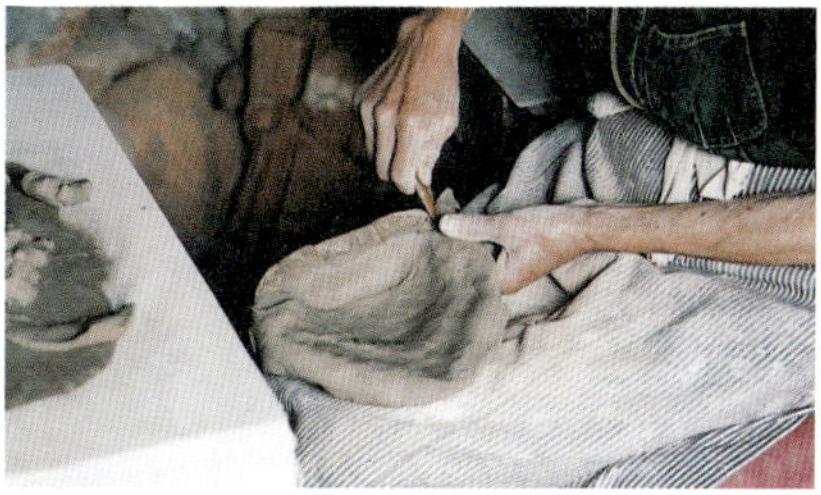
③はみ出た粘土をヘラで削り取る

④型込め

⑤型から成形物を外す

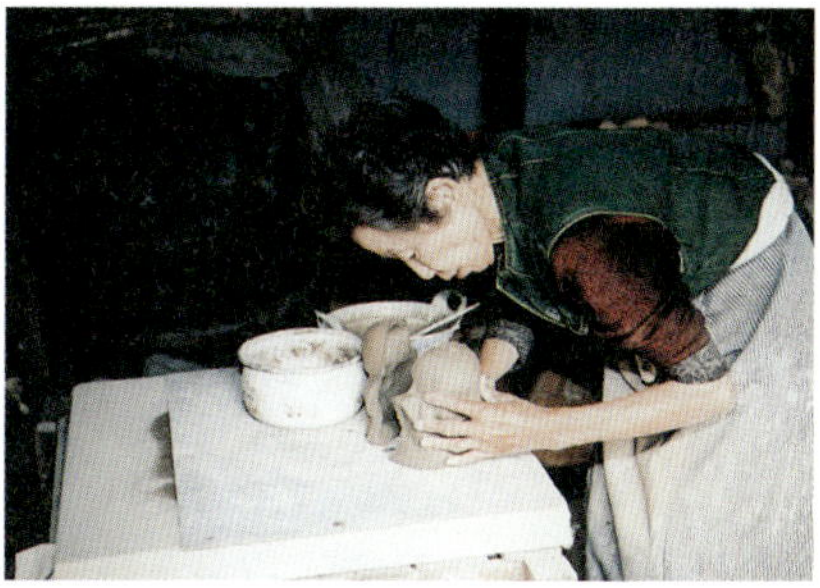
⑥貼り合せ

⑦指できれいに滑らかにする

⑧陰干し中の作品の点検

は左右を貼り付ける。
・接着剤は同じ粘土で作った泥漿（トロ）である。
＊玉入れ　土鈴などには事前に作った［粘土玉］を貼り合わせる前に入れる。
・貼り合わせた部分をヘラ、布を用いて整え、さらに指できれいに滑らかにする。

六　細工
・型で扱えない角や耳を付け、土鈴の紐穴、底の穴をあける。

七　乾燥
・陰干し、仕事場の中でトロ箱に入れ乾燥。
・天日干し。

八　窯入れ、窯焼き
・窯入れには人形の大小、位置に留意する。
・焚きはじめは、焚き口先で焚き、炎、煙を吸わせ窯をゆっくり温める。
・焼成時間は四、五時間くらい（季節、天気によって異なる）。
・火を落とした後、そのまま窯の中に置き一晩冷《さ》まし置く。

九　窯出し
・窯が冷えてから出す。
・藁灰などを取り払い丁寧に取り出す。

十　彩色、色付け
・素焼きした人形に膠《にかわ》を溶いた胡粉《こふん》で下塗りをする。
・顔料に膠を混じ、色付けをする。
・最後に神経を集中して眉、目を描く。
＊彩色は人形、鈴の命である。人形の表情は目で決まる。

十一　艶出し
・土鈴などには膠、艶ニスを塗り艶だしをする。

十二　完成

⑨窯入れ、窯焼き

⑩窯出し

⑪「弁慶」の仕上げ段階

戌（古代犬）

お多福面　22cm

五条橋（牛若丸と弁慶）牛若丸40cm・弁慶35cm

天神　22cm

卯年（達磨乗り 兎）

高砂　媼21cm・翁23cm

申年（三猿）

土人形の再生

長く愛でてきた土人形の修理、色の再生の申出がある。

・もう一度焼き直す

・古い色を丁寧に削り落とし表面を整える。

・新たに彩色する。

新たに作るより手間がかかるという。

土人形、土鈴の種類

一　土人形

①内裏雛、天神

②縁起物

恵比寿　大黒　福助　布袋　福禄寿

高砂　招き猫など

③寺社物

天神　多度大社流鏑馬　真清田神社

神馬　井奈波神社節分豆播人形

④歌舞伎 狂言

牛若丸　弁慶　義経　敦盛　熊谷

大石討入　浦島亀乗　太閤　矢作橋

常磐御前　お染久松　虎乗加藤

曽我兄弟　伽羅先代萩（政岡）

忠臣蔵など

⑤十二支、動物

俵ねずみ　俵牛　俵馬

ねずみの嫁入り　十二支宝珠

非常に多くの種類がある。

⑥その他

奉納人形　風俗人形、土面など

内裏びな　8～10cmのかわいらしい雛

政岡　40cm

虎乗加藤　45cm

巾着鈴

釜鈴

※数値不記載のものは大中小と多くの種類がある。

二　土鈴

①寺社物
　真清田神社いすず　国府宮神鈴
②干支　宝珠鈴　絵馬鈴　福槌鈴
③美江寺の蚕鈴
　宝珠鈴　俵鈴　巾着鈴
④人形土鈴
　牛乗天神鈴　高砂鈴　鯉鈴
⑤その他　舟鈴　犬鈴

訪問先
中島一子氏
一宮市富田一八三九
（旧住所表示　尾西市富田一八三九）
電話　〇五八六―六二―三八八二

福槌鈴

おかめ鈴

津　島

音色を通して心を伝える津島祭礼太鼓

津島 石採祭車と太鼓

村まつり
作詞　不詳　　作曲　南能　衛

村の鎮守の神様の
今日はめでたい御祭日
どんどんひゃらら　どんひゃらら
どんどんひゃらら　どんひゃらら
朝から聞こえる笛太鼓

年も豊年満作で　村は総出の大祭
どんどんひゃらら　どんひゃらら
どんどんひゃらら　どんひゃらら
夜まで賑わう宮の森

よく知られている文部省唱歌である。太鼓の音は遠くまで届き、心を踊らせるものがある。太鼓は日常的にも近くにあるもので、尾張では男の子が生まれると母の里から太鼓が届けられる風習があった。歩けるくらいになると、子どもはその太鼓を叩いて遊んだものである。鯉のぼりと同じく、太鼓の音が聞こえてくる家には男の子がいるということを示していた。

こういった祭太鼓をはじめとして、儀

式、古典芸能用太鼓が、今でも、古い門前町津島で作られている。

太鼓の歴史

　音を出す道具（楽器）の一つである太鼓は、歴史とともに各地でいろいろな種類が生み出された。はじめは、おそらく信号・合図のための道具であり、動物や敵を威嚇、撃退する目的だったと考えられるが、長い間に幾多の機能をもつ道具として発達していった。太鼓の音とリズムが有する音楽性は、呪術、祭祀に重要な役割を担い、儀礼や娯楽になくてはならないものとなった。その音楽表現は、芸術にまで高められた。それとともに、それぞれの目的に応じた形の、時にはふさわしい装飾を施した太鼓が種々作り出されてきた。

　歴史上、古代オリエントのシュメール人の浮彫に見られる太鼓が、世界最古の記録とされている。文化史的には、中央アジアのシルクロード沿いの仏教遺跡、石窟寺院の壁画に残されている伎楽天の持つ太鼓などが知られている。日本では、群馬県上武士天神山古墳出土の人物埴輪で、肩から吊った太鼓を小脇で打っているものがある。

埴輪「太鼓をたたく男」（群馬県上武士天神山古墳出土）東京国立博物館蔵　複製不可

　日本古代には、朝鮮半島、中国から多くの渡来人が来日し、大陸の高い文化、文物がもたらされた。また古代日本国家は積極的に大陸文化の摂取を図った。その中で、太鼓とそれに関わる文化も伝来した。

　日本の文献から二、三の例を拾い出してみたい。古事記に「都豆美」、日本書紀に「豆豆美」とある。中国の〈ツヅミ〉の音《おん》が右の漢字に当てられている。太鼓の伝来は、これに結びつく制度の設定をももたらしており、養老律令（七一八年制定、七五七年実施）の陰陽寮《おんみょうりょう》の條を見ると、「漏剋博士《ろこくはかせ》二人、掌《つかさ》どること守辰丁《しゅしんちょう》を率いて、漏剋の節を伺うこと、守辰丁二十人、掌どること漏剋の節《とき》を伺ひ、時を以って鐘鼓を撃つこと……」と時を告げる職掌が設けられていることを記しており、鐘と太鼓を打って時刻を知らせている。国家仏教隆盛の中で雅楽の演奏も整えられていった。

　平安時代以降、胴にくびれのあるものは鼓《つづみ》として別に考えられるようになり、大鼓《おおつづみ》、小鼓《こつづみ》は後に能などに取り入れられる。「源平盛衰記」には「平等院の御堂より太鼓を取寄せ櫓の下にて打ちければ、大勢静まりて…」と太鼓が出てくる。

　時代は貴族から武士の時代へと転換し、文化にも大きな変化が生まれだした。庶民的性格が加わり、白拍子《しらびょうし》や田楽《でんがく》、猿楽《さるがく》が流行するようになった。田楽は農耕に伴う儀礼に滑稽な所作などを加えて芸能化された神事芸で、鎌倉幕府の執権北条高時の愛好はよく知られている。猿楽は、宮廷の余興や寺社の祭礼などに興行されていたもので、鎌倉時代に滑稽な物まね要素が加わり、さらに舞・歌謡が加わって十四世紀には猿楽能に発展、室町時代に入って観阿弥《かんなみ》、世阿弥《ぜあみ》父子によって大成された。こういった芸能に太鼓は大きな役割を果たした。能では大鼓《おおつづみ》、小鼓《こつづみ》、太鼓が用いられるが、田楽や猿楽を経て取り入れられたと考えられる。

江戸時代初期にあらわれた出雲の阿国の「かぶき踊り」は、女歌舞伎、若衆歌舞伎を経て元禄時代に「歌舞伎」として完成するが、この歌舞伎の音曲にも、当然のごとく太鼓は取り入れられた。

今日でも太鼓は雅楽、能楽、歌舞伎、民俗芸能、宗教などで広く用いられているが、改良・転用が進み、新たな開発もあり多彩である。各地に太鼓集団が生まれ、演奏も盛んであり、和太鼓の外国での演奏旅行も多く行われている。

胴長太鼓の胴作り：閉じられた部屋で乾燥。こういった部屋がいくつもある。

桶胴太鼓の胴作り

鋲打ちまで終了

太鼓の製作工程

一　原木の調整

①材の種類

欅《けやき》（太鼓には欅を最上とする）、栓、栃、タモ、朴、楢、杉など。

外材：ブビンガ、マホガニーなど

・大きな太鼓の製作に用いる。

②原木の寝かせ

特に欅はクセが強く湾曲する（狂うという）ので、それが止まるまで寝かせる。

二　胴作り

①太鼓の大きさに応じ原木（丸太）を切断。

②胴の中を刳り貫き、荒仕上げ。

胴の外側の削り、荒仕上げ。

③乾燥

ゆっくりと何年もかけて乾燥。

・ひび割れしないようにゆっくり乾燥させる。

④胴の仕上げ

・胴の仕上げ

・歌口（太鼓の革の付くところ）の仕上げ

⑤塗装

ニス塗り、漆塗りなど。

三　革作り

①革の種類

桶胴太鼓

平胴太鼓

楽太鼓

能の四拍子
小鼓、大鼓、太鼓、笛

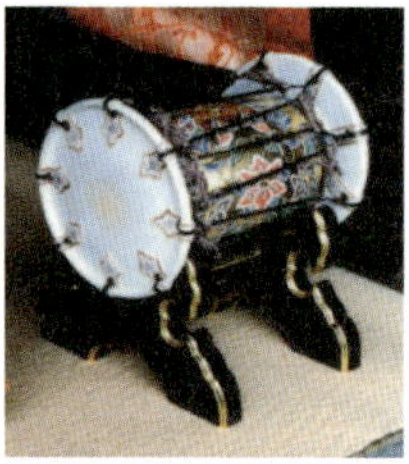
鞨鼓

牛が最適。（その他、馬、山羊、羊なども使われる）

②皮の処理

皮のなめし処理をする。これによって「革」となる。

四　革張り

①仮張り前の加工

②仮張り（太鼓の胴への合わせ）

③本張り

太鼓に乗り足で革を均等に伸ばす。

④鋲打ち

⑤縁《ふち》切り

五　最終仕上げ・完成

太鼓の種類

種類・区分

・締《しめ》太鼓　胴の両端に革を当てる。紐で締める。

・鋲打《びょううち》太鼓　胴の両端に張る革を鋲で打って固定する。

・その他　一枚革太鼓（団扇太鼓）

＊鼓《つづみ》と太鼓《たいこ》

鼓：胴のくびれたもの、手で打つもの。

太鼓：桴《ばち》で打つもの。

大鼓：おおつづみ（おおかわ）

主な太鼓

1　胴長太鼓（宮太鼓）

・太鼓の面の径より奥行きが長く、刳貫《くりぬ》き胴である。

・大型で、大きい鼓面は低い音を発し、音の減衰は少なく遠くまで届く。

・近年、太鼓の演奏会が盛んであるが、この種の太鼓を使用する。

2　桶胴《おけどう》太鼓

・板状の木材を組合せて作られる桶状の胴を利用する。

・胴は薄く作れるから軽量で、運搬にも便利である。

・祭礼でよく用いられ、太鼓奏者が動くことができる。

・調べ紐で上下の膜革を引き締める。

3　締太鼓

・調べ紐で締付ける短胴の太鼓、猿楽で用いる。

・二本桴で打つ。

・現在、能、寄席などで用いる。

伊勢神宮神楽「蝴蝶舞」における
大太鼓（平成18年4月28日）

荷太鼓

締太鼓

4　平胴太鼓

・平らな胴の太鼓、神仏事用である。

5　楽太鼓《がくだいこ》

・今日では民謡、舞台などで使われる。

全国伝統的工芸品 太鼓　生産状況

所在地	名　称	企業数	従業者	特　徴
青森県	太鼓	2	3	祭・神事、楽器
福島県	伝統太鼓	1	3	祭用
栃木県	和太鼓	2	4	神仏用
群馬県	太田太鼓	1	1	祭礼、伝統的技法
石川県	太鼓	1	45	芸能用
愛知県	津島神仏祭礼太鼓	1	7	多種、祭礼、寺社儀式、一般用
三重県	和太鼓	3	1	石採祭等
滋賀県	太鼓	2	2	
鳥取県	和太鼓	1	2	田植踊に起源
熊本県	太鼓	1	4	祭礼、行事用
鹿児島県	太鼓（知覧）	3	3	祭礼用、相対的に軽量
鹿児島県	太鼓（伊集院）	1	3	祭礼用、郷土芸能

「全国伝統的工芸品総覧」（平成15年）より作成
＊特別な種類の太鼓写真は堀田新五郎商店より提供をうけました。

・鼓面径一メートル前後、雅楽、社寺の儀式に用いる。
・儀式用には鼓面に龍などを描く。
＊火焔《かえん》太鼓（大太鼓《だだいこ》）雅楽に用いられる。
　左方、鼓面に三つ巴・火焔内に昇龍
　右方、鼓面に二つ巴・火焔内に鳳凰
＊鞨鼓《かっこ》 雅楽の中の唐楽に用いられる。

6　荷太鼓

・神霊の渡御の際に、先導の二人の担ぎ手が用いる太鼓。津島神社夏祭りの朝祭で見られる。

7　芸能太鼓

・古典芸能で用いられる太鼓
・締太鼓の種類である。

8　枠太鼓・団扇太鼓

・能、狂言、歌舞伎などで用いられる。

（訪問　平成一三、一七年）

訪問先
　堀田新五郎商店
　津島市下新田町五丁目一二三番地
　電話　〇五六七―二六―二四一二

津島

あしもとの粋 雪駄

雪駄の格好作りをする木村輝夫氏

粋な雪駄

　大相撲の場所がはじまると名古屋や周辺の町で、相撲取がチャリチャリと金具の音を立てながら歩く姿が見られる。その履物が雪駄である。雪駄は底に革を張って湿気・水分を表に通さないように工夫されている。「表《おもて》」は竹の皮や棕櫚の葉を編んだものだが、一般的には竹（真《ま》竹《だけ》）の皮を用い、棕櫚の葉は関東方面で用いられたと聞いている。

　雪駄は、千利休が雪の露地を歩く際に、湿り気が表に滲み出てくるのを嫌って履物の裏に革を張ることを考えたのが始まりといわれているが、真偽のほどはわからない。茶人の用いる数寄屋《すきや》草履のイメージから茶道の大成者千利休と結びついたものであろうか。

雪駄の歴史

　江戸時代に大いに発達し、一般化した雪駄も昭和後半からは急速に衰退している。ところが、どっこい生きている。

雪駄の流行

起源については詳《つまび》らかでないが、平安時代に貴族、その後武家が用いた、表の裏に獣皮を付けた尻切《しりきれ》という履物があり、これに繋がるものと考えられる。いわゆる雪駄は室町時代末期から作られるようになった。ちょうど茶の湯が生まれた時代で、雪駄は泰平の世となった江戸時代に大いに発達した。種類も多くなり、贅沢なものも流行した。裏革のすり減るのを防ぐため踵《かかと》に鋲を打つようになった。この尻鉄《しりがね》（裏金《うらがね》）が歩く際に地面を擦ってチャリ、チャリと音を立てるが、これを粋がって侠客《きょうかく》が履きはじめ、一般に流行するようになったといわれている。幕末には尻鉄が付いていないものは雪駄とはいわれなくなった。

津島天王まつり・宵祭

　このように一般化したために、雪駄に関する俗諺が結構ある。

・足袋は姉を履け、雪駄は妹を履け
　足袋は洗うと縮むから姉用の大きめのを買い、雪駄は履いているうちに鼻緒も緩んでゆったりしてくるから、妹用の小さめのものを買うと良い。→ものを買うときは先のことを考えて買うこと。
・伊達の藤倉始末の雪駄所帯知らずの緒太草履
　藺草で編んだ藤倉草履は粋好み、雪駄は長持ちして経済的、裏を付けない鼻緒の太い草履は不経済である。
・雪駄の土用干し
　雪駄は日に干すと反り返る。→ふんぞり返って威張っている人の意。
・雪駄の裏に灸
　長居の客を早く帰らせるためのおまじない。
・雪駄の裏金を拾うと家が傾く
　雪駄の小さな外れた尻鉄を拾うと家産が傾く。
・雪駄の金もない
　かねと名の付くものは雪駄の尻鉄一つもない。

今日の雪駄づくり

生活様式が変わり着物を着なくなった今日では、日常雪駄姿を見ることは少なくなった。しかし、日本の正装には欠かせないものである。相撲取、僧侶、茶道華道、芸道の方々にはなくてはならない履物である。他の履物では様にならない。著しく減ったとはいえ、一定の需要がある。これに応じている店が、古い門前町の歴史を有する津島にある。津島市の木村義信商店である。今では全国で技術的に高い雪駄を作れるのはここのみという。

「雪駄直し」文政年間　一掃百態
道端の筵の上で仕事、竹籠の道具箱

高級製品の六〇%以上を引き受けている。

津島で雪駄が作られるようになったのは明治の初め。これを生業とする人が四〇軒を越すような時期もあったが、太平洋戦争を境に少なくなっていき、その後の生活様式の変化によって需要が急減し、ついに一軒のみとなってしまった。しかし、雪駄を必要とする人たちがあり、今、これを必要とする人たちは高級品を求め、「津島雪駄」への注文がある。津島の雪駄はこれに応じているのである。

こういった品も、それを作れる職人が減ってきており、後継者も育たなくなってきている。いつまで応ずることができるか、多くの伝統工芸が「消えゆく技」として哀惜の念をもって見られているが、津島雪駄がこの運命をたどらないことを心から願っている。

雪駄の製作過程

竹皮について

雪駄という履物は何といっても表《おもて》が重要である。材料は竹皮で、丈の長い真竹の皮が適している。今では国内でこの竹皮を拾集する人がいなくなり、中国からの輸入に頼っている。竹皮はその年の気候に大きく左右されるという。

竹は梅雨期に大きく伸び、梅雨明けにその皮が落ちる。その梅雨の長さが品質に関わり、竹皮は早く拾い集める必要がある。また竹にも、果物の生年《なりどし》と裏年《うらどし》と同じように、生番《なりばん》と非番《ひばん》があり、生番の竹は質も良いという。

品質が値段を大きく左右し、時には異常な値上りをすることがあり、大阪では竹皮騒動があったという。業者は質のいい竹皮をいかに入手するかに腐心し、品質のいい竹皮のとれる年は無理をしても多く買い付けるようにすることになる。

竹皮の美しさ、長さ、肌理《きめ》の細かさ等が製品の出来に大きく関わるものであるだけに、竹皮の入手には神経を使うものだと、当主木村輝夫氏は語っておられた。

製作工程

一　竹皮の選別

・束にして送られてきた竹皮を選別することからはじまる。一枚一枚手にとって、色、斑点の有無、腐り具合（落下した竹皮は変色したり傷んだりしている）を見分ける。

・その品質によって高級雪駄、普通履き、茶の湯で用いる数寄屋草履用などに選別される。

二　竹皮の加工

・幅一・五センチくらいに裂いて、長さを揃える。

三　表《おもて》編み

・まず芯縄を綯《な》うことからはじまる。材は稲藁である。

・細く綯った縄を編み台に掛ける。四本かけた芯縄に、裂いた竹皮を藁《わら》草履を編む要領で編んでいく。

①竹皮の選別

②表編み

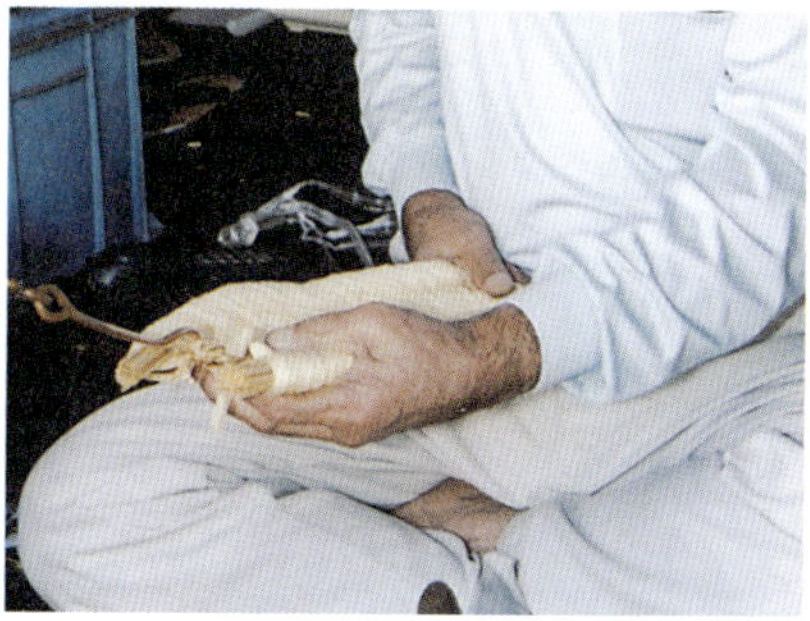

③踵止め工程

＊職人は編み子といわれているが、指の太さや力、年期や性格などによって出来上がりは一人一人異なっている。というよりそれぞれの味があり、後の各工程においても誰の作ったものかわかるほどであるという。

四　格好《かっこう》作り

・草履の格好の楕円形の形にまとめる作業をいう。これにも幾つかの工程がある。

①まず表の裏面に出ている毛羽《けば》と言われる編み目からはみ出ている竹皮の端切れを切る。

②踵《かかと》の部分を半円形にし、補強するためにタボを入れる。
　タボというのは藁を和紙で巻いたもので長さ六センチ、太さ八ミリくらいのもので、これを踵の一番外の部分にはめ、編み込んである竹皮を引き寄せ被せて踵部分を作る。これで編みっぱなしの表が小判型の表になる。

・ここで踵止めした部分の水分を除くために天日干しする。

五　仕込み

草履表《おもて》に近い状態にもっていくための過程の作業である。

①この過程の作業では、水を十分含ませて柔らかくして行う。

②編み子によって編み癖があるのでそれを直す。芯縄部分に高低があれば、次の工程で皺《しわ》が出たりするので、裏面を処理して竹皮を伸ばしておくことなどをする。

③表の繊維を柔らかくし、繊維を強くするために鍛《きた》えることをする。表を表面を内に二枚重ね、小型の自動ハンマーで打つ。これをたたきといっている。

④編み目を整え、厚さを整えるためにローラー掛けをする。

⑤ここで癖直をする。表にでこぼこが出ないように、また編み目を揃える。

⑥本仕上げ・整理

④ローラー掛け

⑦爪先の調整工程

⑤天日干し

⑥水板といわれる厚い板に表を挟んでプレス機にかけて水抜きをする。
⑦プレスした表を天日に干して乾燥させる。この乾燥によって表に艶が出てくるという。
＊天日干しは工程の中で何回も行われる。表作りはすべて水につけ加工し、乾かす。これを繰り返して作られていく。干し竿に掛け干してある風景が、いかにも雪駄屋さんといったところである。

六　寸法決め

相撲取、男性用、女性用、子供用など大きさを決める作業である。
①二回目のローラーかけをする。
②表の仕上がりをよくし、斑点のある竹皮を錐《きり》の先を使って抜き取る。星（斑点）抜きといっている。
③寸法決め　用途に応じて寸法を決める。大きさは芯縄を引き締めて決める。

七　平仕上げ

表の大きさ、厚さを最終的なものに作り上げる。
①三回目のローラーをかける。編み目を整え形を整えるためのものであって、一枚一枚台の上に載せ、手で力を入れて行う。汗の出る仕事である。
②アクを抜くために室に入れる。一晩入れて漂白する。
③平仕上げといわれる工程である。熱を加えた平型といわれる木型に挟み入れ、プレスにかける。約四十分プレスにかけておく。
・加えて雪駄の「へそ」（表の編み終えた止め跡、踵の真ん中に位置する）が潰れないように木型に窪みが付け

てある。これで表の形が出来上がったことになる。

八　本仕上げ・整理

最後の工程である。

①幅折り　蒸気の出る釜の上に表を置き、先端を蒸す。次の作業のために柔かくするのである。

幅折り器に入れて仕上がりの寸法・幅に整える。

②踵とつま先を丁寧に整える。調整のため、最後まで残されてきた芯縄を二センチほど残して切りとり、残った芯縄は裏側にたたいて張り付ける。

③目引き　雪駄表の化粧仕上げである。熱した箆《へら》状の鏝《こて》で表に三本の線を入れる。この目引きによって表に表情が現れる。線を入れるだけで表情ができる。微妙なもので、雪駄表の生命である。

④出来上がった表を並べて一足の対の組を探す。もともと一枚一枚作られたものだから同じものはない。その中から左右の一対を揃えることは大変難しい。この二枚のそろい具合が価値を決めるのである。

⑧目引き工程

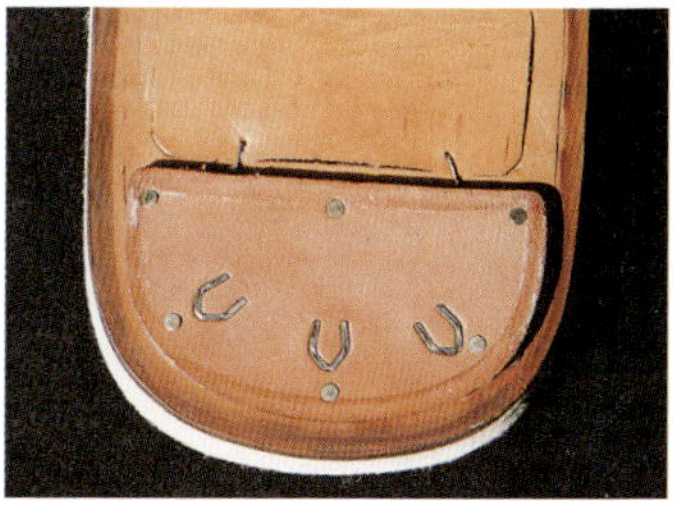

⑨踵革と尻鉄の打ち付け

九　裏革の縫い付け

①革は牛皮である。表の大きさに裁断された裏革に表を縫いつけるための溝を作る。

②固い皮を通すため、針の通りをよくし、あわせて糸の強度を増すために蝋を塗る。

③表に糸が見えないように注意しながら、裏革と表を縫い合わせていく。

④縫い終えてから、表の縫い跡を消すために熱を加えた鏝《こて》で消す。

⑤裏革の仕上げは、表の形に合わせて切りそろえる。縫うために付けた溝を貼り合わせる。塗料を塗って色合わせをする。

一〇　踵革と尻鉄の打ち付け

最後に踵の場所に踵革を打ち付け、革の摩滅を防ぐために尻鉄《しりがね》を打つ。尻鉄は時代によって異なるが、最近

舞子さんこっぽり

表打（ばうち）下駄

雪駄

花魁履（おいらんばき）

祝台（女子こっぽり）

大正ロマン

では小さな上品なものに変わってきた。

二　鼻緒すげ

・鼻緒をすげる箇所を錐で通し鼻緒をすげる。鼻緒がすがるところの裏革はコの字形に切りこみを入れてあり、そこを開けて鼻緒を結ぶ。

・結んだ後、そこを閉じて釘で止める。雪駄は、実に根気のいる多くの工程を経て、ようやく出来上がるのである。

今後の雪駄

雪駄作りにも多くの工程があり、それぞれに長く培われてきた技術、長い精進から身に付いた勘がものをいう世界である。当主木村輝夫氏は、道具や簡単な器具は変わるかもしれないが、昔から伝えられてきた技術を越えるようなものはそんなに生まれるものではないと言われた。今伝統工芸は、困難な状況に置かれている。かつてのような需要はなく、それを生業とすることができなくなり、後継者もできない。残っている人たちも高齢化してきている。

原料を調達・用意する人も同じで、ある種の工芸分野では、従事する人の問題の前に、原料が手に入らなくなってしまうと嘆いておられる。

また多くの工芸では、かなり分業がなされており、そのどの一つが行き詰まってもその工芸はなりたたない。雪駄も例外ではない。この雪駄作りを見ていて、いったんその技術が絶えると、再開することはほとんど不可能であることを強く感じた。

（平成一二年）

訪問先
木村義信商店
木村輝夫氏
津島市瑞穂町三―一二五
電話　〇五六七―二六―三三五九

佐屋

人の心を和らげる音 木魚

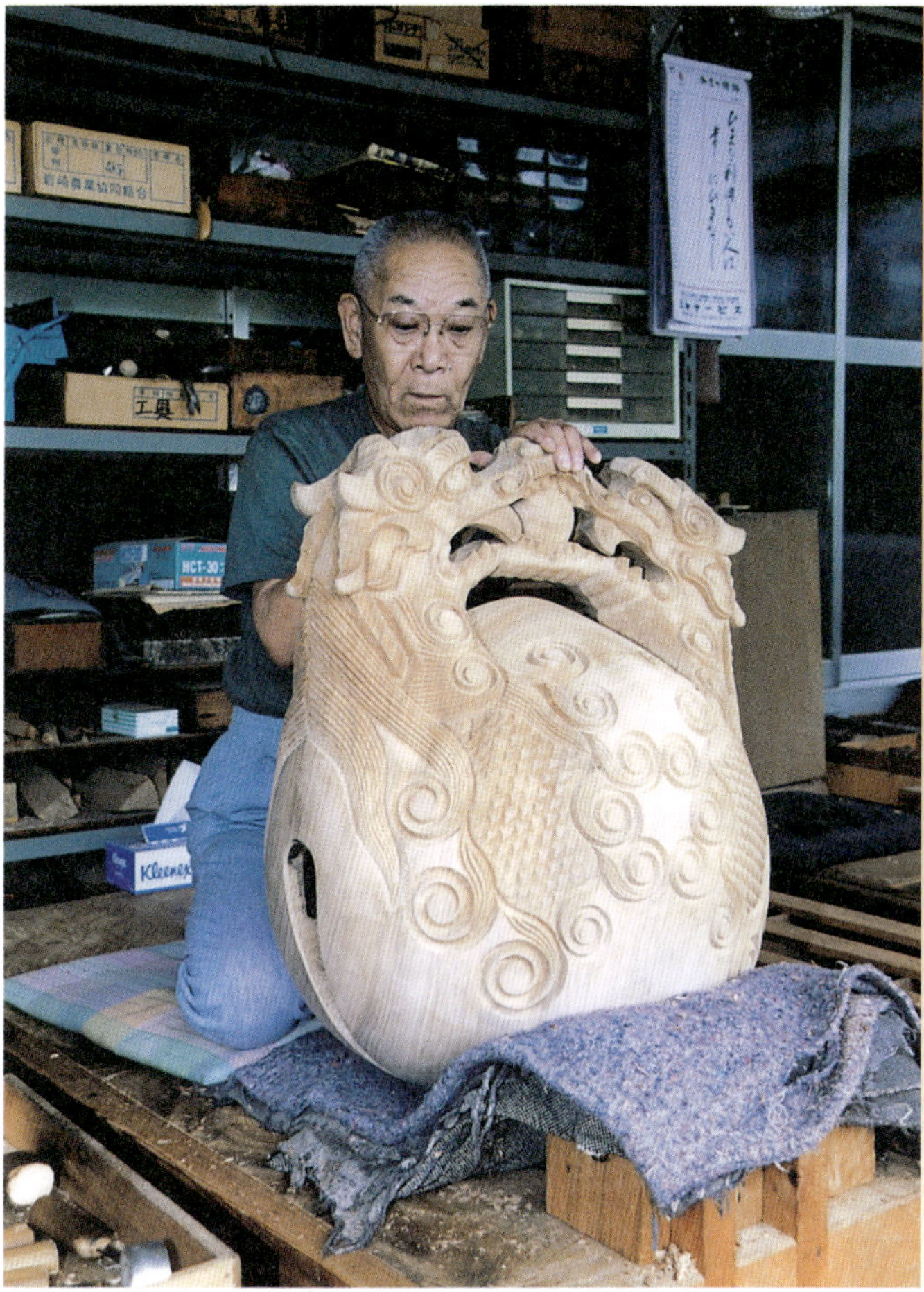

寺院用大型木魚の仕上げ削りをする市川繁夫（玉斎）氏

お山のお山の　尼寺に
白いつばきが　咲いたとさ
ポクポク木魚を　打つたびに
白いつばきが　散ったとさ

という童歌がある。木魚を使わない宗派の者でも、小さい頃からポクポクという木魚の音は耳に残っており、何となく心を和らげる不思議な音である。この木魚の製作の中心が尾張であることは案外知られていない。尾張は江戸時代から仏壇、仏具の製作の盛んなところであった。木魚については、明治以降、京都の地位が低下し、代わって尾張が中心的な地位を占めるようになったという。

木魚のいわれ

木魚は、今では僧侶が経を読むときにリズムをとるために用いられているが、歴史的には寺院で庫裡につるし合図に打ち鳴らした木板、魚板に起源はある。曹洞宗の禅苑清規に「凡聞鐘鼓・魚版、須知所為」とある。鐘や太鼓、魚板の音を聞いて何をするか知らしめたのである。この魚板が変形して生まれたのが木魚である。魚形から龍形に変わるのは、鯉のぼりの故事でよく知られているところである。魚は瞼《まぶた》がなく昼夜目を開けているように見えることから不眠勉学、精進すべきことを諭した意味があるという。

　木魚の形は数種あるが、竜頭魚身が基本的であると聞く。二頭の龍が玉をくわえ、各々魚の鱗、魚の身尾を有するデザインである。大型の寺院用の木魚製作の第一人者である市川繁夫氏の木魚はこの形である。氏は、玉斎と号し二代目である。先代玉斎（繁良）氏は山梨出身で、地元の山梨、そして東京での厳しい修業の後、木魚という特殊な工芸品の市場は大きくないので師の得意先と競合することを避けるため、仏具製作の盛んな名古屋に居をかまえ独立した。

永平寺法堂にある玉斎作　大木魚
幅92・長さ105・高さ76（cm）

　戦災後、縁あって佐屋に移り、木魚製作を継続された。先代の作品で印象に残っているのは、永平寺に納められた三尺の大木魚であると、現当主繁夫氏は語っておられた。氏は跡継ぎに恵まれ、また自身の弟、甥と一緒に、国内ではなくなってしまった大物作りを自分に課せられた使命と思って励んでおられる。

＊ちなみに、現在、県内の木魚製作　業者は次のような数である。

寺院用大型　一軒
在家用小型　一宮　三軒
名古屋一軒
小牧　一軒
三好　一軒

計七軒で、従事者一〇人位という。

二頭の竜が玉をくわえる頭部

木魚製作工程

一　材料

楠　木魚のほとんどは楠で作られる。

②木魚内部（カット）

①楠の大木から木取りされた原型

③中刳りのすんだ半製品は暗所で寝かせておく

胴の中刳り用の長柄鑿

九州、四国、静岡の産が用いられる。
山桑　尺の大きさの小型のものに使う。

二　原木の乾燥

木の灰汁《あく》を抜き落ち着かせるために三年ほど野ざらしにし、自然乾燥する。

三　荒取り

木の性格《たち》、木目などを見て一定の大きさに切り取る。

四　原形作り

木目などを見て出来上がりの見栄を考えて鉋《かんな》、鑿《のみ》を用いて原形を作る。

五　中彫り（中刳《なかぐ》り）

・まず反響部となる胴の下部に木挽鋸を用いて木魚の口を切り開ける。
・この口から写真で見るような特殊な鑿で中をえぐり取る。鑿の刃は湾曲しており柄は一メートルに及ぶものもある。木魚の大きさ、刳《えぐ》り取る部所によって使い分けるのである。
＊均等な厚さに胴を刳り抜いていくことは大変難しい。直接中を見て仕事ができるわけでなく手探り、鑿探りで行うのである。氏は胴の表から触ってわかるという。職人の経験、感

④荒彫り 1 頭部の竜を彫る

⑤荒彫り 2 魚鱗・渦巻き紋を彫る

⑥竜と魚鱗を彫る

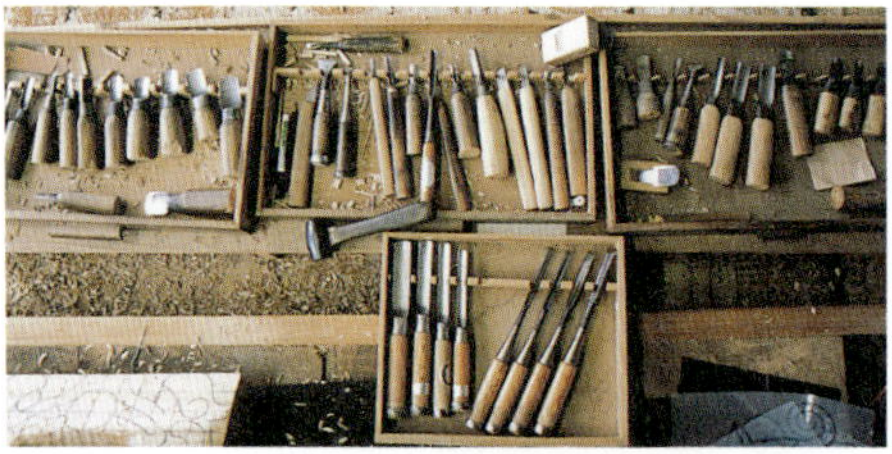

⑦多くの鑿を使い分けて慎重に彫る

⑧仕上げ彫り

覚はすごいものである。

六　乾燥、寝かせ

中刳りのすんだ半製品は、仕事場二階で何年か寝かせ乾燥させる。材の狂いや割れを防ぐためである。楠の乾燥には太陽の光と風があたることが大敵であるという。

・乾燥は三～四年ほどを要すという。

＊ここで半製品の木魚は注文があるまで待機することになるのである。

七　修整

注文のあった大きさの半製品を点検し狂いなどを修整する。

八　荒彫り

・柄の短い鑿を用いて外側の彫りをする。

まずは頭部の龍の彫りである。二頭の龍が一つの玉をくわえる構図である。

・大ざっぱに輪郭が描かれるが、それを立体的に彫っていく。その際木目を読むことが求められる。読み間違えると、時として彫刻した細かい箇所が欠けてしまう。

⑨音付け

・その後胴の部分に移っていく。鱗紋《うろこもん》、渦巻き紋などが施される。

九　仕上げ彫り

いくつかの鑿を使って彫刻を仕上げる。鋭い鑿で削る音、シャッ、シャッという音は実に耳に心地よい。木目もきれいに浮かび上がって、それが彫りとマッチして実に美しく仕上がる。

一〇　音付け

・桴《ばち》（皮または布で包んだ球状の頭を持つ棒）を用いて音の調整をする。桴で叩きながら木魚の一方の口の端に手を当て空気の流れを確認しながら進める。

・調整は、中刳りの際、口の両脇の内側に厚く残してあった部分を削って行なう。

・ここできまった音は以後変わることはない。大きさ、彫りによりきまった音、要望があっても変更する必要はないという。職人の自信である。

・調整は一打一鑿の原則で行う。

一一　色づけ

白木の木魚に渋味のある塗りを施して完成となる。

木魚作りの今

以上、製作工程を簡単に記したが、大きさ、木地、気候等によって出来上がる期間はまちまちである。当家で一般的な大きさの一尺もので三、四年、三尺のような大きなものでは十年もかかり、彫り、仕上げで三カ月はかかるという。

木魚製作者の減少の進む中、木魚を扱う業者が、台湾へ職人を連れて行き、その職人に教え、作らせたことがあるが、その作品は日本人の作ったものとは何か違う感じがしたという。日本の寺院では、やはり日本人の作ったものでなければ、と語っておられた。

木魚は特殊な工芸ではあるが、仏教信仰と結びついているものであり、なくてはならないものである。市川家には幸造氏という後継者があり、この仕事に誇りを持って精進しておられること、伝統工芸の多くが後継者がなく元気がないという状況の中、大変うれしく思ったことである。

（平成十三年）

訪問先

市川木魚製作所

市川繁夫（玉斎）氏

愛西市東保町西河原一八

（旧住所表示　愛知県海部郡佐屋町大字東保字西河原一八）

電話　〇五六七—二八—三九二四

七つの宝の美しさをもつ尾張七宝

釉薬差しをすすめる林貞加津氏

尾張七宝の故郷

尾張西部に七宝町という行政区が存在している。七宝町は、明治三九年に、宝村、伊福村、井和村が合併し、その折に七宝村として発足したもので、昭和四一年に町政を布き、七宝町となったものである。

この町の遠島、安松地区で、今、我々が手にできるようになった七宝焼が作られている。

七宝焼は、金属素地にガラス質の釉薬を施して焼き上げ、研磨して完成する工芸品である。陶磁器をめでる美意識とはいささか異なり、華麗な装飾性の強い工芸品である。

今日の透明感のある華麗な七宝はこの地で生まれ、尾張は一大中心地となって七宝の発展を担ってきた。金線・銀線で巧みに形どられた図柄と、そこに施された釉薬の織りなす美しさ、七宝の真髄を示す豪華な花瓶や絵皿を中心として、今も優れた製品を焼き出している。

七宝焼の歴史

近代以前

七宝の歴史はきわめて古く、古代エジプトに遡ることができる。有名な古代エジプト新王国のツタンカーメン王のミイラ頭部に被せられていた黄金の仮面には、七宝が嵌《は》め込まれている。ヨーロッパ西部にいたケルト民族は装身具・武具に七宝を施しており、ギリシャ、ローマ世界に伝わり発達した。中世ヨーロッパにおいてはキリスト教権力の強大な時代であり、教会の祭壇、聖像、聖物などに多くの七宝が嵌め込まれた。多くの観光客が訪れるヴェネチアのサン・マルコ寺院の祭壇の背面を飾るパラ・ドーロ（金の衝立）はよく知られている。イスラム世界、東方のビザンチン世界においても七宝は大いに発達していた。上記のサン・マルコ寺院のパラ・ドーロは、ビザンチンの技術や材料によって作られており、これが中世の西欧でエナメル(Enamel, email)と呼ばれるものになった。

「葵紋散襖引手」名古屋城蔵

さて、日本における七宝は、仏教伝来とともに入ってきたと考えられる。奈良時代の正倉院御物の中にある「瑠璃鈿背十二稜鏡」は優れた遺品である。中世における七宝についてはよくわからない。美術書によれば、この頃七宝技術は衰退してしまったようである。ただ、この時期、中国よりの舶載品が見られ、唐物を求めた幕府や禅宗寺院の行動が再び七宝への関心を呼び起こすことになった。この七宝への関心とかかわって「七宝」という語が用いられるようになった。

七宝という語は、仏典に由来するものである。経論によって異なるが、例えば、阿弥陀経は、金・銀・瑠璃《るり》・玻璃《はり》・硨《しゃ》磲《こ》・赤珠《せきしゅ》・瑪瑙《めのう》、法華経は金・銀・瑠璃・硨磲・瑪瑙《めのう》・真珠・玫瑰《まいかい》をあげている。この七種の珍宝を合わせた美しさを持っていることから名付けられたと思われる。

再び日本で七宝が作られるようになるのは、近世に入る時期からである。慶長年間（一五九六～一六一四）に、京都に平田彦四郎道仁（一五九一～一六四六）なる人物が現れ、朝鮮人から七宝の技法を学び、幕府の七宝師として活躍した。これが平田七宝といわれるものであり、刀剣小道具、建築小道具に多くの作品を残した。旧名古屋城本丸上洛殿の襖の引手はよく知られており、あの絢爛豪華な日光東照宮にも多くの七宝が存在している。

江戸時代中期には、京に高槻某なる七宝師があり、七代にわたって七宝に携わったという。高槻七宝といわれるものである。しかし、狭い世界のことであり、その名が一般に知られるものではなかった。

幕末近く天保（一八三〇～四四）年間

七宝焼原産地道標頭部にローマ字でShippoyaki Toshimaと記す

七宝焼起源碑　遠島八幡社内

に、尾張国海東郡服部村に、梶常吉があらわれ、七宝工芸は飛躍することとなった。梶常吉は、尾張藩士梶市右衛門の次男として生まれ、長じて服部村に移り、金属焼付けを生業としていたが、のちオランダ七宝を入手し、これを研究して、天保四年、径五寸の小皿を作り上げたという。ここに近代七宝の端緒が開かれたのである。彼の作品の幾つかが尾張藩へ献上される機会があり、藩の技芸御雇となり、その名声は広がった。梶常吉とこれを継いだ梶佐太郎の七宝技術は、その伝授を懇願した遠島村の林庄五郎に伝えられた。林庄五郎は事業には成功しなかったが、秘伝として受け継いだ七宝技術をそれで終わらせず、同村の塚本貝助、塚本儀三郎等に伝えた。このことが以後の七宝の発展をもたらすことになった。

近現代の七宝焼

　明治新政府の近代学術技術の導入、殖産興業の推進の中で、明治八年東京に設立されたドイツ商社アーレンス商会の七宝工場に工場長として招かれた塚本貝助は、明治初年来日したドイツ人化学者ゴットフリート・ワグネル（一八三一～一八九二）の化学面での指導を得て釉薬の改良を進め、現在の色彩琺瑯《ほうろう》七宝を生み出した。従来の泥《どろ》七宝とは異なる透明釉の精巧華麗な七宝となったのである。

　近代七宝技術発展の中心となったアーレンス社七宝工場は明治十年に閉鎖されるが、この工場に出向いて七宝の製作に従事していた尾張や京都の職人たちはそれぞれの地に帰って、新しい技術を伝え指導に当たった。塚本甚右衛門は一足早く明治九年に遠島に帰り、新しい技術を伝えており、七宝会社の工場長に就任して製作を指導した。この七宝会社は、明治四年、愛知県令井関盛良《もりとめ》の勧めによって設立されたものであった。名古屋に工場を設けて七宝焼の製作を始め、あわせて名古屋、遠島地区の七宝焼の販売権を掌握し、輸出振興にも尽力した。塚本甚右衛門の指導のもと品質向上に努力し、内外の博覧会にも積極的に出品して評価を高め、尾張七宝は内外の信頼を得、七宝焼が産業として発展する上で大きな寄与をした。

　会社そのものはその後、景気変動の中で解散したが、名古屋の安藤七宝店に引き継がれた。塚本儀三郎も帰郷し、林小伝次らとともに釉薬改良に励んだ。東京では濤川惣助がアーレンス工場を譲り受け、職人たちをまとめ無線技法を開発した。塚本貝助の弟子・桃井英升は京都の

「百華文七宝大壺」林喜兵衛作
最大径58.0・高さ93.0㎝
（安藤七宝店製造）名古屋市博物館蔵

中央部右の拡大

宝玉七宝「牡丹唐草文鐶付七宝花瓶」
胴径30.0・高さ40.0㎝
名古屋市博物館蔵

並河靖之に七宝技法を教え、京都七宝の先駆けとなった。七宝焼の三大産地が形成されていくことになった。

かくして遠島の七宝焼は隆盛し、明治二〇年に七宝組合が設立され、二七年には子弟の養成のために遠安工業補習学校も設立されている。日露戦争の頃がもっとも盛況で、史料によると窯元一二一軒、職工数七百人と記されている。これらの業者は宝村の遠島、安松、篠田村、赤星村、蜂須賀村、大治村、井和村に拡がっていった。

このように、近代七宝が発展していた頃、近代七宝の創始者梶常吉の七宝技術の正統は、孫の梶佐太郎に受け継がれていたが、彼は神戸の実業家、造船王といわれた川崎正蔵の招きを受け、尾張を離れて神戸布引の川崎邸内に設けられた工場に移り、時代の流れとは異なる七宝の制作に没頭した。青を基調とする明代の七宝の再現であり、それを発展させたのである。

これが「宝玉《ほうぎょく》七宝」といわれるもので、海外の博覧会や美術界で高い評価を得た。梶佐太郎は大正一二年に没するが、彼の愛弟子・恒川愛三郎がこれを受け継ぐものの、それ以上の発展は見なかった。発展進化の中で消えていった一つの分枝であった。

ところで、元来、七宝製品はその性格上景気変動に左右され、また生産者も総じて零細であって激しい盛衰を繰り返してきた。昭和の時代に入ると、一段と厳しい状況下に置かれた。慢性的な不況、そして戦争は七宝焼産業に大打撃を与えた。昭和一二年の銅の使用制限は七宝焼の素地となる銅の供給が絶たれることを意味した。昭和一五年七月には「奢侈品等製造販売制限規則」が発令され、翌一六年の木炭統制は七宝焼の死活を制するものであった。職人も召集され、名古屋は空襲を受け、生産は停止状態となった。

　戦後の復興は困難を極めたが、幸いにも進駐軍の需要があり、息を吹き返すことができた。しかし、これは一時的なもので、進駐軍の引き揚げとともに生産は減少して行かざるを得なかった。

　昭和二四年、窯元二二軒、職人二〇二人という数字があるが、尾張七宝はその後の高度経済成長に充分に乗れず、窯元、従業員数も漸減して推移してきた。

　平成一三年、尾張七宝の状況は、七宝町では、七宝町七宝焼生産者協同組合に一一名が加盟し、未加盟者二名がある。名古屋地区には、名古屋七宝協同組合があり、生産者と販売業者で組織され、名古屋七、西枇杷島町一、大治町一計九業者が属している。

今日の尾張七宝

　尾張七宝は、今でも花瓶、壺などの立物に重点がある。現在、七宝製品の生産額は、全国的には京都、大阪、神奈川が上位にあるが、銅板素地に銀線を植えて釉薬を施す高度の技術によって生まれる立物は、尾張が中心である。市場向けの製品を作る間に、親子二代にわたって全技術を傾注して作られたという作品に触れたりすると、尾張七宝の技術の高さに感嘆する。

　私たちは、素晴らしい作品はその本場に行けば見られると思いがちであるが、本当にいい物は求められて、そこを離れ出ていくものである。七宝焼はその典型であるといえる。近代七宝興隆発展過程で、優れたものはほとんど全て海外に流出している。

　陶磁の世界では、研究、技術保存・技術開発、優れた作品・展示、組合・営業活動のための施設ができている。瀬戸や有田などには水準の高い施設がある。しかし、七宝焼は日本資本主義発展の中で輸出産業の重要なものと位置づけられていたことの性格からか、地元に残ることは少なかった。近代七宝焼のメッカたる地に優れた作品が残っていないのは寂しいことである。遅ればせながら平成一六年に開館した「七宝焼アートヴィレッジ」が、それに応じてくれるものになると期待される。施設は、七宝焼の体験、伝承館（作品展示・蒐集）、実演（動態展示）、七宝焼販売の施設やホール、広場などをもつ大きなものである。

「木瓜（もっこう）型花瓶 」
高さ4寸 径3寸 林貞加津 作

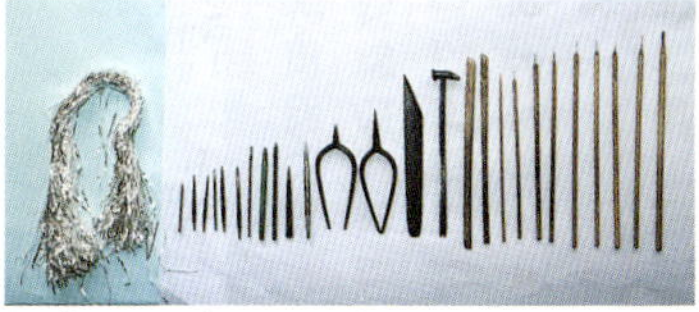

銀線 ヘラ 鋏 ホセ 小刀 槌 筆など

伝統的工芸品・七宝　生産状況

所在地	東京都	愛知県	京都府
名称	東京七宝	尾張七宝	京七宝
企業数	25	21	10
従業者数	58	—	30
総生産額	6.5	140	—
伝産品額	—	14.5	—
特徴	アクセサリー	花瓶 絵皿 装身具	宝石箱 飾皿

「全国伝統的工芸品総覧」平15年より作成
尾張七宝は伝産法指定（単位：百万円）

本館と伝承館(左)

本館と交流・体験工房

七宝焼の工程

一　図案作成
形や図柄、色彩を決める。

二　素地《そじ（きじ）》作り
素地は基本的には銅板で、作製には
①　手打ち
②　木型・金型打ち
③　機械絞りの方法がある。
・透明釉七宝の場合は素地に彫刻を施す。

三　下絵付け
素地に絵柄を墨で描く。
最近ではカッティング法印刷方式が開発され能率向上が図られている。

四　植線（模様付け）
墨で描いた図案の上にリボン状の銀線（厚さ〇・一ミリ、幅一・四ミリ）を植え付ける。糊は白芨《しらん》という蘭の球根から作られる。この後焼き付けが行われる。銀線は異なる釉薬の境界となるものである。

五　釉薬差し（施釉）
銀線で区画された模様の中に釉薬を施す。施釉作業は筆やホセを用いて行う。釉薬は珪石、硝石、酸化鉛を主原料に着色材料を調合して作る。

六　焼成
焼成はかつては木炭を使用していたが、今は電気炉を用いる。八〇〇〜八五〇℃で、十分から十五分焼成する。
＊焼成により釉薬は熔けて植線と段差が生ずるので、同じ高さになるまで繰り返す。三〜六回ほどである。

七　研磨
焼成したままのものは、表面が凹凸しているので滑らかにし光沢を出し、かつ植線を浮かび上がらせるために研磨がなされる。研磨材としては、砥石、木炭、藁などが用いられる。

八　錺《かざり》付け（覆輪《ふくりん》付け）
花瓶などは上下端に銀や真鍮の覆輪を取り付け完成する。
覆輪は釉薬止を隠し、かつ装飾として最後に付ける。

七宝焼の種類

一　素地による分類

素地師　堀木實氏

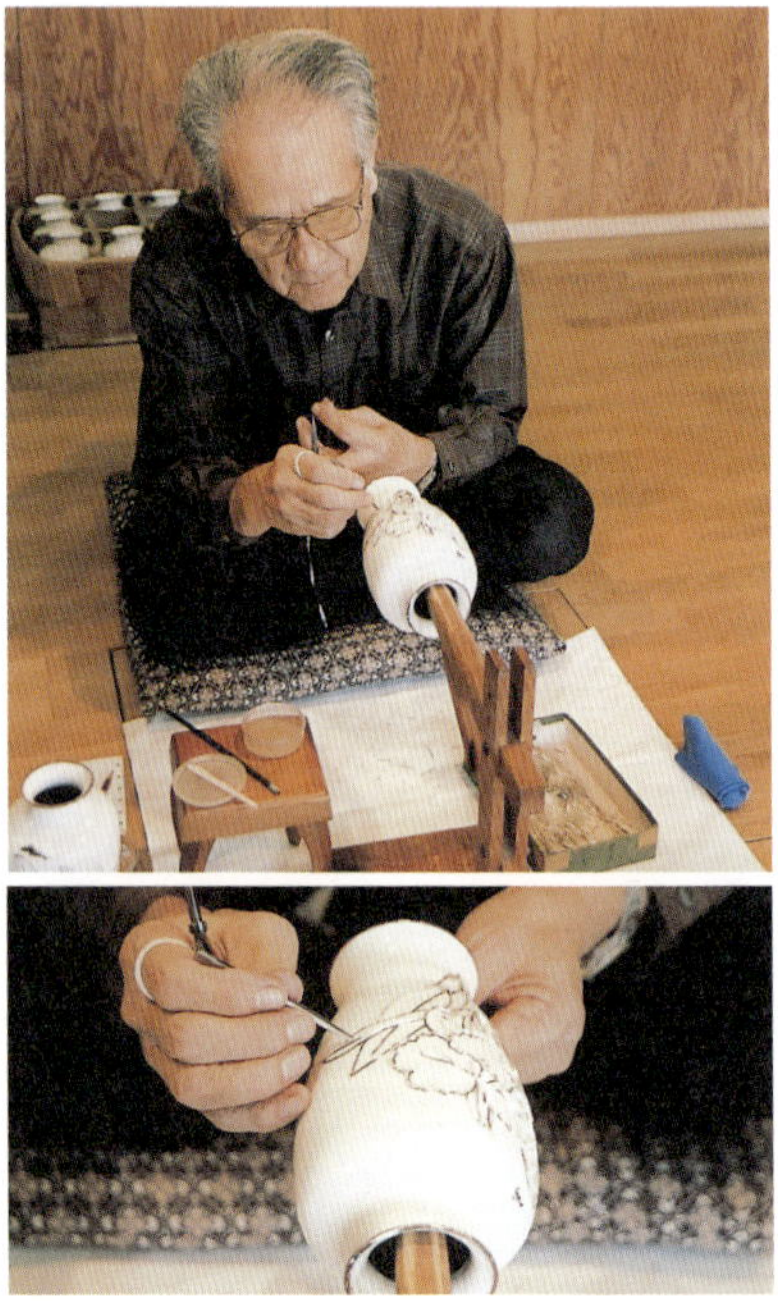

植線　早川道一氏

施釉　林 貞加津氏

研磨　相川孝文氏

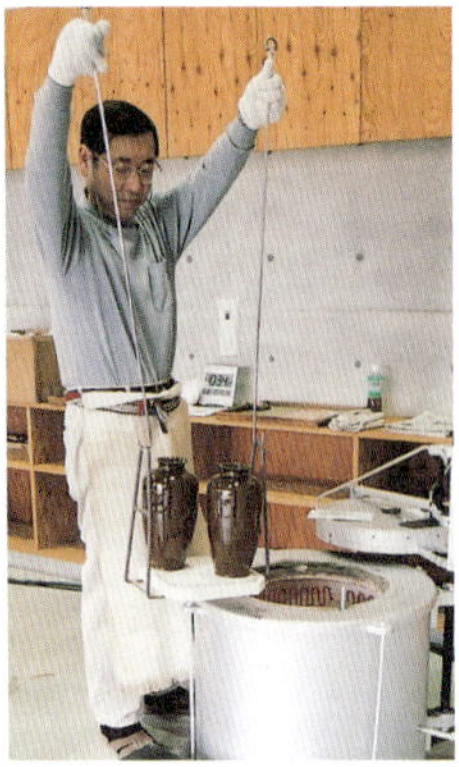

焼成　山田謙次氏

＊林貞加津氏をのぞいて、七宝町七宝焼
　アートヴィレッジにて撮影

①銅胎七宝　素地に銅を使う。
②銀胎七宝　素地に銀を使う。
③陶胎磁胎七宝　素地に陶器や磁器を使う。
④ガラス胎七宝　素地にガラスを使用する。

二　製法による分類

①有線七宝　基本的な七宝の製法で、釉薬と釉薬の境界にリボン状の金属線を立てて（植線）模様を作る。
②無線七宝　有線七宝と同じ手法で製作するが、完成前の工程で植線を除去し跡を残さない。
③有無線七宝　有線、無線の技法を一つの作品の中に取り入れている。
④透胎七宝　模様の一部を素地まで切り透かし、その部分に透明釉を施す。ステンドグラス様である。
⑤省胎七宝　透明釉の七宝を作成後、銅素地を酸で腐食させて取り除き釉薬だけを残したもの。
⑥盛上七宝　研磨の途中で盛り上げようとする部分にさらに釉薬を盛り焼き上げ完成する。

三　釉薬による種類

①透明釉七宝　銅の素地が透けて見える。釉薬に透明ものを用いる。赤透《あかすけ》、青透、緑透がある。
②不透明釉七宝　不透明釉を用いる。釉薬が堅いため釉薬差し、研磨に高度な技術を要する。
③半透明釉七宝　玉釉七宝ともいう。不透明の中に透明感がある。青地玉、翡翠玉、黄玉がある。
④泥七宝　光沢のない不透明釉の七宝。ワグネル以前の七宝はこの種類に属す。

四　七宝製品

1　立物　花瓶　茶器　酒器　香炉
2　平物　飾皿　茶托　銘々皿　菓子器　ペン皿
3　蓋物　宝石箱　朱肉入　硯箱
4　その他　バッジ（徽章）、トロフィー、タイピン、ブローチ　カフスボタン、スプーン　ペンダント、フォークなど。

七宝焼関係施設

・七宝焼原産地碑　明治二八年建立
上部にローマ字筆記体で、しっぽうとうしまと記されている。外国人がよく訪れていたことを示している。
・七宝焼起源碑　明治二〇年建立
遠島八幡社境内
・七宝町七宝焼アートヴィレッジ
七宝町大字遠島字十三割二〇〇〇番地
電話　〇五二―四四三―七五八八
・七宝町七宝焼生産者協同組合
七宝町七宝焼アートヴィレッジ内
七宝町大字遠島字十三割二〇〇〇番地
電話　〇五二―四四四―二〇三〇
・名古屋七宝協同組合
名古屋市中区栄三丁目二七番一七号
電話　〇五二―二五一―一三七一

（平成一三～一八年）

訪問先
林貞加津・貞仁氏
愛知県海部郡七宝町大字遠島字泉水八二四
電話　〇五二―四四四―二〇五八

新川外町

木肌の美しさ、触感の良さ
尾張曲物

蒸籠づくりを進める安藤安孝氏

日本人がともに歩んできた器

日本は木の国、古くから木に囲まれて暮らしてきた。木の緑の中で、木でできた道具とともに生活をしてきた。日本人は木肌の美しさ、木の触感に特別の心地よさを感ずる。木の器、木の道具には特別の愛着がある。

木製の容器というと山国で作られるとの印象があるが、人の住むところにはその需要に応ずる職人がいるものである。大平野である尾張野にも、他から素材を得て、曲物や結物《ゆいもの》作りを生業とする人が多くあった。しかし、今、生活様式の変化により、木の容器・道具への需要は急速に減少し、それを商う人も数えるほどになってしまった。しかし、日本人は木が好きである。決してなくなりはしない物であると思う。

尾張の曲物の今

尾張の曲物《まげもの》で知られていたのは、東海道の宮と中山道垂井宿を結ぶ美濃街道沿いである。名古屋城下の台所たる枇杷島市場へ赴く農民、商人等の往来が多く、街道筋にはいろいろな品物を売る店が軒を連ねていた。明治以降も市場は活況を呈し、枇杷島、新川、清洲には商家が立並び、近郷近在の生活物資の入手地であった。件の曲物もその中にあった。蒸籠《せいろう》、篩《ふるい》・篵《とおし》、柄杓《ひしゃく》、弁当箱などを商う店、これを作る職人など曲物に係わる人は百軒ぐらいあったと聞く。その中でも清洲の南に位置する新川町外町は、曲物の店が多くあったところである。

　ところが今、この地ではわずか一軒が残るのみである。生活様式の変化、合成樹脂製品の一般化、農業などに見られる生産作業の変化などにより木製容器・道具の需要は激減し、生業としては成立しにくくなり、関係者の高齢化、後継者難により製作販売をやめる人が多くなった。この度訪れた外町でついに一軒のみという状況になってしまっている。

曲物の歴史

木製容器・道具は、その素材が近くにあり、加工がしやすいこともあって、歴史は極めて古いと考えられるが、曲物作りが生業として成り立つようになり専門の職人が出てくるのは中世になってからといわれている。鎌倉時代、時宗を開いた一遍上人が尾張甚目寺を訪れた際の場面が「遊行上人縁起絵」に描かれているが、そこには多くの曲物や桶が見られる。

　ちなみに、一遍上人の甚目寺における斎会の因により、中萱津に時宗の道場（光明寺）が開かれた。平成十三年の甚目寺観音御開帳で、時宗衆徒による念仏踊りが奉納され、施食が行われた。左はその折に配られたお札である。

　ところで木の容器・道具は、大きくは木を刳《く》り挽いて作ったものと、板や細木を組み合わせたりして作ったもの

時宗僧により配られた御札

尾張甚目寺観音で施食をする一遍上人
「遊行上人縁起絵」重要文化財　神戸市真光寺　京都国立博物館寄託

に区分できる。前者には刳物《くりもの》と挽物《ひきもの》とがある。刳物はえぐって作る臼・木鉢・木皿・盆などであり、挽物は轆轤《ろくろ》で挽いて作る碗・茶櫃・茶托などである。後者には、結物《ゆいもの》、箱物《はこもの》、曲物がある。結物は短冊形の側板を箍《たが》で締め底板をはめ込んだ桶や蓋をつけた樽などであり、組物は箱物ともいい、枘《ほぞ》を差して接合・組み立てて作る寿司箱・文庫などである。曲物は薄板を曲げ樺や桜の皮で綴じ底をはめ込んだ容器類をいう。

一般に曲物が生業として成り立つようになり、専門の職人が現れるようになるのは室町期といわれている。曲物を作る職人は曲師とか檜物師《ひものし》といわれる。檜物師といわれるのは用材として檜が最上であることによるのかもしれない。

蒸籠の製作工程

一　用材　檜《ひのき》　椹《さわら》

二　用材の加工

現在では製材した薄板を使う。かつては斧、鉈で割り、これを銑《せん》という道具を用いて表面を整形したが、今は台鉋を用いる。

三　薄板の曲げ

・まず薄板を水に浸す。
・釜で煮て柔らかくし曲げやすくする。
・ゴロという直径十五センチ長さ六〇センチの正円筒に巻き付けるようにして曲げる。
・曲げた側板を重ね合わせて締木（木製の挟具）で挟み形を固定する。

四　側板の綴じ

・蒸籠の場合、上側となる側板の角を少し切り落とす。割れを防ぐためである。
・綴じ材は桜の皮である。当家では吉野の桜皮を用いる。細い鉈で削いで整える。
・側板が重なるところに穴あけ（キサシ）を用いて穴をあけ綴じ材で綴じていく。

五　簀子《すのこ》の支え

・底の位置に簀の子を支える組枠を付ける。
・竹で編んだ簀子を用いるものは底に格子組をはめる。
・蒸気の通る穴をあけた板をはめたものもある。

六　蒸籠のずれ止め

・重ねて使う蒸籠には、下部の外側に幅五センチくらいの枠を取り付ける（ずれ止め）。

七　仕上げ

・鉋を用いて綺麗に仕上げる。

※一般の曲物容器では、底をはめ込むことになる。はずれないよう底を付けるため、
・側板の内線より少し大きく形取りする。
・形取りの線より少し大きく削る。
・底板をはめる。

曲物の今後

当地区で唯一の曲物屋となってしまった伊勢安商店で、現在扱っている曲物は、餅蒸籠、中華蒸籠、弁当箱、篩《ふるい》（粉や穀物などを篩い分ける道具で、曲物の底に馬毛、銅線、竹、藤蔓などが張ってある）・簁《とおし》（篩と同じ構造であるが、主として米穀の糠《ぬか》とか異物をふるい分けるも

①ゴロによる側板の曲げ

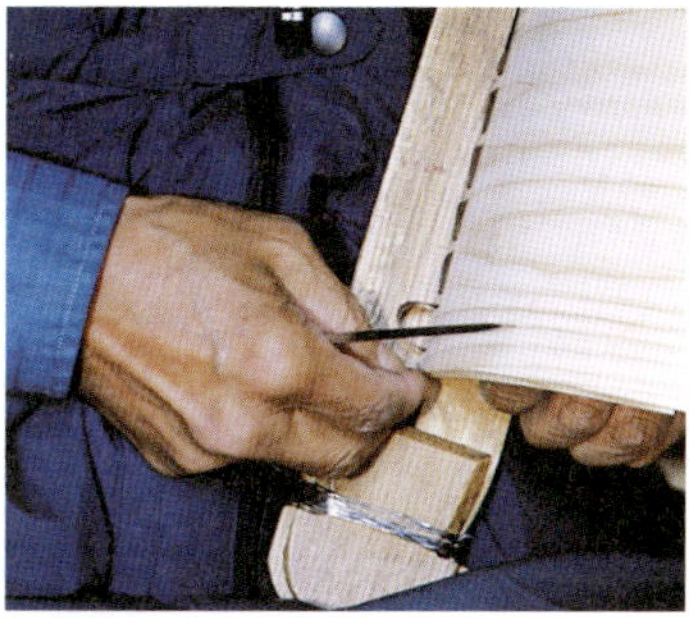

②側板の綴じ（縫い）

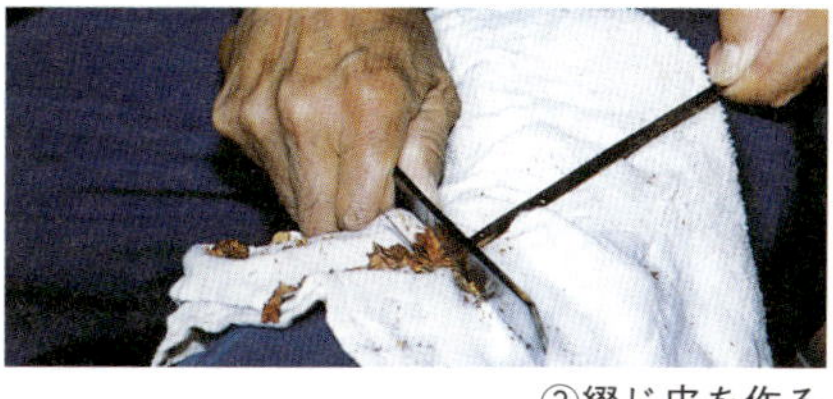

③綴じ皮を作る

④蒸籠の底部の工作

⑤蒸籠の重ね部の工作

⑥仕上げ鉋

よく使われる道具

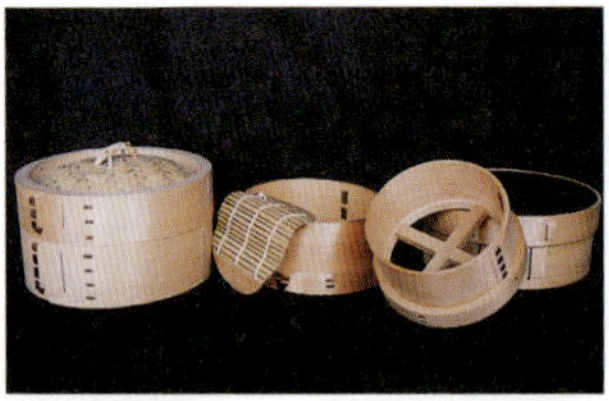
蒸し器2種

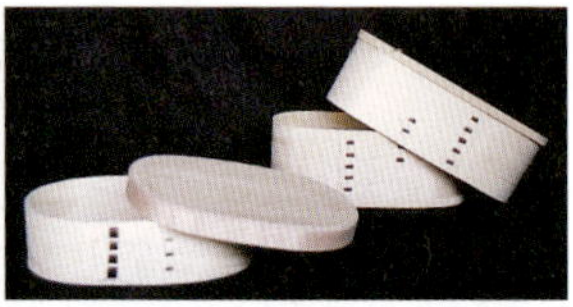
小判弁当箱

柄杓

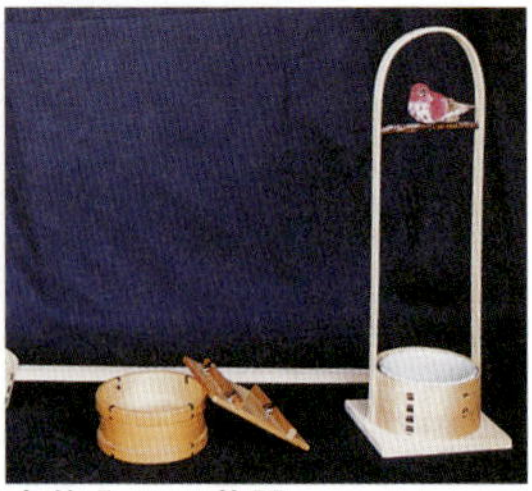
小物入れ、花器

ので目も粗く大型で、農具）、水漉、味噌漉、柄杓《ひしゃく》、茶花器などである。

　当主安藤安孝氏は、戦後十八歳から家業の曲物作りの修業に入り、今日まで五十年を越す精励を続けてこられた。それだけに自分の技術、製品への評価は大変うれしく思うと、語られた。今、合成樹脂の製品にとって替わられ、従来の民具の需要は著しく減少したが、昔からの道具は決してなくならない、需要はあり続けると考える。木の伝統的道具でなくては不具合のもの、例えば茶器花器、食べ物に関わる道具などは他に取って替われ得ない。何よりも木への愛着、伝統によって培われた木器への愛着は絶ちがたいものがある、と静かではあるが、自信を持って語られていた。また、天然の素材、長い伝統の中から生まれた器の使いやすさ故、求めに来てくださる方がいたり、和菓子屋さんなどが古い道具を修理に持ってこられたりすると、うれしくて、こういった方に応えるためにも続けていかねばと思っているという。現在は、ご子息も跡を継いで、製作に営業に励んでおられる。

　周りから同業者が消えていったのに、当家が残ったのにはやはりそれだけの理由があったように思う。生活様式、意識は大きく世代とともに変わっていくが、要は使ってもらうことであり、使ってもらうよう働きかけることが必要であると思って努力されてきたことであろう。日本の伝統的なものは、使いやすく何となくしっくりくるものがあると感じてもらうことである。また、ただ昔のものを守っていれば良いというものでもない。絶えず工夫し、改良を続けることが肝要であると思っていると付け加えられた。

　氏は七〇歳を越える今も、研究的な目をもって各地を訪れておられ、工芸に関する会にも参加しておられる。伝統的工芸品の再啓蒙に努力しておられる。今、学校では「総合的学習」の時間が設けられているが、小学生の見学、学習に協力されている由、仕事場に畳一畳位の大きさの、「曲物ができる順」という掲示物が掲げてあった。こういった日頃の生き方、努力が、今生きていると感じたことである。

（平成一三年）

訪問先
伊勢安商店　安藤安孝氏
清須市須ヶ口五八
（旧住所表示　愛知県西春日井郡新川町
大字須ヶ口五八）
電話〇五二―四〇〇―二一六五

やきものの惣名　せともの
瀬戸焼

焼き物の里のたたずまい　洞町　窯垣の小径

せともの

「瀬戸焼」というと、なんだか耳に馴染まない。「せともの」といわないとピンとこない。尾張の人は皆同じように感じていると思う。『尾張名所図絵』は「瀬戸村に陶工多くありて、皿・茶碗・茶壺をはじめ、くさぐさの器物を焼き出し砂鉢・甕・半胴のたぐいは赤津村にて作れり。すべて諸国に作れる陶器をあまねく瀬戸物といふ事は、全く此の瀬戸村の産を主として呼び始めしが、やがて器物の惣名とはなれり」と記している。国立国語研究所の調査研究によると、やきもの（陶磁器）は日本全土の七〇％の地域で瀬戸物と呼ばれているという。ちなみに西国では唐津物《からつもの》と呼ばれている。それほどまでに瀬戸物という言葉が一般に馴染んでいるのである。

瀬戸焼の歴史

陶磁器の惣名にまでなった瀬戸の焼き物の歴史は長く、しかもその種類も極めて豊富である。日常生活用具はもとより、茶器や花器などの雅器においても多くの物を生

「鉄釉印花紋仏瓶」13世紀末
器高28.7cm
瀬戸市歴史民俗資料館蔵

採土場：セト グランドキャニオン

み出してきたのである。それだけに瀬戸についてまとめて語ることは極めて難しい。

　高等学校の教科書には、道元とともに入宋した加藤景正が釉薬を用いる中国の製陶法を伝え、瀬戸の陶器（瀬戸もの）を作り始めたという、と記述している。こういった伝承は必ずしも裏付けられているわけではないが、瀬戸焼が中国宋の影響を受けており、瀬戸が独自の焼き物を完成していったことは確かである。これが「古瀬戸」といわれる陶器である。もちろん、この時期にいきなり始まったのではない。

　昭和二九年以降、愛知用水事業の工事が端緒となり、猿投山《さなげやま》西南麓に須恵器《すえき》の窯の大群落が発見された。ここで既に生産されていた灰釉《かいゆう》の技術は、良質の陶土と水と薪木に恵まれた西北の瀬戸、赤津方面へ移動していった。施釉の古瀬戸が作られ窯業の基盤が築かれた。十二世紀・平安時代末期であったというのが定説となっている。

　時代は鎌倉時代へと移り、古瀬戸は大きく発展を見るが、ここに加藤四郎左衛門景正（通称藤四郎）が現れる。彼は道元禅師に従って入宋して浙江省瓶鎮窯で学び、帰国後、瀬戸の祖母懐《そぼかい》で開窯したという。古瀬戸は灰釉、さらに黒褐色の鉄釉が施され、器物の種類も碗・皿・四耳壺《しじこ》・水瓶・瓶子から仏器・香炉・茶碗など多彩であった。時代を担う武家精神と禅宗寺院の風が強く、美しい古瀬戸を発展させていったのである。

　総じていえば、鎌倉時代は祭祀具が多く、南北朝を経て室町時代に入ると、日常生活に必要な雑器、すり鉢・土瓶・行平《ゆきひら》型容器などが多く作られるようになった。あわせて鉄釉の天目《てんもく》茶碗や灰釉の平茶碗も多く焼かれた。

　室町時代中期より新たな統一政権樹立への時代は、「茶の湯の時代」と表現してよい時代である。村田珠光《しゅこう》、武野紹鴎《しょうおう》によって進められ、千利休によって大成した侘《わ》び茶は、これまでの高価な唐物を用いての茶礼に対して、簡素な美を求め、安価な和物、瀬戸物の中に美を見出したのであった。

　瀬戸は茶碗・茶入れ・茶壺・水指を焼き出した。ただ、一時期、「瀬戸山離散」といわれる状況に陥ったことがあった。陶工が瀬戸から美濃南部に移り、ここで黄瀬《きぜ》戸《と》・志野・織部を焼くに至った事態のこと

灰釉平碗　15世紀前期
瀬戸市歴史民俗資料館

瀬戸村図「尾張名所図会」より

天目茶碗　15世紀前期
瀬戸市歴史民俗資料館蔵

瀬戸焼 時代概念

区分	古代				中世		近世
時代区分	大和時代	飛鳥・改新時代	奈良時代	平安時代	鎌倉時代	室町時代	織豊時代
［窯］	猿投窯 須恵器 窖窯《あながま》			瀬戸窯[古瀬戸] 灰釉陶器　四耳壺.香炉 碗.皿.瓶.壷　水注.瓶子	天目茶碗 無施釉(山茶碗)小皿類　日用雑器		天目茶碗　瀬戸山離散 小鉢擂鉢　↓ 茶陶・美濃の隆盛 大窯の登場

近世	近代		現代
江戸時代	明治	大正・昭和（～20）	昭和(20～)・平成
瀬戸の復興「瀬戸物の風靡」 赤津村:擂鉢.片口.半胴 下品野村:片口.擂鉢 瀬戸村:湯呑.茶碗類 水甕.火鉢　染付焼の開始 本業焼 連房式の登窯の導入 名工の活躍	殖産興業政策 ↓ 輸出陶磁器 技術開発 石炭窯	太平洋戦争 ｜ 企業統合整備 代用品の生産	戦後復興　瀬戸窯業の苦境 高度経済成長 輸出陶磁器 ﾉﾍﾞﾙﾃｲ,食器 建築工業用陶磁器 ガス窯　電気釜

である。織田信長の富国策としての瀬戸窯業の保護、江戸幕府初期の尾張藩の振興策により、ようやく瀬戸は復興し、近世の興隆が見られるに至ったのである。

一方、西国・有田では、江戸初期に磁器の生産が始まった。この磁器生産は以後急速に発展し、これによって瀬戸の陶器の販路は狭まり、瀬戸は不況に陥った。この苦境を救ったのが加藤民吉であった。享和元年（一八〇一年）民吉は九州に渡り、三《み》川内《かわち》などの窯屋で懸命に技術を習得して帰国し、苦心の末、染付磁器の焼成に成功した。これが新製焼であり、以後瀬戸では本来の陶器を焼く窯は本業《ほんぎょう》窯と呼ばれるようになる。染付新製焼は十九世紀中頃には瀬戸の焼き物の主流となっていき、品質の向上も進んだ。瀬戸では陶器も磁器も生産されるようになり、両方を含めて瀬戸物と呼ばれて再び全国を制覇する。

日本は開国し、幕藩体制は崩壊し、明治時代となった。新政府は殖産興業を国是とし輸出振興を推し進めた。これに絶好の機会を与えたのが万国博覧会であり、並行して開かれた内国勧業博覧会であった。近代産業の遅れていた日本にとっては伝統工芸品の売り込みの場でもあった。明治六年（一八七三）のウィーン万博は、外人顧問

加藤民吉像（窯神神社）

「染付花鳥獅子図蓋鈕付大飾壺」川本桝吉作
瀬戸市歴史民俗資料館蔵

戦時中の陶貨「十銭」
瀬戸市歴史民俗資料館蔵

ゴットフリート・ワグネルの指導のもと大々的に参加し、陶磁器類は大変な好評を博している。明治九年（一八七六）フィラデルフィア万博、明治一一年（一八七八）第三回パリ万博と相次いで開かれるが、陶磁器はいずれも高い評価を受け、受賞者を出した。陶磁器は世界に市場を広げていったのである。

瀬戸、美濃という陶磁器の産地を控えた名古屋には多くの貿易業者が集まり、瀬戸の素地に上絵付をした製品も多く作られた。今日でも名古屋には絵付け業者が多く活動している。輸出を継続的に発展させるためには、窯業技術の近代化、大量生産システムの確立が緊要であった。業者の組織化も進められ同業組合も結成され、子弟の養成のため瀬戸陶器学校（現愛知県立瀬戸窯業高等学校）が設立された。

従来の製品に加えて、コーヒーセット、ポット、洋皿、陶製玩具、装飾品などの新しい製品の開発も推し進められ、輸出に力を入れた。第一次世界大戦を機にノベルティが輸出されるようになり、「セト ノベルティ」として世界に知られるようになる。

昭和に入って日中戦争・第二次世界大戦の時期、瀬戸窯業も大きな打撃を受けた。昭和一五年五月制定の戦時経済統制強化のための企業整備令により、中小企業は厳しく整理統合され、その設備と労働力が軍事産業に転用された。瀬戸窯業は深刻な状態に陥ったのであった。もっともその状況の中でも技術の温存を図り、金属製品に変わる代用品の生産を続け、窯の火を絶やすことはなかった。

戦後、国民生活の破綻を救うため輸出振興が推進された。Made in Occupied Japanの商標のもとで輸出が再開され、瀬戸は輸出に活路を見出し、その立ち直りにはめざましいものがあった。戦後発展の中心はノベルティで、その盛時は昭和三十～五十年代であった。しかし、その後の世界経済の変質、日本産業経済の構造変化は瀬戸窯業界に苦境をもたらした。

バブル経済が崩壊し、後の経済沈滞は瀬戸窯業に深刻な打撃を与えている。窯業土石製品関係事業所数は、昭和六一年の八七八から平成一二年には五〇七に減少し、従業者は一万八八四人から五四三〇人になっている。出荷額は一一〇二億五四三一万円から七一三億一〇〇六万円と、この間で実に六四・七％に減じている。

瀬戸は陶業史の上では、ある意味特異な存在であるともいえる。瀬戸物が焼き物の代名詞であることが、それを物語っているともいえる。瀬戸の歴史は極めて古いこともあって、それぞれの時代にいろいろな焼き物を生み出してきた。「瀬戸には何でもある」という言葉を聞いたことがある。確かに瀬戸には時代を越えた焼き物、地域を越えた焼き物がある。その上、時代によっては特定の焼き物が奔流のようになっている。茶器茶陶、染付あるいはノベルティなどがその例である。大量に作られ一世を風靡する。瀬戸にはそんなところがある。備前なら無釉の焼締めの焼き物を、唐津なら素朴で力強さや絵唐津の焼き物をイメージするが、瀬戸焼といった場合、そういうイメージが描けない。現代は特化されたものに注目される時代である。かつて瀬戸を支えた強さが、今置かれている状況の中では逆に弱点になっているといえようか。焼き物すべてを包含する「せともの」のイメージが、苦境を増しているともいえる。

しかし、歴史を見ると瀬戸はしばらく後に復活してくる。不思議な力を感じる。

瀬戸の特色ある焼物

瀬戸の歴史の長さ、多種大量の焼き物の産出の故に、瀬戸焼の紹介は難しい。以下では昭和四九年五月交付の「伝統的工芸品産業の振興に関する法律」によって指定されている赤津焼（昭和五二年第七次指定）と瀬戸染付焼（平成九年第三一次指定）を便宜とし、加えて新製染付が主流になった後も従来の日常雑器を中心として焼いてきた本業焼、大正時代から本格化し、太平洋戦争後の瀬戸陶磁器の復興の中心となったノベルティを取り上げておくことにしたい。

また、陶業に関わる施設や幾多の優れた作品が各所で見られるので、それも取り上げておきたい。

＊焼き物関係指定地（伝産法）

①九谷焼（昭五〇）　②小石原焼（昭五〇）
③信楽焼（昭五〇）　④常滑焼（昭五一）
⑤壺屋焼（昭五一）　⑥砥部焼（昭五一）
⑦京焼・清水焼（昭五二）
⑧赤津焼（昭五二）
⑨伊万里・有田焼（昭五二）
⑩大堀相馬焼（昭五三）
⑪丹波立杭焼（昭五三）
⑫三川内焼（昭五三）
⑬波佐見焼（昭五三）
⑭美濃焼（昭五三）
⑮四日市万古焼（昭五四）
⑯益子焼（昭五四）　⑰出石焼（昭五五）
⑱伊賀焼（昭五七）　⑲備前焼（昭五七）
⑳上野焼（昭五八）　㉑越前焼（昭六一）
㉒唐津焼（昭六四）　㉓笠間焼（平四）
㉔会津本郷焼（平五）　㉕石見焼（平六）
㉖瀬戸染付焼（平九）　㉗萩焼（平一四）
㉘薩摩焼（平一四）　㉙小代焼（平一五）
㉚大谷焼（平一五）

瀬戸焼 1

赤津焼

赤津七釉の地、茶陶など雅器を生む

彫りをすすめる加藤唐三郎（第三十一世）氏

猿投山山麓から瀬戸、赤津へ

猿投山古窯で生まれた灰釉の技術は、優れた陶土と水と薪木に恵まれた瀬戸、赤津方面へ移っていった。そこで施釉の古瀬戸が作られ、窯業の基盤が築かれた。一二世紀、平安時代末期であったというのが定説になっている。

時代は鎌倉時代へと移り、古瀬戸は大きく発展する。総じていえば、鎌倉時代は祭祀具が多く、室町時代になると日用雑器が多くなる。あわせて茶器を焼くようになる。茶の湯の時代、瀬戸、赤津は茶入れ、茶碗、茶壷、水指などに名品を焼き出した。しかし戦国期に入ると「瀬戸山離散」という苦境に陥り、多くの陶工が美濃に移ってしまった。その地で新しく瀬戸黒、織部、黄瀬戸、志野などの優れた茶陶を焼き出したのであった。織田信長の保護政策、江戸幕初の尾張藩の復興への努力によって、ようやく一七世紀瀬戸は新たな復興への道を歩み始める。

尾張藩祖徳川義直は、慶長一五年（一

尾張藩御用大鉢（江戸時代前期）

六一〇）美濃から利右衛門（後代、唐三郎）、仁兵衛を赤津へ、新右衛門、三右衛門を品野へ呼び戻し、御用窯を開かせた。品野窯はのちに御用を免ぜられるが、赤津窯は利右衛門家から太兵衛が分家独立し、御窯屋三家となり幕末まで続いた。尾張藩の御用品を焼く御用窯である。尾張藩は祖母懐《そぼかい》の土の濫掘を禁じ、寛永年間名古屋城の外廓御深井丸に御庭焼窯を開き、利右衛門、仁兵衛（後に太兵衛も参加）に、代々御庭焼の御用を勤めさせた。

御用窯は、藩主の御用、将軍家への献上品、大名家への贈答品に供する品を焼くものであるが、窯屋はこの御用を勤めるかたわら、需要に応じて碗、鉢、壺など日常雑器を作り、あわせて茶器にも携わった。桃山茶陶の中心は美濃であったが、瀬戸の火は消えたわけではなかったであろうし、江戸期初頭の藩の復興策により回復していき、織部、志野、黄瀬戸、御深井《おふけ》などが焼き続けられていた。染付磁器の生産が軌道に乗るようになると赤津地区でも新製焼に転業する者が出てきた。文化元年には、八人が新製焼の許可を得たとあるが、この地では結局旧業に復帰している。

江戸時代末期には、加藤春岱、加藤春龍（唐三郎）、加藤春悦、加藤寿斎（作助）等の名工が輩出している。瀬戸地区は染付磁器の開発後、染付焼と日用雑器の性格が強く本業焼の地とのイメージが強いが、赤津地区は、他に比して茶陶などの雅器を焼いてきた。このことは、今の赤津焼の特色であり、通産大臣の「伝統工芸品」の指定を受ける背景になるものである。

赤津焼の特色

陶土

本山木節粘土　赤津蛙目粘土
赤津山土　猿投長石

成形

ろくろ成形　たたら成形
手ひねり成形

御深井（おふけ）香炉

御深井

黄瀬戸

古瀬戸

灰釉

＊赤津焼七釉の湯飲は瀬戸市歴史民俗資料館で撮影（許可）

志野

織部

鉄釉

釉薬の種類（赤津焼七釉）

灰釉（平安時代起源、自然釉）

鉄釉（鎌倉時代起源、茶道具）

古瀬戸（鎌倉時代起源、鉄釉の一種、黒色の中に茶褐色、茶道具など）

織部（桃山時代起源、青織部　黒織部　赤織部　絵織部など）

黄瀬戸（桃山時代、茶道具、皿、鉢など）

志野（桃山時代、茶器、赤津の白志野、美濃の赤志野、絵志野、鼠志野など）

御深井（江戸時代初期、名古屋城御深井丸の御庭焼窯、明人陳元贇《ちんげんぴん》の指導、加藤利右衛門［唐三郎］、仁兵衛、太兵衛御窯家三家ご用勤める）

施釉

総掛け　流掛け　塗り分け等

焼成

通常一一七〇～一二五〇℃　還元焔一三〇〇℃

装飾技法

削り目

轆轤の上でヘラで削り目を付ける。

ヘラ目

ヘラの痕を器面に意識的に残す。

たたき

素地に水分を含ませ柔らくし、叩いて器形を変える。

ヘラ彫り

へらで線彫りし文様を付ける。

そぎ

素地の一部を削り取り変形物を作る。

透し彫り　模様を刳り抜く。

布目　文字通り布目を付ける。

三島手

素地に線彫り又印花したものに白土の化粧塗りをし、拭き取る。象嵌のようになる。

印花　押型の文様。

櫛目　櫛状のもので線刻文を施す。

張り付け

素地とは別の文様等を作り表面に張り付け、印刻、線描をする。

浮かし彫り

レリーフ状に文様の縁を彫る。

展示館

かって使われた登窯

唐三郎窯全景

伝統の窯―唐三郎窯

毎年、赤津の里では「窯の里めぐり」が催される。平成十二年は加藤唐三郎家の特別公開が行われ、幸運にも抽選で訪れることができた。当日、第三十一世唐三郎氏の案内、説明を受けることができた。まず展示室で、今日の来訪者のために特別に焼かれた湯飲茶碗で茶菓を頂戴した。一見の客へのこのような扱いには感激であった。室内には、江戸時代「御窯屋」として力をつくした歴代の作品も展示されており、それを前に、御窯屋のこと、作品のことなどを語られ、大変興味深く聞くことができた。

　奥のコーナー・棚には現当主の作品が展示されていた。伝統的な黄瀬戸や御深井などの品々は当然ながら、氏の得意とする線刻文様の皿、壺が置かれていた。意欲的に作陶を進められており作品展も開かれている。

　翌年夏、瀬戸市新世紀工芸館で開かれた企画展を観る機会を得たが、すばらしい線刻文様の作品が出されていた。第三

黄瀬戸線文大鉢

黄瀬戸線文大壺

香炉と茶碗

展示館内部のコーナー

十一世唐三郎氏が伝統の上に立って、それを超えるものをと追求されるのが黄瀬戸と線刻文による作品であり、その意欲を強く感じとることができた。

　さて話を戻して、当日は以前使われていた登り窯を見学し、仕事場の案内を受けた。轆轤、仕事の要領などの話を聞き、最後に氏が轆轤の前に座って彫りをするところを見せていただいた。息を止めて緊張をする場面をのぞいて、いろいろなことを語られた。いつも思うことであるが、長く一つのことに何十年と励んでこられた方々の言葉には銘記されるべきものがある。一緒であったご婦人方、皆さんうなずいておられた。

（平成一二年、一四年秋）

訪問先

唐三郎窯

瀬戸市窯元町八〇

電話　〇五六一—八二—四八三二

丁寧に対応される唐三郎氏

削り作業中の加藤靖彦氏

瀬戸焼 2

絵画的技法の生きた瀬戸の染付

瀬戸染付焼

瀬戸染付の誕生

染付というのは、白色の素地に呉須《ごす》（酸化コバルト）で下絵を施し、その上に釉薬を掛けて高温度で還元焼成した焼き物で、一般的には磁器である。染付磁器は十七世紀初頭に九州有田で生まれた。豊臣秀吉の朝鮮出兵は、一方では「焼き物戦争」といわれるように、戦国武将は朝鮮から多くの陶工を日本に連れ帰り、帰化させた。その一人李参平が有田の泉山で陶石を発見し、磁器を焼成したことが始まりである。

有田磁器は寛永年間には完成、さらに色絵磁器も完成した。時あたかも中国は明末清初の政情不安の時期にあり、景徳鎮の生産力は低下しており、それを利して有田焼がヨーロッパへ輸出された。華麗な染錦金襴手の製品は伊万里の名でもてはやされた。ちなみに伊万里焼といわれたのは、伊万里の港から積み出されたことによる。

十八世紀になると、アジアの刺激を受

染付大花瓶（伝 加藤民吉）
瀬戸市民俗資料館蔵

けてヨーロッパにおける磁器生産が始まり、また中国の磁器生産の回復は、有田磁器の輸出減少をもたらした。当然のことながら有田は需要を国内に向け、国内各地に移出されることになった。それによって瀬戸陶器は深刻な打撃を受けることとなったのである。

ここに民吉が登場することになる。瀬戸では以前から呉須の利用がなされており、陶器に染付を施す焼き物が作られていた。この基盤がある中、享和元年（一八〇一）熱田前新田干拓の奉行津金文左衛門から、当時その地へ出向いていた瀬戸の吉左衛門、民吉父子が南京染付の研究成果を授けられ、磁器を焼出するに至った。新窯は、苦境にあった瀬戸の求めに応じ、ここに陶磁器の生産が始まったのである。

しかし、瀬戸には良質な陶石は産出せず、陶土（蛙目《がいろめ》粘土、木節《きぶし》粘土）や長石を混ぜて素地を造っていた。そのため白さに劣り、瀬戸・美濃の呉須も質が悪く、窯の効率にも問題があった。そこで民吉が九州肥前へ、先進技術の習得のため送り出されることになった。民吉は、新しい築窯、焚き方、素地土の精製、釉薬の調合法などを習得し、均質な製品を作り出す上で意味のある分業方式などを学んで帰った。これによって瀬戸磁器の品質、生産効率の向上が実現した。

かくして瀬戸の染付磁器生産は確立した。製造が始まって以来、この磁器は新製焼と称するようになった。これは従来の窯株制（轆轤《ろくろ》一挺制《いっちょうせい》、長男跡継ぎなどの規制と結びつく）からはみ出すもので、新たに磁器生産を始める者が続出し、磁器生産が陶器生産を凌駕していくようになる。

一方、従来からの陶器生産は本業焼と称せられるが、庶民向けの日用雑器を中心に生産を続けていった。

瀬戸染付焼の特徴

まず、陶土が大きく異なる。瀬戸では良質の陶石がなく、複合陶土が使われている。瀬戸特有の可塑性の高い蛙目粘土、木節粘土に砂婆といわれる猿投長石などを混合調合して作る。こうしてできた陶土が製品に有田と違う特色を生み出している。落としたときの割れ口は貝殻状になり、爪ではじくと、チンチンと堅く冷

釉薬づくり

だみ筆による呉須差し

棗表は漆　中は染付

漆塗金蒔絵六角鼎足二段重（内側松竹梅）

染付菓子器

たい音とは異なって、柔らかな味わいがあり、雰囲気の違いがある。今日では原材料はどこからでも入手できるが、単味では使わず従来の材料を混ぜて、瀬戸染付の伝統を維持してきている。

　二つ目に、画風である。染付の基本的描法は面相筆で輪郭を描き、ダミ筆で濃淡付けをしていくが、瀬戸染付には絵画的技法である付立がある。これは筆で（筆には大小あるが）一人で自由に一気に描く技法である。江戸時代、名古屋、瀬戸には、多くの絵師が来ており、その本画師が陶画を行い指導をしたことの影響という。

　さらに焼成の最後段階で、「ねらし」といって、窯内部の温度を均斉にし、高温を保って釉薬を熟成させる。これによって染付に柔らかい潤いを持たせている。

瀬戸染付焼の製造工程

一　陶土づくり・陶土の調整
本山蛙目《がいろめ》粘土　本山木節《きぶし》粘土　猿投《さなげ》長石などを調合。

作品を前に語られる加藤靖彦氏

二　素地成形
①成形（轆轤成形、型打成形、手捻り成形）
②素地加飾（加飾を加える場合）
三　素地の乾燥
四　素焼き　約八〇〇℃
柔らかな白色の素地ができる。
五　下絵付
・呉須・酸化コバルト顔料を使い藍色を基調とする単色が多い。
・染付は骨描きとダミの方法によるが、瀬戸では、直接筆で素地に描く絵画的表現がされる。
六　施釉
染付した素地に釉薬を掛ける。
・釉薬を掛けるのには、流しかけ、浸しかけ、刷毛ぬり、などがある。
・釉薬は瀬戸では主として石灰釉が用いられる。石灰釉はきわめて光沢が良く、透光性があり、染付の釉薬に適している。
・その他　柞灰釉《いすばい》、瑠璃釉、青磁釉などがある。
七　乾燥　施釉した素地の乾燥
八　本焼成
①焼成　一三〇〇℃還元焔焼成
②ねらし　これによって染付けに柔らかさと潤いを出す。
九　上絵付
染付の下絵付けで出ない色や金銀を施す。
十　上絵付焼成
焼成七～八〇〇℃で焼成する。
十一　窯出し・点検　完成

染付焼の現在に思う

瀬戸染付焼は、肥前の染付磁器に比す特色を有するが、ここも困難な状況にある。他の伝統工芸と同じく需要が大きく落ち込んできている。二百年にわたる歴史を持ち、研究と技術を高めてきたが、評価し購入してくれる人が増えないという。海外市場では中国のものが拡大している。

確立した技術を発揮し、その美しさを示す手仕事（手描き、手作り）が、減ってきているという印象を受ける。幅広い他分野の経験、関心を持ち、素養を高める努力を続けることが難しくなってきている。染付研修所の活動の振興、展覧会の開催、優れた作品の収集展示等、存在感を示す活動をと願っている。

（平成一三年）

訪問先
真玉園　加藤靖彦・茂樹氏
瀬戸市一里塚町九七
電話〇五六一―八二―七七〇九

瀬戸焼3

世界を席巻した陶磁人形置物 セトノベルティ

レース人形の焼の難しさを語る加藤俊明氏

セトノベルティ

陶磁器製の人形・置物類をノベルティ(Novelty)というが、これは本来、目新しさ、珍しさとかの新型商品の意味を持つ語であり、磁器の人形・置物を意味するものではなかった。本場のヨーロッパでフィギュリーン(英)と呼ぶものである。これは日本の貿易商の間で使われ出した和製英語といえよう。磁器の人形・置物は、本来的にヨーロッパの伝統的工芸品である。ドイツやイギリス、イタリアの製品は世界的に有名で歴史を有しており、ヨーロッパ各地のみならずアメリカへも多く輸出されている。

このノベルティといわれる磁器製の人形置物類が瀬戸で作られており、その製品の高い水準は世界的に知られている。日本のノベルティ生産は、第一次世界大戦でヨーロッパが戦場となり、当時最大の生産国であったドイツからの供給が途絶えたことに目を付けた貿易商社の依頼で、瀬戸で生産が始められた。瀬戸は長年蓄積されてきた陶磁技術を生かして、アメリカ市場の要求に応える水準のものを作り出した。順調に発展への途を歩みだしたノベルティ生産であったが、太平洋戦争とともに生産は縮小され、一時、途絶する憂き目にあうこととなった。

しかし、戦後まもなく占領下の制限付き貿易として復活できた。昭和二四、五年ごろから生産は順調に回復、以後急速に発展を見せ、瀬戸を代表する焼き物の地位を占めるに至った。

セト ノベルティの生産と品質の高度化は、昭和三〇～五〇年代がそのピークであった。戦前のようなヨーロッパ製品の模倣から脱し、精巧で大型の製品を生み出していった。馬・犬や鳥などの動物、木や花などの置物、そして繊細で繊維の質感の高いレース人形などで、その評価は極めて高く、価格競争の優位もあって「セト ノベルティ」は世界に行きわたるようになった。輸出の伸長は著しく、瀬戸の陶磁器産業の中で第一位の生産額を占めるようになった。

レースのフリルをつける作業

ノベルティの製造工程

- デザイン — デザインの描画
- → 原型製作 — 原型師がデザイン原画から精密な原型モデルをつくる。
- → 石膏型製作 — 石膏型をパーツに分割する型割り。型割りされたパーツ毎に石膏型を作る。
- → 鋳込み — 石膏型に液状の粘土（泥漿）を流し込む。
- → 型起し — 型から固まった生素地を取り出す。
- → 仕上げ — ①パーツの接合（鋳込みと同じ泥漿＝ノタを用いて接合する）。②バリ（型の合わせ目にできる不用な土片）や、はみ出たノタをヘラや筆で取り除き仕上げる。
- → 乾燥
- → 素焼き — 素焼きしたものを白素地という。
- → 絵付け — 下絵の加飾、釉薬を施す。
- → 吹きつけ — 濃淡、広い範囲にはスプレーを利用する。
- → 絵付け焼成 — 本焼成ともいう。ガス窯または電気窯で焼成する。
- → 完成 — ノベルティの完成

「白頭鷲」瀬戸市歴史民俗資料館蔵

レース人形
身長28cm

（部分拡大）

しかし、優れた製品となった瀬戸のノベルティであったが、ヨーロッパ製品と同じような評価を得ることはできなかった。〝ブランド〟となることができなかったのである。磁器人形・置物を求めるアメリカ人は、製品の水準ではなく、結局は自分たちの祖先の故郷であるヨーロッパの製品を手に入れたかったのであり、セト ノベルティは中級品とし、高級品と評価しなかった。また日本人自身もセト ノベルティを評価できずにいた。ドイツ・マイセンの製陶工場の展示場には日本観光客が群れをなし、びっくりするような価格の品物を購入していく。買い手は、ブランドにひれ伏しているのである。

ブランド化できず、窮地に

「セト ノベルティ」がブランド化できないでいるうちに、経済状況の変化が瀬戸に打撃を与えることになった。日本経済は高度成長を経て、人件費の高騰、円高の進行による製品価格の上昇局面に入り、輸出に陰りが出はじめた。この分野でも台湾、東南アジア、そして中国が力を付けて参加してきたのであった。その安価な労働力に、セト ノベルティは太刀打ちできなかった。

セト ノベルティは、かつて瀬戸の焼き物の中で一番多くの生産従事者を抱え

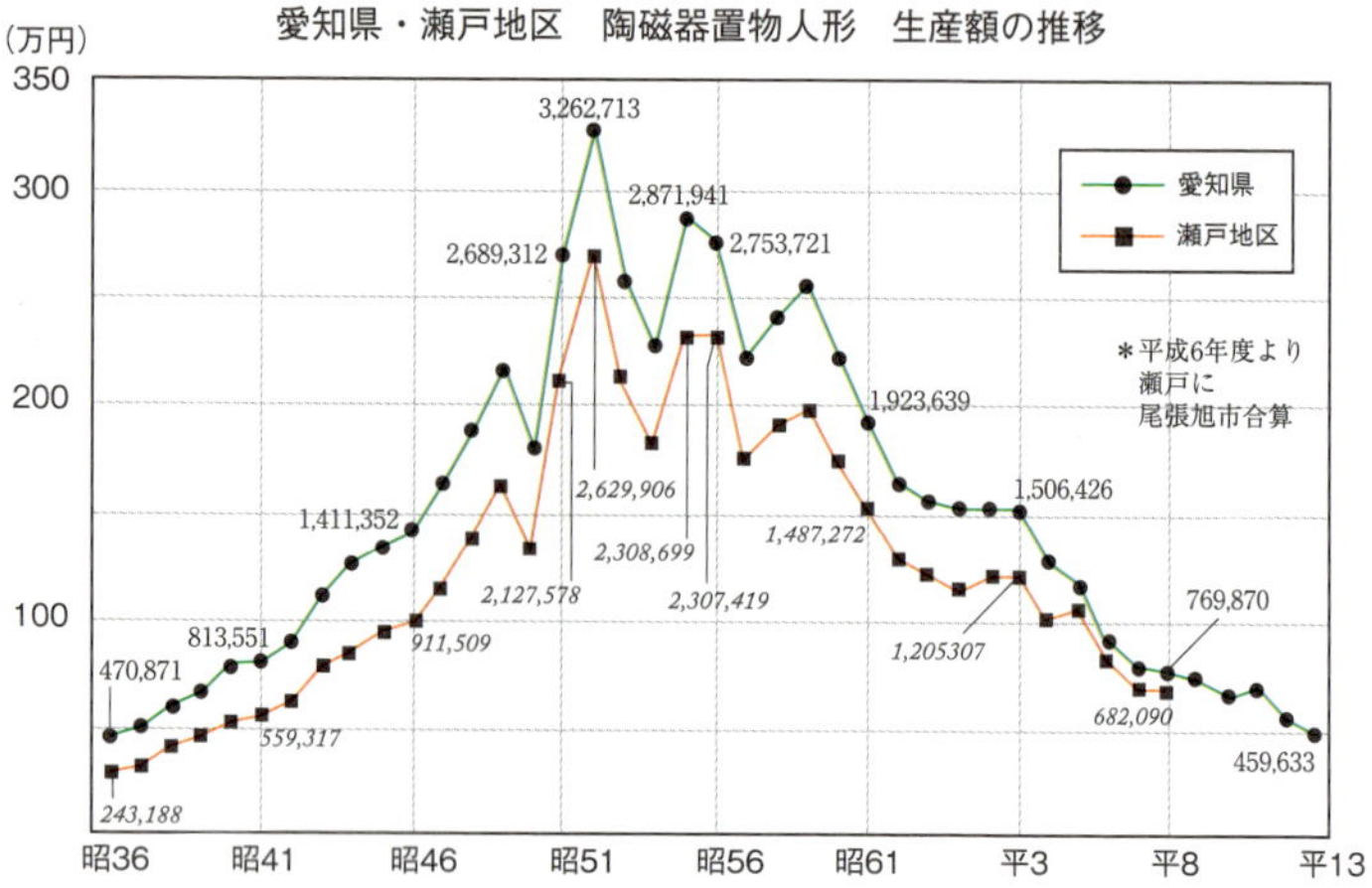
愛知県・瀬戸地区　陶磁器置物人形　生産額の推移
(万円)
350
300
200
100
3,262,713
2,871,941
2,689,312
2,753,721
1,923,639
1,411,352
1,506,426
813,551
769,870
470,871
459,633
2,629,906
2,308,699
1,487,272
2,127,578
2,307,419
911,509
1,205307
559,317
682,090
243,188
愛知県
瀬戸地区
＊平成6年度より
瀬戸に
尾張旭市合算
昭36
昭41
昭46
昭51
昭56
昭61
平3
平8
平13
愛知県企画部統計課「愛知の鉱工業動向」「統計から見た愛知の陶磁器」
から作成　＊データ一部欠如あり

ていたが、今では多くの工場がその生産をやめ、以前の面影はなくなってきている。それでも中国等ではできない高級品を中心に国内市場向けに生産を続けている。今になって優れた製品が日本にあることを知り、瀬戸を訪れる人も結構あり、中には特別なデザインのものを注文していく人もあるとのこと。かつての活況の興奮からさめ、落着きの中からノベルティは回復をしていくものと確信している。

セトノベルティの歴史

・明治三七年（一九〇四）
陶製の浮き金魚の生産始まる。
・明治三八年（一九〇五）
インド人形（インドの神像、ドイツ人形の模倣）造形的に稚拙。
・大正三年（一九一四）
第一次世界大戦勃発―セト ノベルティの転機。ドイツ人形を見本、ビスク人形（無釉の磁器）アメリカへの輸出成功。原型製作の開発。
・昭和七年（一九三二）
レース人形の開発。
・昭和一〇年（一九三五）
ドレスデン人形・マイセン人形―ドイツのドレスデン、マイセンの硬質磁器人形に比肩する製品の製作。
ハーメルン人形―ドイツ童話に出てくるような人形で半磁器で柔らかな色感がある。
・昭和一六～二〇年（一九四一～五）
太平洋戦争―生産活動一時途絶。
・昭和二四年（一九四九）
大型人形置物製作、レース人形製作再開。
・昭和三四年
瀬戸の窯業生産品で第一位
＊昭和三〇年代：発展期
昭和四〇年代：隆盛
昭和五〇年代：安定も漸次下降状況に陥る。
昭和六二年以降生産下降局面に入る。
（平成一五年）

訪問先
テーケー製陶所
加藤俊明氏
瀬戸市山の田町四三―三九三
電話 〇五六一―八二―二一三八

瀬戸の伝統を伝える手仕事の美しさ 本業窯

本業焼の美しさについて語る水野半次郎（第七代）氏

本業焼

瀬戸では、染付磁器が焼かれるようになり、新製焼といわれるようになると、従来の陶器生産は本業焼と称されるようになった。新製焼が進出するようになって、本業焼は競合しない分野に活路を見いだした。大物で頑丈さを求められるもの、日常の生活に必要なものに重点が置かれた。水甕、擂鉢、火鉢、手水鉢、茶碗類、土瓶、徳利、石皿、馬の目皿、行燈皿などの生活用具が作り出された。これが近世以来のいわゆる「せともの」のイメージの中心をなすようになっていった。「焼物で可能なあらゆる物を作り、全国の家庭の必需品をまかなってきたのが本業焼であった」と瀬戸本業窯（洞本業窯）当代の水野半次郎氏は語られる。

本業焼は、今は一般の生活と結び付かなくなり、需要はあまりないかに思われるが、新しいセンス、デザインの焼き物が焼かれており、愛着のわく器に関心をもって訪れる人が見られる。若い人で本業焼に惹かれて学ぶ人も見受けられる。

馬の目皿　瀬戸市民俗資料館蔵

麦藁手片口入子

瀬戸洞の本業窯

「ぎゃらりぃ〜本業」当地における民芸運動の中心であった水野半次郎氏の作品、跡を継いだ第七代水野半次郎氏の作品展示・販売。

瀬戸地方で連綿として焼き物を作ってきたのは、瀬戸村、赤津村、下品野村であった。瀬戸村の洞、郷、南・北新谷では鉢、碗、石皿、その他の日常生活用具が焼かれており、他の村でも加えて擂鉢《すりばち》、壺、半胴甕あるいは練鉢、水甕、片口、土瓶、徳利等を焼き出し、大きな需要に応じていた。新製焼が始まってもこういった日用雑器は生産されてきた。しかし明治の殖産興業政策、輸出振興策とは結びつかなかった。近代産業としての陶業から取り残され、本業焼は基本的には国内の需要に応ずるものであった。

決定的となるのは戦後の産業経済、生活様式の変化による需要の減退で、いかんともならなかった。瀬戸・洞《ほら》の本業窯が最後まで残った。この窯は十四連房の大きなものであったが、分割され、一部は一里塚の地に移され再興された。元の洞のものは瀬戸本業窯、一里塚のものは一里塚本業窯といわれ、ともに瀬戸市の有形民俗文化財となっている。両本業窯には、これまでに焼かれた日用陶器が蒐集され展示されている。

昭和になって柳宗悦、河井寛次郎、浜田庄司等による民芸運動の中で、本業焼は脚光を浴びた。石皿（煮物を盛る厚手で縁が折れ曲がっている器）、馬の目皿（模様が馬の目のように見える）、分厚な片口、丼など素朴で力強さを感じる。伝統工芸品には用の美があるとはよくいわれることだが、それは本業焼によく表われていると思う。こうしたことが、若い人たちにも魅力と感じられるのであろう。この地の陶芸教室に通って来ている人も多い。

（平成一五年）

訪問先
瀬戸本業窯　水野半次郎氏
瀬戸市東町一―六
電話　〇五六一―八四―七一一三

瀬戸焼物関係施設

瀬戸市南山口町234
TEL 0561-84-7474

愛知県陶磁資料館

瀬戸焼の歴史、技法、収集、展示の総合資料館、本館、西館（陶磁の狛犬）、南館、古窯館、復元古窯、茶室、企画展、作陶の体験。

瀬戸市東松山町1
TEL 0561-82-0687

瀬戸市歴史民俗資料館

陶磁器の生産用具、製品を中心とする民俗資料の収蔵、常設展示、企画展、瀬戸焼の好資料館である。

瀬戸市西郷町98
TEL 0561-89-6001

瀬戸市マルチメディア伝承工芸館

瀬戸染付研修所

瀬戸市の焼物文化を高度情報機器を用いての紹介。瀬戸染付展示、研修生の受け入れ。古窯の保存。

瀬戸市赤津町94--4
TEL 0561-21-6508

赤津焼会館（外壁は織部焼のタイル）

灰釉、鉄釉、古瀬戸、黄瀬戸、織部、志野、御深井の七釉で知られる赤津焼。

茶器、花器、一般陶器を展示・販売。赤津は焼き物の雰囲気がある地区である。

瀬戸市南仲之切町81-2
TEL 0561-97-1001

瀬戸市新世紀工芸館

陶磁器、ガラス工芸品の展示。作陶の体験、交流施設。

瀬戸市仲洞町39
TEL 0561-82-0714

窯垣の小径資料館

本業焼の窯元・寺田家の建物を保存。本業タイル、民俗資料、瀬戸の焼き物を紹介。

瀬戸蔵

産業歴史展示（瀬戸焼の歴史、生産道具、工場、瀬戸電車・駅・集積所、瀬戸物屋など）瀬戸物展示即売、ホール総合案内所

瀬戸市蔵所町１—１　TEL 0561-97-1555

品野陶磁器センター

陶磁器製品の展示即売・陶芸教室併設

電〇五六一—四一—一二四一

瀬戸陶磁器卸センター

陶磁器商社の卸センター。個人購入可

電〇五六一—四八—三三二一

焼き物のある橋

瀬戸の町の真中を流れる瀬戸川に幾つもの橋が架かっている。それぞれの橋に趣向を凝らした陶板やオブジェがはめ込まれている。また、瀬戸川堤防の内側に陶壁が作られている。

公園橋　透かしの陶板とノベルティの雀。

東橋　草花の絵、竹筒状のねずみ志野の橋。

宮脇橋　黄瀬戸の陶板に十二支をあしらう。

神明橋　染付陶片で陶土の山の稜線を表現。

宮前橋　江戸時代の陶工の様子を呉須で描いた染付陶板が嵌め込まれている。

南橋　織部の文様が目を引く。

吉田橋　織部焼でできている橋。

公園橋

東橋

宮前橋

宮脇橋

神明橋

陶壁、陶壁画、陶板

公園橋上手の土手「夢と希望と瀬戸のまち」

南橋下手の堤防内側「作品88瀬戸」

瀬戸市文化センター　加藤唐九郎「炎舞」

瀬戸市役所　鈴木青青「千古の輝き」

公園橋上手の土手「夢と希望と瀬戸のまち」

南橋

南橋下手の堤防内側「作品88瀬戸」

吉田橋

定光寺

陳元贇の設計。初代徳川義直公廟。焼香殿床の古瀬戸陶板、緑釉陶板嵌めこみの築地塀

深川神社

瀬戸の産土神を祭る。重要文化財狛犬。隣には陶祖藤四郎を祀る陶彦神社。

「狛犬」重要文化財
深川神社蔵

陶祖碑

陶祖公園にある。陶祖藤四郎の業績をたたえる陶製六角の碑がある。

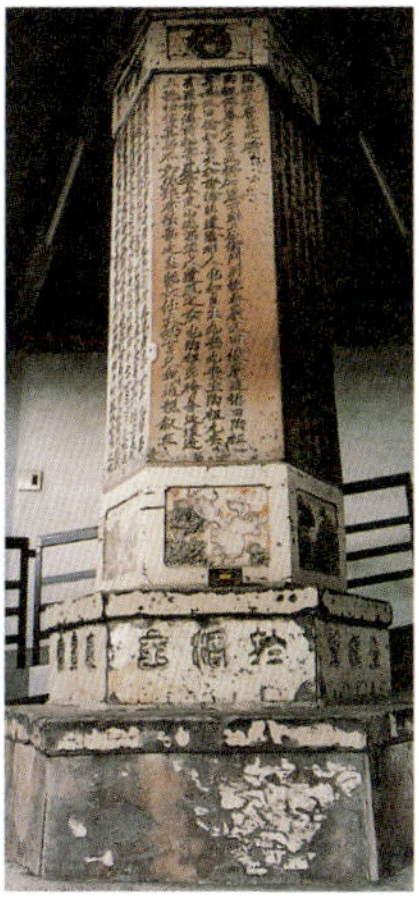

窯垣の小径

焼物の焼成に用いたエンゴロ、ツク、タナイタなどの窯道具をはめ込んだ塀や垣根が続く小径。焼物の町の風情が感じられる。

せともの祭り

毎年九月第2土・日曜日に開催。瀬戸川の両側を中心に大廉売市、五十万人もの人が集まる。各施設でも作品展が開かれる。

せと陶祖まつり

毎年四月第3土・日曜日に開催。

赤津焼まつり

せともの祭りの一環としての赤津地区で窯元、問屋が参加する。赤津独自の行事「赤津窯の里めぐり」「赤津の里スタンプラリー」五月、十一月に開かれる。

夏物名古屋帯の色挿しをする大野比呂志氏

名古屋

落ち着いた色調と深みのある名古屋友禅

万葉集に歌われた染物

摺《す》り衣《ころも》　着《け》りと夢《いめ》に見つ　現《うつつ》には
いづれの人の　言《こと》か繁《しげ》けむ（二六二一）

（捺染で染めた衣を着た夢を見ましたが、実際にはどなたとの噂が立つのであろうか）

紅《くれない》の　深染《ふかそ》めの衣《きぬ》　色深く
染《し》みにしかばか忘れかねつる
（二六二四）

（紅に色濃く染めた衣のように、心にしみこんだせいか、忘れられなくなった）

月草《つきぐさ》に　衣ぞ染むる　君がため
綵色衣《いろどりごろも》　摺《す》らむと　念《おも》ひて（一二五五）

（つゆくさで衣を染めます　あなたのために美しい色の衣を　摺ろうと思って）

万葉集には、染めや染めを通しての思いを込めた歌がいくつもある。日本人は古くから美しい染物を、こよなく愛してきた。

染めの歴史

　糸を紡ぎ布を織ることは極めて古くから行われてきた。日本でも古い遺跡から織りを示す遺物が発見されている。文献的には、例えば中国の「魏志倭人伝」には「禾稲《かとう》、紵麻《ちょま》を種え、蚕桑緝績して、細紵《さいちょ》・縑綿《けんめん》を出す」と記されている。中国からは染めについても伝えられた。万葉集には織り染めについてふれた歌が数多くある。また、奈良東大寺の正倉院には、古代工芸文化の高い水準を示す宝物が保管されているが、その中には染織品も多く伝えられている。この時期の文様染には、三纈といわれた夾纈《きょうけち》、臈纈《ろうけち》、絞纈《こうけち》の三方法があり、他にも摺染、夾纈の変種といえるものが見られるという。

「源氏物語絵色紙帖　椎本」（部分）　土佐光吉画
京都国立博物館蔵

　平安時代は「貴族の時代」であり、国風文化が進んでいった。男子は束帯、女性は女房装束であり、そこでは表向きの位階による色は別として、下襲《したがさね》などでは四季や状況に応じて色の組み合わせを楽しんだといい、女性も十二単のように衣を何枚も重ね、重ねる衣の色に美を求めた。それに応じて染色は発達したと考えられる。

　時代は武士の時代へと移るが、前半の鎌倉期はまだ庶民の成長は見られず、衣生活の向上による染めの需要増大、技術の向上を生み出す状況にはなかった。これが生みだされるのは室町時代の中期であり、職人の存在が注目されるようになった。この時期、服装では小袖が普及するようになり、その文様染として辻が花染が応えた。戦国の世が統一に向かう、安土桃山時代といわれる時期に大きく進展を見せた。文様を染め出すには、絞り染が用いられ、文様の線などを墨の描絵で補い、また刺繍や摺箔《すりはく》などを用い、総合的な美しさが創りだされた。この辻が花染伝統技法が巧みに結集され協和してこれまでの服装史にない美を生み出した。

　江戸時代に入ると、これまでの伝統的な意匠・デザインにも変化が求められはじめた。具体的な文様への変化がみられ、従来の枠を越えた躍動的な大胆な文様が、小袖全体に表されるようになった。時あたかも、江戸幕府による政治的安定と町人の経済的上昇が進み、洒落と機知に富んだ当時の町人の気分が背景にあったと考えられる。衣における贅《ぜい》は進み、それは、西鶴の「日本永代蔵」などによく表わされている。西鶴は「近年、小ざかしき都人の仕出し、男女の衣類品々の美をつくし、雛形《ひいながた》に色をうつし、浮世小紋の模様、御所の百色染《ももいろ》、解捨《ときすて》の洗鹿子《あらいかのこ》、物好各別世界にいたりぜんさく」と書いている。今でいうファッションブックである「雛形本」も現れ、衣裳道楽が進んだ。

友禅染の登場

時代は江戸時代中期へと移るが、京都知恩院門前に居を構えていた宮崎友禅なる人物の描く扇絵が注目を浴び、小袖にもその文様が用いられ流行するようになった。これが世に友禅染といわれるものである。並行して染めに新たな技術改良がなされ、この友禅染が大流行することになった。これまでに見られない新しい感覚のデザインと極めて繊細にして華やか、精緻にして冴えた色彩をほこる友禅染は時流となった。

しかし、流行はやがて移ろうものである。十八世紀も半ばになると小袖の文様にも、技法にも新しさが求められてくる。友禅染の色彩あでやかな美から淡泊な趣を求める方向へと志向が移り、小紋染が時代の上面に浮かび上がってくる。小紋染は、精巧な文様を彫り抜いた型紙を用い、糊置き防染し、染色して作られるものである。江戸小紋は歴史的にも有名である。

明治になると西欧の技術が導入され、染色の分野も大きく進歩していった。ドイツ人ワグネルの招聘、新技術の習得研究のための西欧への派遣、化学染料、媒染剤による発色法などが導入され、研究が進められた。こういった努力により写し友禅（型友禅）が生み出された。

これは化学染料を定着するもので、本友禅に比べて容易に友禅染ができた。明治における友禅染には、竹内栖鳳らの日本画家が下絵に参加し、写実的・絵画的な要素を強め、従来陥っていた類型的な意匠を脱した。

名古屋友禅

友禅といえば京友禅と加賀友禅を思い浮かべる人が多いと思う。この他にも産地名を冠した東京友禅、名古屋友禅などがある。

名古屋友禅も、経済産業省の「伝統的工芸品」の指定を受けているが、その歴史については前の二者のようには詳らかではない。一般的には、染めについては、慶長一五年（一六一〇）、幕臣の小坂井新左衛門が、尾張藩の旗、幟、幕などの製作を務め、紺屋頭《こうやがしら》を認められ、以後、尾張美濃両国の染め物を支配したことが知られている。ちなみに小坂井家は、長く領内の紺屋からの藍甕年貢銭徴収の独占権を保持し続けた。

第七代の異色の尾張藩主宗春のもとで、城下町名古屋は賑わい、経済活動は活発になり繁栄した。そこへあでやかな友禅染が入ってきて、当地の染色界に刺激を与えたことも想像される。幕末近くの弘化五年

明治～昭和初期名古屋染色業

年	事業所	従業者	年	事業所	従業者
明39	83	589	7	228	877
40	54	255	8	287	902
41	49	266	9	273	855
42	168	778	10	349	1435
43	124	571	11	385	1527
44	164	758	12	395	1502
大 1	143	658	13	397	1420
2	527	1730	14	398	1636
3	325	1104	昭 1	452	1514
4	214	777	2	461	1629
5	248	1052	3	486	1533
6	231	932	4	484	2129

名古屋市統計書より作成

名古屋友禅黒紋付協同組合連合会　平成19年

年度	5	6	7	8	9	10	11	12	13	14	15	16	17	18
企業数	45	44	44	42	42	39	40	38	38	37	38	37	32	32
従業者	218	217	214	207	200	185	186	162	162	160	130	98	61	61

名古屋市経済局産業部産業経済課資料より作成

（一八四八）の「尾張美濃紺屋惣帳」によると、尾張藩の紺屋総数は一二四八軒で、そのうち名古屋は二一一軒と記している。こういった染物屋の中には友禅染を行うものもあったと思われる。

明治になり、殖産興業の推進により織物業の発展も著しく、それに伴って染色業も新たな発達を示した。もともと絹と綿の産地を後背地として持ち、いわゆる名古屋文化の地で着物需要は旺盛であり、絹、綿を染める紺屋の存在は大きかった。日露戦争、第一次世界大戦を経て繊維製品の輸出も増大し、新しい染色・整理工場も多く生まれた。名古屋城北部の黒川の流域、やや遅れて城北西部の御用水流域が染色整理の中心地帯となり、京染め、型染め、手染めの業者が立ち並んでいたという。今もここ北区、西区に活動している業者は多い。

第二次世界大戦と戦後の混乱の十年の後、三十年代の高度経済成長期を経て、四十年代には最盛期を迎えた。しかし、その後のオイルショックを境に需要は減じ、生産は低下していった。式服、婚礼衣裳、芸事等に限られるようになり、バブル経済崩壊後、地場の生産規模は縮小してきている。

友禅染の技術

友禅染の種類

1　手描友禅
2　型友禅
3　機械捺染友禅

友禅染の技法

手描友禅

一　下絵描き

青花（ツユクサ）液で描く。青花は滋賀県の農家の副業生産。

二　糊置き

口金をつけた円錐形の筒に入れた糊（糯《もち》米からつくる、糸目糊という）を絞り出し、下絵の輪郭に沿ってその糊を置く。防染の一つ。

三　彩色　色を差す。

①色差し

糸目糊で仕切られた文様各部へ染料筆や小刷毛を用いて絵を描くように色を塗り暈かしをする。

②蒸し

染料を定着、発色のため高温で蒸す。

①道具、材料
絵具、筆、糊筒（カッパ）、片羽刷毛、伸子

②色差し 大野比呂志氏
中央に大きな穴がある作業台の下に電熱器がある。乾燥させ染料の滲みを防ぐ。

③伏せ糊置き

地色の必要な際に、色差しした部分を全て糊伏せして防染する。

④地入れ

色むら防止と、色相に深みを与えるため豆汁を生地に引く。

⑤地染め

刷毛を用いて引染をする。鹿の毛の刷毛を用いる。

四　蒸し

もう一度蒸し、染料の定着をする。

五　水洗（水元）

水洗して余分の染料・糊を取り除き、乾燥する。

六　彩色

仕上げ物によっては下湯のしをおこない、模様の細部に筆・刷毛で色や柄を補充することがある。さらに箔置・摺箔や刺繍などを施すことがある。最終仕上げの上湯のしがされる。

③地染め（引染め）早川一夫氏

④裏側の処理をする

⑤暈かし入れる場合

型友禅

一　下湯のし

生地のしわをとりながら所定の幅に伸ばす。

①道具
各種の駒べラ（桧材）

二　地張り

敷き糊といって、友禅板の上に糯米《もちごめ》の糊を引き乾燥させる。刷毛でよく均らして生地をしっかり張りつける。

三　色合せ

あらかじめ必要な色糊、染料液の色合せをする。

四　型置き

①地張りした生地の上に型紙を置き、色糊を刷毛を用いて刷り込み暈し等をする。防染糊等を置く場合はヘラを用いる。

②手捺染は色糊を木製のヘラを用いて行う。

五　糊伏せ

染め部分を防染のため糊伏せする。

六　地染め

地色糊を塗って地染めをする。

②型紙を置き刷る　伊藤彰敏氏

七　蒸し
染料の定着のため蒸す。

八　水洗
水洗して染料や糊を取り除く。

九　彩色
仕上げるものによっては加飾する。

十　上湯のし
湯のしにより所定のサイズにする。

＊名古屋友禅の特徴

一　名古屋の堅実な土地柄を反映し、色数を控え、落ち着いた色彩で渋みがある。

二　型友禅は伊勢型紙を用い、細かな模様を染め上げている。

③昨今ではシルクスクリーンも用いる

友禅染の流通機構

友禅染は、製品の性格もあって、上方の友禅界の影響を受け、特殊な流通機構を持ち、受注生産が多い。友禅染は、大きく手描友禅と明治期に技法が確立した型友禅とに分けられるが、前者ではいわゆる悉皆《しっかい》業者が図案・意匠を考案し、友禅師がこれにより製品化し、問屋以下のルートに流れる。現在では友禅師が業者や消費者から直接注文を受け、懇意の染屋に依頼して作ることもある。

型友禅はその流れから仕入友禅と誂友禅とがある。仕入友禅は、問屋が一括注文を受け生産するものであり、誂友禅は小売店や消費者から注文を受けて加工生産するものである。

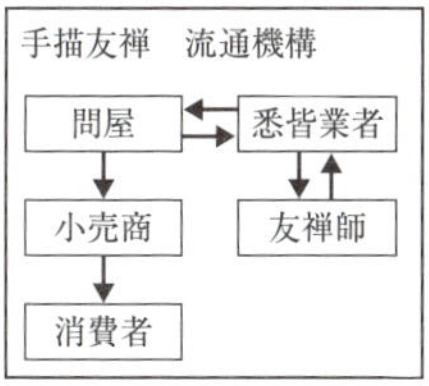
手描友禅　流通機構
問屋
悉皆業者
小売商
友禅師
消費者

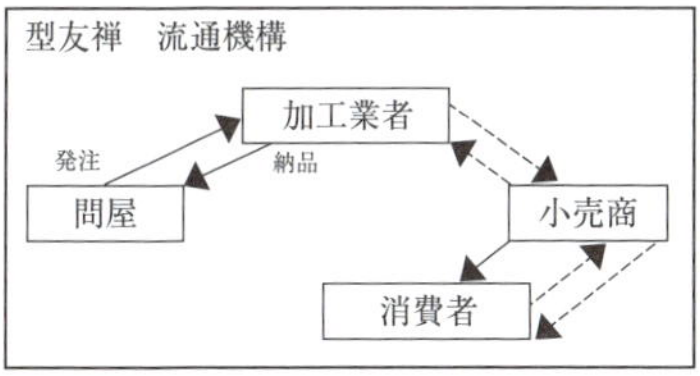
型友禅　流通機構
加工業者
発注
納品
問屋
小売商
消費者

「名古屋友禅」の関係組合員名簿を見ながら、この方は今休業中、廃業される予定と聞いているとかの話題が出た。伝統工芸産業は総じて困難な状況にあるが、この業界でも事態はかなり深刻であると聞く。特にバブル経済崩壊後の需要の減退、後継者難、従業者の高齢化が経営をいっそう困難にしている。しかし、着物と染の美は、日本人の文化的遺伝子の中に強く組み込まれており、消えるものではない。染め物教室への関心も広がっており、個人的教えを請う人もあると聞く。日本文化の基礎を支えるものである。

（平成一八年）

訪問先
大野比呂志氏
名古屋市守山区喜多山二丁目三〇—二三
藤一染工　伊藤進・彰敏氏
名古屋市北区辰ノ口町二—四一
早川染工所　早川一夫氏
名古屋市北区芳町三丁目一一—四

紋型を摺込んだ後、曲線部分の補正をする前平文雄氏

名古屋

深みのある美しい黒
名古屋黒紋付染

家紋と紋付

家紋は家を表象する紋章で、礼服には家紋が付けられてきた。家紋の起源は平安時代に遡るといわれている。門地門閥、旧儀先例を重んずる公家において、自家を示す紋章を付ける風習が生まれた。あわせて威儀を示すものであった。

鎌倉幕府の成立は武家の時代を開き、武士の棟梁と一族郎党が一致団結して当たるのに旗指物を立て、幡《ばん》を立て、神の加護を願って戦った。鎌倉中期には武家の間に家紋の使用が一般化したといわれている。

南北朝、室町時代にかけ、武士などの戦闘集団の離合集散は大きく、家紋は増加した。さらに戦国時代から国内統一への時期には、武士たちは自分の存在を誇示し武功を訴えるべく、他と区別される家紋を付した旗指物を背負って戦った。

江戸時代となり、太平の世の武家は威儀を正す上で自分の家格を示す家紋を重視し、衣服、調度に家紋を付けた。平和と経済の発展の中で台頭した町人階級にも家紋の風がうつされた。明治時代になると、一般庶民も苗字を名乗ることが義務づけられるようになると、紋付羽織袴が礼装として一般化し、家紋も広く一般に普及することとなった。

名古屋黒紋付染

江戸幕府の政治的安定は、都市の繁栄、商業活動の活発化、貨幣経済の発達をもたらした。町人層はその経済力を背景に、いわゆる町人文化を発展させた。元禄文化は町人の好みを反映するものであった。時あたかも名古屋でも尾張藩主宗春《むねはる》のもとで経済は活況を呈し、藩内諸産業が発達した。服飾についても上方の影響のもと活況を呈しており、友禅染の刺激により「染め物」を発達させたといわれている。

一方、封建社会という新儀停止を旨とする社会の中では、武士という支配身分に加えて、上層の町人も威儀を正すことが求められた。彼らは家紋を付した衣服を着用するようになり、友禅染、小紋染とともに黒紋付染の需要も大きくなっていったと考えられる。

名古屋友禅黒紋付協同組合連合会の資料には、寛永四年（一六二七年）及び明暦四年（一六五八年）の肖像画は、黒紋付姿で描かれているとの記事がある。技術面では、紋糊伏せ法に加えて、天保年間に紋型紙板締め法が生み出されたとある。この技法は、後の明治に黒紋付師東助なる人物によって改良され、板のかわりに金網を使う紋当金網技法として、現在まで名古屋紋付染の特色の一つとなっている。

明治の新時代になると、四民平等の原則のもと、苗字とともに紋付の着用が一般化していった。農村においても、紋服を誂《あつら》え、嫁ぐ娘には必ず紋付を持たせるようになった。

しかし、第二次大戦・敗戦、そしてその後の経済回復と未曾有の成長を遂げた後の現在、生活様式は大変化をとげ、服飾も変化してしまい、和装に対する関心も薄れ、紋服を着るようなことは少なくなった。それに伴って紋付染の事業所、従業者数は減少してきている。仕事が一年中継続してある人も減ってきているという。

紋章上絵は機械プリント製が多くなり、長い経験と培われた技術を活かす機会も減少し、紋章上絵のみで生活することは、もはや難しいと聞いている。

名古屋黒紋付染の作業工程

一　事前準備

注文の寸法通りに袖、身頃などの印を付し、紋の位置を決める。

二　浸染の場合

①紋型張付

家紋の「紋型紙」を生地の表裏両面から貼り付ける。糊は微塵粉《みじんこ》（糯米《もちごめ》からつくる）に亜鉛末を混ぜた物で、亜鉛の抜染作用を利用する。

②紋当金網付

「紋当金網（真鍮の金網）」を、貼り付けた型紙の上から当て糸で締め付ける。

③紅下または藍下染

・まず生地を水に浸たし、紋型紙に十分水を吸わせ染料を吸い込まぬようにする。

・下染めには紅下、藍下の二種があり、

紋当金網

黒の本染めをした際、色合いに微妙な差が出る。黒に深みが出る。

江戸時代には、紅下は女物、藍下は男物に用いられたと聞く。

④浸染

三、四十分時間をかけて染める。この後、一昼夜水に浸した後、紋当金網紋型紙を外す。

三　引染の場合

①紋糊伏せ

紋型紙を生地に当て糊を置く。

②とろ引黒染

染料と糊を混ぜ合せ引染をする。

③三ツ引黒染（三度黒ともいう）

染料等を二回以上引染めをする。

④最後にクロム媒染を行う。

最も普通に広く用いられるのは重クロム酸カリウム。最近は公害の問題で使用されない。

四　水洗　よく洗い、自然乾燥する。

五　上湯のし

乾燥した生地を伸ばし整える。

六　紋章上絵

・紋場に、家紋の細部を描き入れる。

紋章上絵の工程

紋章上絵は、紋章上絵師のもとでなされる。

①紋型紙の作成

・小刀、鑿などを用いて紋章を彫り、紋型を作る。

・多くの型紙が蓄積されており、通常はそれを用いる。

②生地、紋場の調整

生地の紋が置かれる白い部分を必要に応じて薬品を付け蒸気を吹き付け洗う。鏝《こて》を用いて伸ばし乾燥する。

③紋型紙を置き摺込み刷毛を用いて紋を写す

④面相筆をつけた規（ぶんまわし）で、絵柄の繋ぎ・吊り部分や不鮮明な部分の曲線を描き入れる。

⑤細かい部分を先の細い面相筆で描く。

⑥コンロで乾かす。

⑦完成　紋置きの完成。

・紋章上絵の仕事は、紋型紙を彫り、一つ一つ着物に描き込んでいく、緻密で根気のいる仕事である。

紋章上絵の紋

一　紋の大きさ

男紋：鯨尺一寸（三八ミリ）

女紋：鯨尺五分五厘（二〇・五ミリ）

二　紋の名称と位置

①抱き紋

左右両胸、肩山から四寸（一五・二センチ）

②背紋

襟付から一寸五分（五・七センチ）

③袖紋（後ろ両袖）

肩山から二寸（七・五センチ）

※五つ紋（抱き紋、背紋、袖紋）

三つ紋（袖紋、背紋）

一つ紋（背紋）の三通り。

五つ紋が一番格が高い。

抱き紋

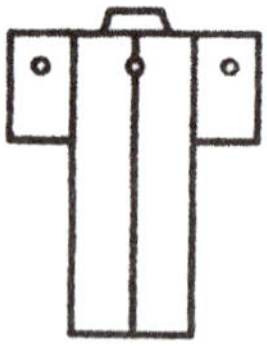

背紋・袖紋

1.紋を描く

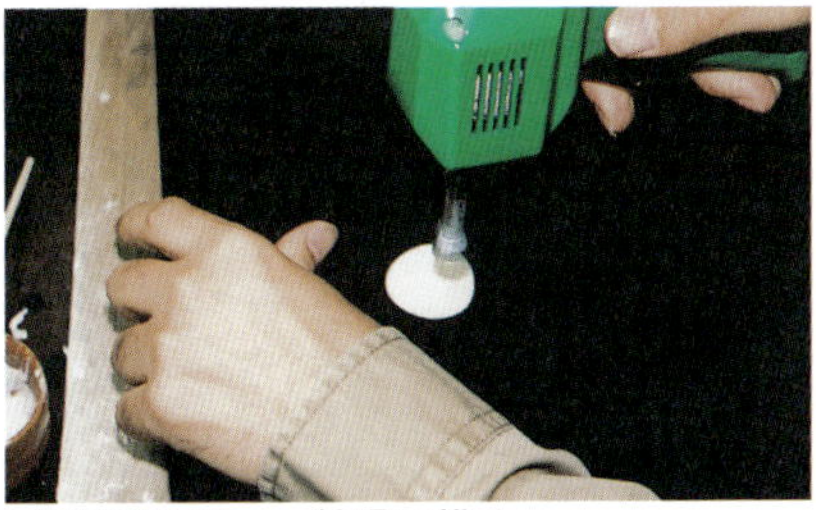
2.紋型紙を用い、紋場に描く
①紋場を洗い、調整

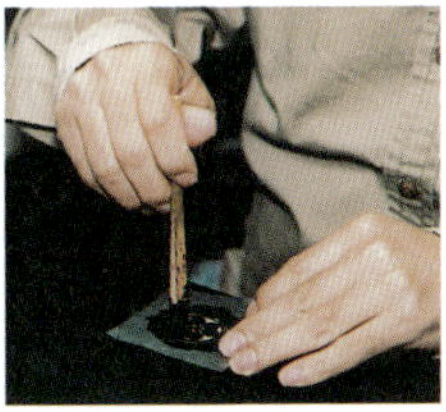
②紋型を写す

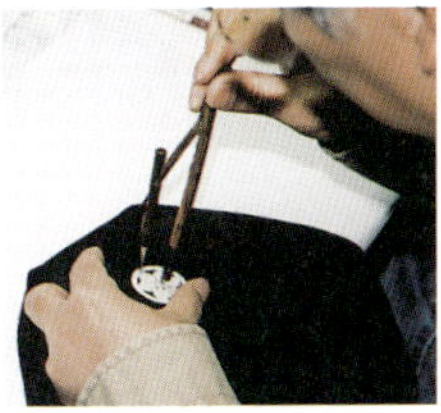
③コンパスでの描き
（丸や曲線）

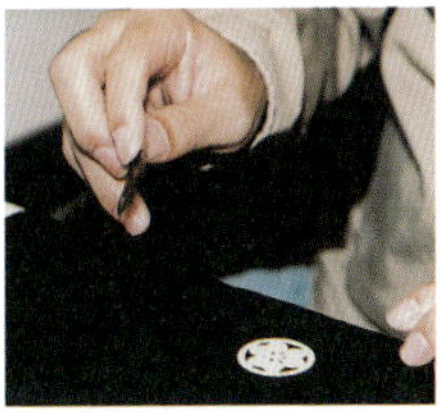
④細かい複雑な絵柄、
線を描く

⑤コンロで乾燥する

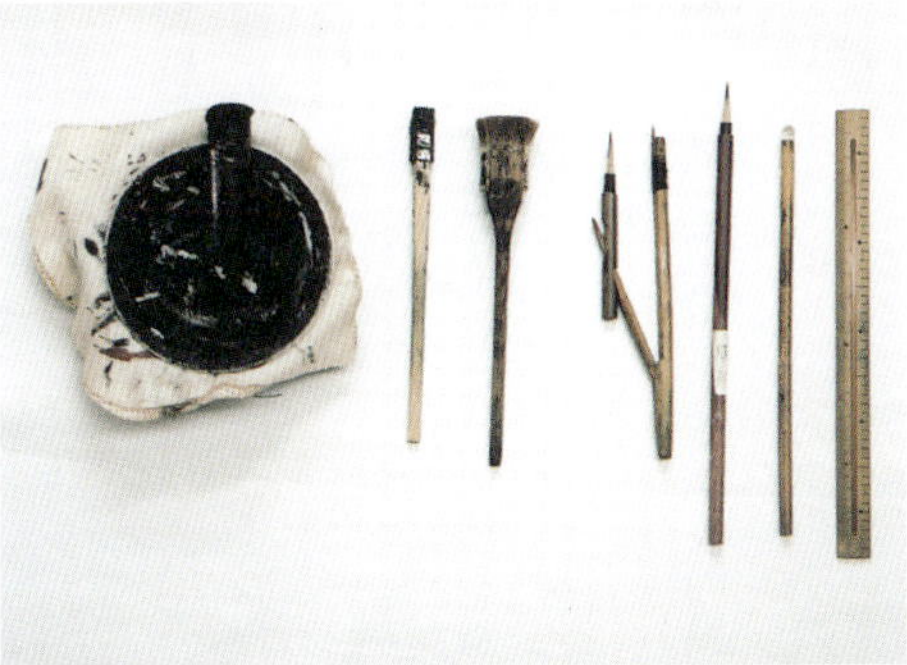
紋章上絵の道具

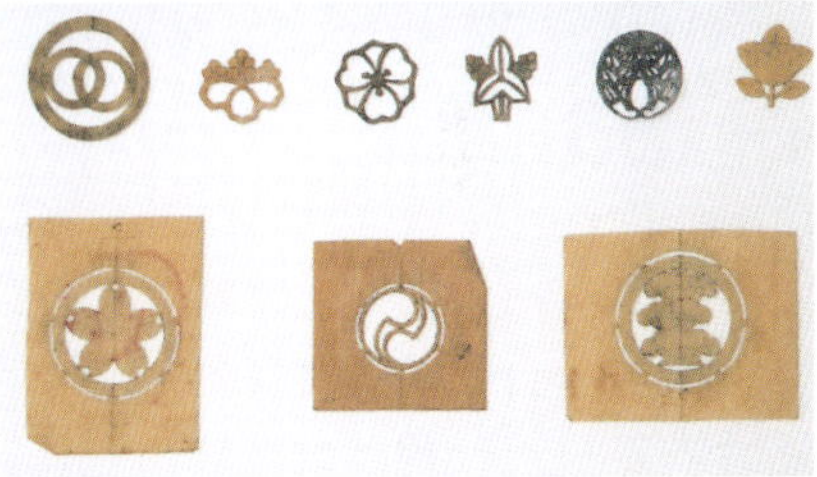
紋章型紙の例

三　紋章上絵の道具

・定規、丸棒
　定規の真中の溝に丸棒を当て筆を一緒に持ち動かすことによって直線を引く。
・上絵筆
　細かい複雑な絵柄線を描く。
・規《ぶんまわし》　丸や曲線を描く。
・摺込み刷毛
　紋型を置いて紋を摺込む。
・墨、硯　上絵を描く墨をする。

＊紋章の種類について

紋章は、現在約三千種ぐらいあるといわれているが、細部の変化まで取り上げると一万を超すともいわれている。紋章のデザインは歴史もあり、完成度が高く繊細である。紋章の図柄は多種多様であるが、大別すると次のような種類になる。

【植物紋】松、竹、笹、梅、桜、藤、桐、楓、柊、銀杏、桃、葡萄、山吹、橘、筍、南天、萩、牡丹、蓮、葵、稲、杜若、朝顔、菫、芦、百合、水仙、菊、桔梗、大根、蕪、蕨、菖蒲、沢瀉《おもだか》、など極めて多い。

【動物紋】鳳凰、鶴、鳩、雁、鷹羽、雀、竜、鯱、獅子、鳥、鷺、孔雀、鷹、馬、猿、鹿、兎、亀、海老、蛤、蟹、蝶、蜻蛉など

【器物紋】七宝、弓、矢、枡、羽子板、鎌、斧鍬、杵、兜、盃、独楽、扇、鼓、鈴、船、錨、筏、櫂、舵、帆、網、梯子、糸巻、半鐘、旗、羽根、烏帽子、駒、瓶子、鳥、輪、鏡、鍵、玉、鞠、剣、瓢、団子、銭、車、笠、帆、槌など

【天文・現象】九曜、日月、星、稲妻、雪、波

【文様・文字紋】亀甲、鱗、菱、巴、菱、〇、一、十、百、吉、本など

*変わった面白い紋の例

名古屋黒紋付染の特色

一　紋型紙を使い紋の形を白く残す。

二　紋型紙は美濃紙を柿渋で重ね合わせた紙を用いる。

三　紋章の輪郭を鑿で突き彫りする。

四　白生地の紋の位置に紋型紙を両面から糊で貼り付けて紋当金網で押え、糸で止める。この方法では、絵柄に合わせて作った型紙を当てて地色の黒を染めるので紋の周りの色が堅牢で色褪せが起きない。

五　浸染では、紅下染または藍下染を行う。

昨今の名古屋着物

名古屋黒紋付染は、黒の美しさ、色褪せしない丈夫さで知られ、下のような流通機構になっていた。しかし、昨今の着物離れ、さらに紋付を着用しない風が進み、従来の流通機構の流れは細くなり、その機能を果たさなくなってきている。注文する人も直接京都等他所へ注文、購入することが多くなってきているという。伝統技法による紋付を求める人はさらに少なくなってきている。

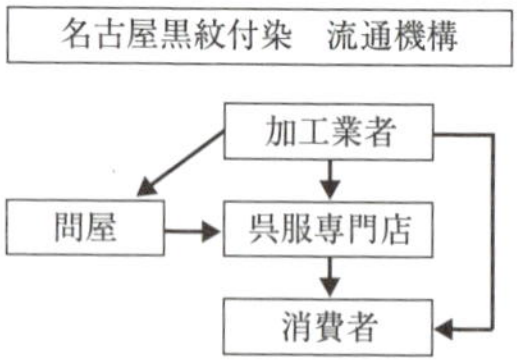

現在、黒紋付染の愛知県染加工業協同組合、小紋・型友禅染の愛知県誂染色協同組合、手描友禅染の名古屋友禅工芸協同組合の三団体で、名古屋友禅黒紋付協同組合連合会を結成し、経済産業大臣の「伝統的工芸品」の指定を受けて、困難な状況の中、伝統技術・製品を高める努力を続けている。

紋付に関わる紋章上絵師も愛知県紋章上絵業組合を作っており、「着物文化」を守り、発展させるべく、他の団体と同じように努力している。

（平成一八年秋）

訪問先
家紋工芸服部　前平文雄氏
名古屋市北区楠一丁目一七〇五

（資料提供）小川朋保氏

華麗な有松絞（有松絞りまつりの日　竹田嘉兵衛商店にて）

名古屋

華麗な絵柄を絞り出す 有松鳴海絞

そめそめて　あけもみどりも
有松の　里の栄えは　色にても知れ
（磯丸）

江戸時代初期に始まった有松絞は、元禄期には早くも盛期を迎えている。安藤広重の「東海道五十三次　鳴海宿」や葛飾北斎、歌川国芳などの版画には街道随一の名物絞を扱う店が描かれている。『尾張名所図会』には「有松村にて製する所にして、数町の間高棟をならべ、店前に絹布のしぼりを飾る事、華美いふばかりなり」と記され、瓦屋根の豪壮な構えの絞り店の図絵が描かれている。

有松は、今も旧東海道の町並みがそのまま残り、町並み保存地区としての指定もされている。単に旧き町並みの保存ではなく、今も絞り生産の中心として活気をもって活動をしている。

有松絞の歴史

有松の開村

有松村は江戸開府以後に開かれた村であ

る。慶長一二年（一六〇七）、街道の要衝・尾張に、家康の九男義直が封ぜられ、江戸・駿府と上方を結ぶ東海道の整備が進められた。鳴海宿から東行するのに、桶狭間付近は小山の起伏があり、人家もなく、旅人は不安を抱くところであった。藩はこの付近に新たに村を設けることとし、慶長一三年二月に知多郡一帯に布告を出して、移住をすすめた。文書には「知多郡之内　桶狭間村　新町之儀諸役免許候間　望之者有之於は　彼地へ可被越者也　仍如件　慶長十三年戊申二月十八日」とあり、知多郡の桶狭間村の枝郷を開村するから望みの者は諸役を免ずるので移ってくるようにと勧誘した。

安藤広重「狂歌入り東海道五拾三次、鳴海」
豪壮な絞屋が並ぶ。今もこの形式の商家が並んでいる。葛飾北斎は鳴海宿の絞を括る工程の場面を多く描いている。

これに応じてこの年に移住してきたのは、庄九郎始め八名で、英比《あぐひ》の庄（後の阿久比）の出であったという。以後追々移住者も増え、人家、田畑の開発も進んだが、藩ではさらに入植者を求め、寛永二年（一六二五）には屋敷地九反一歩を無税地として与えた。この頃、有松は桶狭間村から独立したと考えられる。この有松は池鯉鮒《ちりう》（のち知立《ちりゅう》）と鳴海宿の間に置かれ、間宿《あいのしゅく》の役割を持たせようとするものであった。人々は、茶屋を営んだり、小物雑貨を売ったりして生計を立てていたと考えられる。

絞の導入

有松はその位置からしても他の宿場のようにはなりえず、別の生業を必要とした。庄九郎は名古屋城築城の手伝いに来ていた豊後の人たちの中に絞り染衣料を持つ者がおり、これに関心を抱いて、その技法を究明したという。知多郡は木綿の産地であり、木綿地の入手は容易だった。綿布の一部をつまんで糸で括《くく》り、布地全体を括った後、藍甕《あいがめ》に入れて染め上げ、乾燥して絞り糸を抜くと蜘蛛の巣模様ができる。これが有松絞の起源となった絞りであるといわれている。この絞りの手拭いが街道を行く旅人に売られたのがその創始期の状態であった。その後、馬の手綱に用いられる錣絞《しころしぼり》が考案され、一段と技術も進歩して有松絞りの名声が高まる基礎が作られた。

有松絞が絞業として成り立つようになるのは慶安・応永の時期である。かつて名古屋城築城の折、豊後藩主竹中備中守に従って名古屋に来た侍医三浦玄忠は、年老いて隠居した後、尾張に移り住んでいたが、その妻女が国元の括り絞りの技を習得していた。夫妻は有松に移り、村人に括り技術を教えた。これが三浦絞である。絞り技術はますます進歩していき、並行して染色の分野でもこれまでの藍染に加えて紅絞染、紫絞染ができるようになり、色物の需要を見るようになった。

時は元禄時代となり、華美の風は一層進んだ。絞業もこの風潮に伴ってより精巧な美しい品を作り出して盛期を迎える。街道沿いの商家も大きな店舗を構え、中竹、西竹、中外、山形屋、橋本屋、井桁屋、笹屋などの絞屋が立ち並ぶ商業の街となった。

有松は天明四（一七八四）年の大火で灰燼に帰し、大打撃を受けるが、尾張藩の援助・保護により復興し、文化文政の時代には爛熟した文化・生活のもと絞りは新たな技法を開発し、それに応じた。

こういった絞り業の発展に伴って、内部には変化があり、絞商、取次職、晒屋、紺屋、括方職の別が定まってきており、これを利用し統制が図られた。藩は絞業の円滑な発展と利益の確保のために、有松に絞改会所の設置、株仲間の結成を認めた。その下で有松絞は繁栄を続けた。しかし幕末期に入り、社会不安・動揺は有松絞にも影を落とし、衰退の憂き目を見ることになった。

明治維新の時代転換の中で、有松絞は苦境に陥った。廃藩置県により藩の保護を失い独占権は消滅した。元来、有松は街道の通行に依拠しており、店頭商いが基本であった。その街道通行者が減少していき、販売と生産が維持できなくなった。加えて名古屋等の他地域の絞り生産活動も拡大していき、有松の独占と地位を脅かすようになってきた。強大な力を有してきた絞商も廃業者が出るような状況に置かれるようになった。

かかる苦境の中で絞商は販路の拡大に努め、卸業の地歩を築くべく努力を続けた。また一方では絞りの品質と新しい意匠の開発に努力し、この苦境を脱していった。鈴木金蔵の新筋絞・嵐絞、竹田林三郎の地白

有松の旧東海道沿いの町並み。
毎年6月第1土曜・日曜日に、有松絞まつりが開かれる。

有松絞　戦前の生産反数（明治25〜昭和13年）　有松町史資料より作成

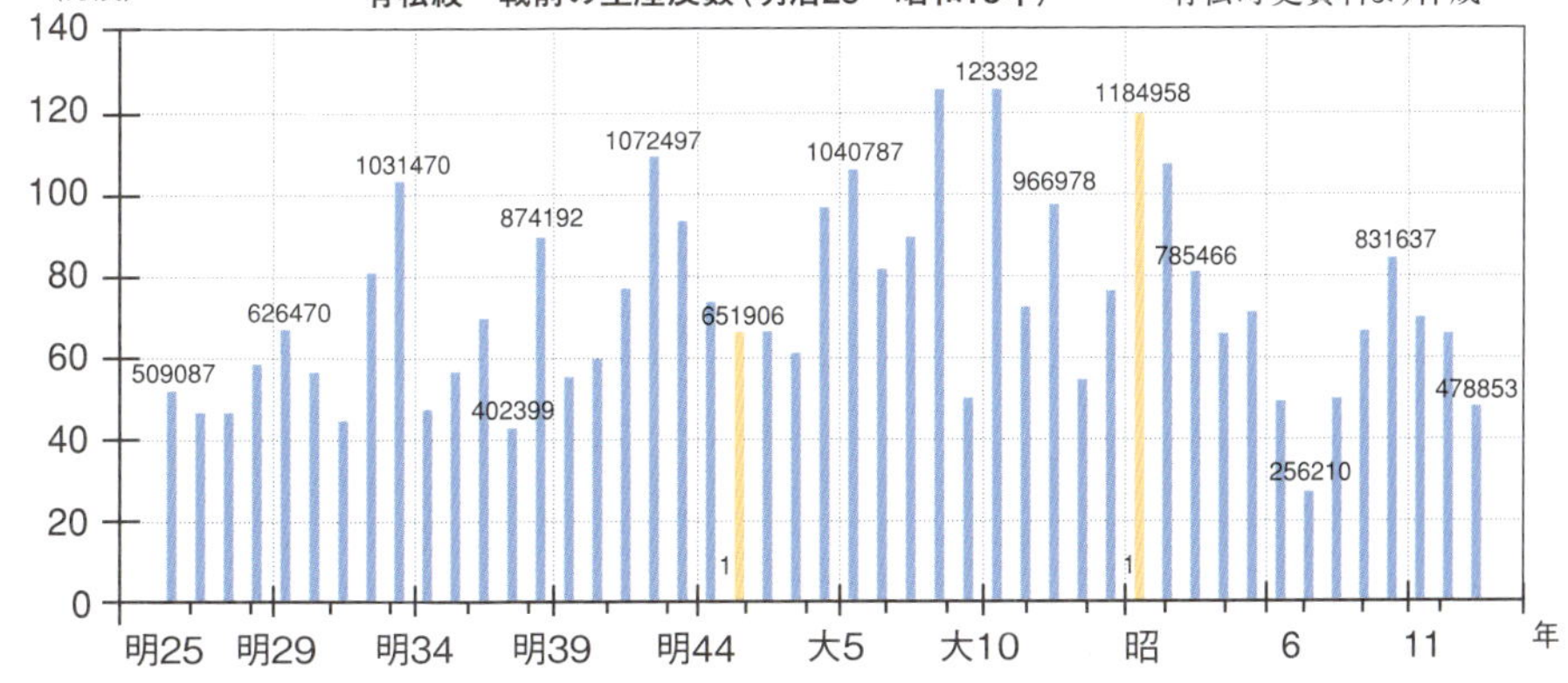
（万反）
140
120
100
80
60
40
20
0
509087
626470
1031470
402399
874192
1072497
651906
1
1040787
123392
966978
1184958
1
785466
256210
831637
478853
明25
明29
明34
明39
明44
大5
大10
昭
6
11
年

紺絞模様といった捺染技法をはじめ幾多の発明改良がされ、有松に生気を吹き込み、有松は復興して新たな歩みを始めた。絞商は各地に販路を開拓していき、卸問屋へと変質をとげていった。

各地で開かれた博覧会や共進会にも積極的に参加し、明治三三年のパリ万国博覧会へも出品、多くの賞を獲得し、その優秀さを示した。こうして有松絞はさらなる発展期に入り、明治三二年に「有松絞商工業組合」を設立、これは明治三八年の「有松絞商工同業組合」に発展した。この時期、技術開発への熱意は極めて高く、多くの特許・新案特許、意匠登録がなされている。明治三〇年から四五年の間に、製法特許一九、染色特許一〇、実用新案一、意匠登録七を数えている。こういった新しい技術の専用権を組合の組織が有効に行使して、有松の地位を優位にしていった。

大正期は、好・不況の変動の影響を受けて生産額の高低差が大きいが、全体として生産は増大し、絞業はその地歩を固めていった。組合も組織を改め、大正末期には組合員数一五〇に達している。しかし、昭和に入ると、日本経済はすでに慢性的不況に陥っており、さらに金融恐慌、世界恐慌の波及で深刻な状況となった。満州事変の勃発が追い打ちをかけ、有松の業界でも倒産する者が現れる。また他地域との関係でも大きな痛手を被った。そんな状況の下、有松絞改善同盟会が結成され、統制を強めて製品の品質水準を保ち、地位を維持しようとした。だが昭和一二年の日華事変を契機に準戦時体制が布かれ始めると、綿糸品の加工販売の有松絞は、ことのほか大きな打撃を受けることになった。昭和一六年、太平洋戦争が勃発、戦時体制が強化される中で有松絞の維持は困難となった。

戦後の有松絞

大戦で停止状態にあった絞り生産の再開は、物資不足、国民生活の破壊状況の中で困難であった。絞業の復興は昭和二二年、統制下での国有綿割当による指定生産の開始がその始まりとなった。その後の復興の中で経済諸統制も順次廃止されていき、絹、綿の統制が廃止され、有松絞の復興が始まった。昭和二七年には「有松絞商工協同組合」が設立され、以後の有松絞復興にとって重要な役割を果たした。

元来、絞業は景気変動に強く左右されるところがあり、昭和三〇年代に入るとその変動の中で、好況期にも十分な回復がもたらされることはなく、不振の継続という状況が続いた。経済の高度成長に乗れなかったのである。この時期、有松町は知多郡から離れて名古屋市と合併し、大経済圏を利用した新しい発展の方向を見出そうとした。同三九年、有松技術保存振興会を設立し、絞り技術の保存、品質・技術の向上を図り、有松絞の発展に寄与しようとした。

四〇年代に入ると経済の高度成長の成果が現れ、所得の大幅な上昇により和服の復活が見られ、絞ブームを生みだした。また、絞りの婦人服地も関心を持って迎えられ大きく需要が増大した。

かくして絞生産は一応軌道に乗ったのだが、経済環境の変化は新たな課題をもたらした。労働力需要の大きい産業・企業への労働力の移行と、絞り従業者の高齢化による後継者難であり、家庭内職における括《くく》り従業者の不足である。これは、将来的に技術の継承に支障をもたらすことになる。そこへ韓国絞の流入が多くなってきた。この韓国絞の流入に対抗するため、四二年、愛知県絞工業組合が設立された。県下全業者を一本化し、業者、内職者を保護し、かつ伝統技術を保存発展させようとした。

昭和四九年に「伝統的工芸品産業の振興に関する法律」が制定され、伝統的工芸品産業の振興が図られることになった。有松絞も「有松・鳴海絞」として五〇年九月に指定を受けた。これを利用して後継者の確保・養成に努め、金融税制の優遇措置を受け、振興事業を進めていった。

昭和五〇年以降の動向であるが、有松絞りの総売上高は五五・九億円から九二億円へと上昇を続け、一時的な中だるみを経て平成二年に一〇〇億円というピークに達している。この時期、韓国への委託加工に加えて中国への委託加工も始まり、その地位が取って代わることになった。懸案であった絞会館が、五九年三月にオープンしている。増大する見学者に対応し、有松絞の展示、括りの実演、絞り製品の販売、情報提供を行うこととした。いつも多くの見学者が訪れており、よくその機能を果たしている。

その後、バブルの崩壊とそれに続く不況の中で、有松絞りも苦境にある。名古屋市の統計によれば、企業数も平成八年六八社から平成一六年四二社と、六一・七％に減少しており、従業者数も四五〇人から三四〇人へ、七五・五％に減少している。

有松・鳴海絞企業・従業員数

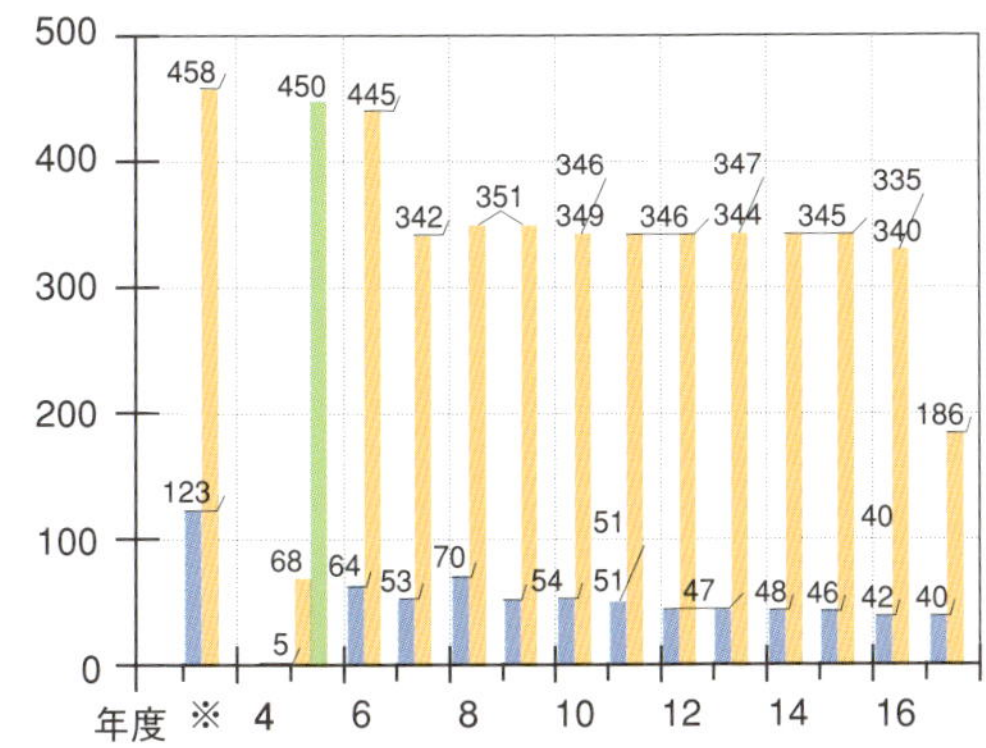

※左端は伝産指定の昭和50年の数字

今日でも 店頭商いが行われている（井桁屋）

有松絞り生産形態

有松絞の生産特色

1 括り技法の多さ。

・括る技法は百種に及ぶ

・伝承者がなくなったものを含めると五百種あると言われている。

2 数種の技法を組み合わせて作る華麗にて豪華な製品。

3 分業形態の発達。

・生産の分業形態は一八世紀後期には成立した。

・専門性の進歩、技術の向上。
・括り職人（括りをする職人）。括り方に得意を持つ専門性がある。
・紺屋（染めをする職人）
・取次職（括りの仕事を紹介する人）
・晒屋（生地を漂白し光沢を出す晒しを専業とする）
・仕上屋（糸抜き、反物の点検、整理）

紋生産の工程

一　図案（柄）の決定
図案師が絞商の意を受け相談して描く。

二　生地
綿布（シルケット、岡木綿等）
岡木綿には晒がなされる
絹布（銘仙、羽二重、縮緬、富士絹等）
化学繊維

三　型紙彫り　柿渋を使った伊勢型紙の型地紙に型紙彫りをする。

四　絵刷り
白生地の上に型紙を置き、青花（露草）の花弁から採取した染料を用いて写す。

五　紋加工（括り）
幾種もの括りが組み合わせられる場合は、多くの括り職の手を経る。括りは多くの月日がかかる。

六　染色
染色前に、生地の絵刷に用いた青花を消し落とすために熱湯に浸す。
・染めは絞りでは一般に浸染で行う。

七　糸抜き
絞染は糸を固く締めて防染するので、布の破損に注意し、手早く行う。一反に何日もかかる物もある。

紋業機構図

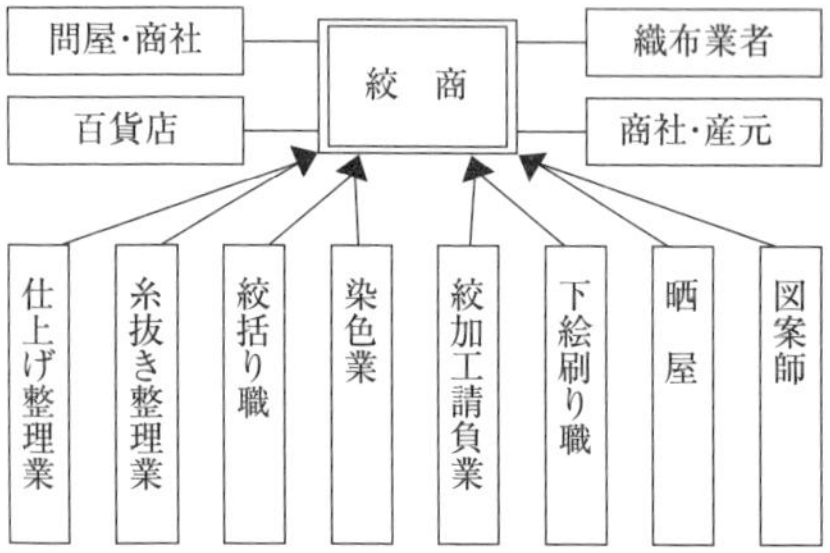

有松絞りの主要な技法

分類	名称
縫絞《ぬいしぼり》	平縫絞　木目絞　唐松絞　日の出絞　折縫絞　合せ縫絞　巻縫絞　縫養老絞　織養老絞　大典絞　白影絞　紙当絞　ミシン絞
鎹絞《しころしぼり》	手筋絞　柳絞　みどり絞　手筋金通絞　鎧段絞　山道絞　手筋豆絞　竜巻絞
蜘蛛絞《くもしぼり》	襞取《ひだとり》蜘蛛絞　手回し蜘蛛《くも》絞　蟹蜘蛛絞　機械蜘蛛絞
三浦絞《みうらしぼり》	横三浦絞　石垣三浦絞　筋三浦絞　やたら三浦絞　芯入三浦絞　裏芯三浦絞　疋田三浦絞
鹿子絞《かのこしぼり》	機械鹿子絞　手結鹿子絞　京極鹿子絞　横引鹿子絞　突出《つきだし》鹿子絞　唄《ばい》絞　羅仙絞　機械人目絞
巻上《まきあげ》絞	巻上げ絞　帽子絞　皮巻絞　竹輪絞　根巻絞
板締絞《いたじめしぼり》	雪花絞　菊花絞　村雲絞　金蜘蛛絞　豆絞
嵐絞《あらししぼり》	嵐絞　千鳥絞　竹みどり絞　鳥絞
箱染絞《はこぞめしぼり》	箱染絞　流染絞　姫山絞
桶染絞《おけぞめしぼり》	桶染絞　桶朧纈染
その他	追東風《おっこち》絞　抜染絞　小柳絞

①縫絞・平縫絞　荒川叶江氏

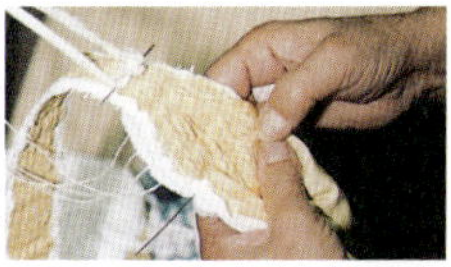

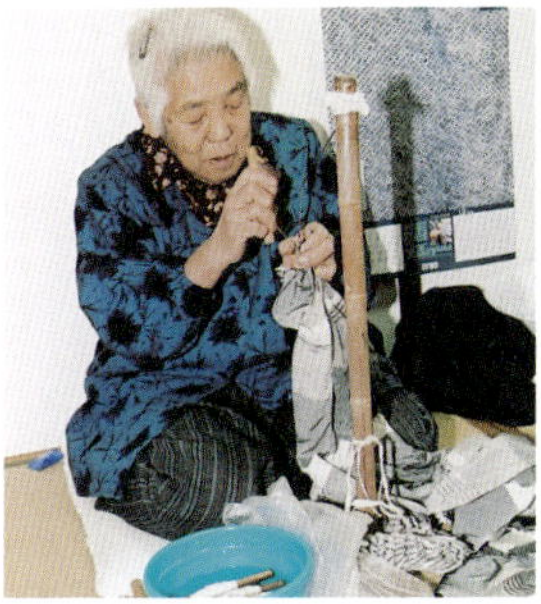

②手蜘蛛絞　本間とめ子氏

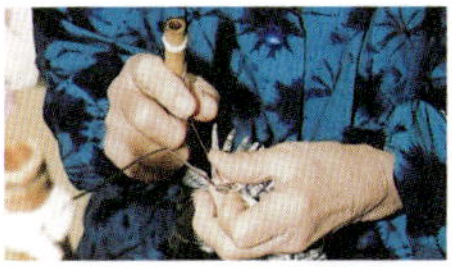

③三浦絞　北野とよ氏

④鎹絞・竜巻絞　松岡清子氏

⑤巻上絞　加藤小鈴氏

⑥縫絞　松橋とよ子氏

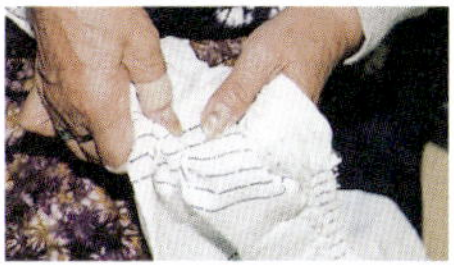

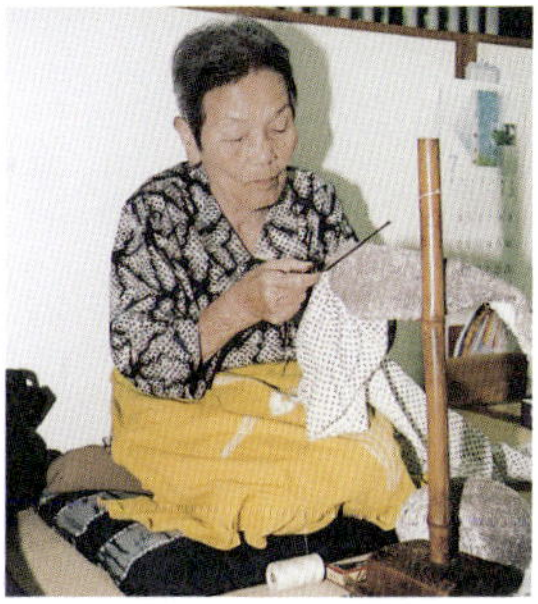

⑦三浦絞　片山しづ子氏

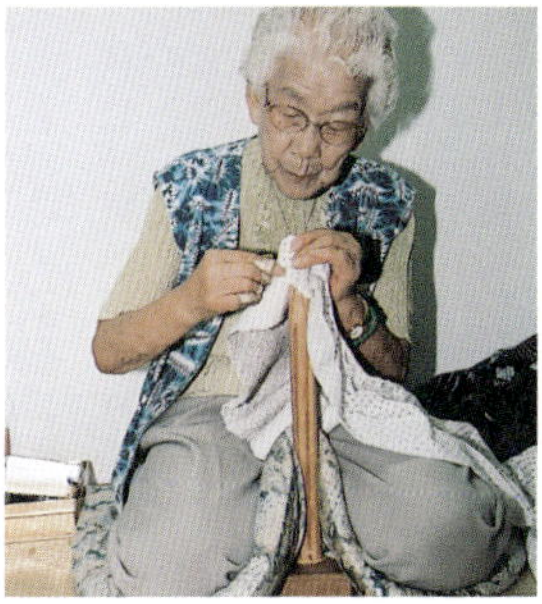

⑧突出し鹿子絞 中島鈴枝氏

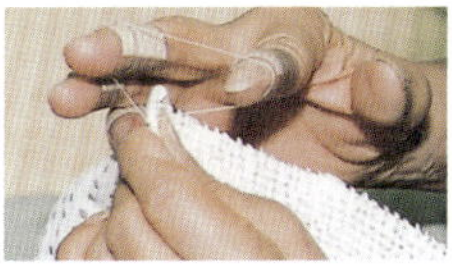

巻上絞

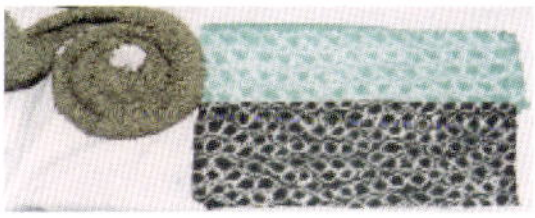

三浦絞

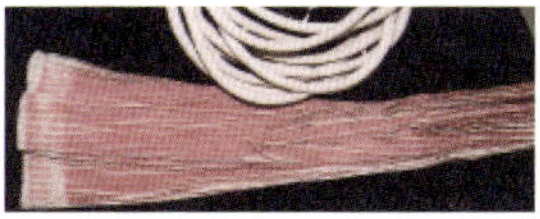

竜巻絞

八　仕上げ・整理

反物として巻き上げたり、仮縫いをして柄がわかるようにする。

九　完成

有松町町並み保存について

有松は江戸時代初期の慶長十三年（一六〇八）に、東海道池鯉鮒と鳴海宿の間に開村され、間の宿の役割を持つものであった。しかし村の生活基盤は弱く、他に生業を必要とした。移住者・庄九郎が豊後の絞り染めをもとに絞りを始め、のちそれが東海道随一の名産に成長した。

天明四年（一七八四）の大火後の復興で、街道沿いの家々は瓦葺、漆喰の塗籠造りとし、優れた防火構造の街となった。浮世絵によって知られる街となり、現在の町並み景観につながるものであった。

この町並みを絞りと一体のものとして、その存在を印象づけ発展を願う運動が生まれた。昭和四八年二月、「有松まちづくりの会」が作られ、翌年には長野県の妻籠、奈良県の今井町と協議して、「町並み保存連盟」の結成を見た。これは「全国町並み保存連盟」に発展、昭和五三年（一九七八）には第一回全国町並みゼミを足助とともに開催し、存在感を示した。有松は昭和五九年三月、名古屋市の町並み保存地区に指定されている。

その後、平成二年二月には都市計画が決定され、事業計画がまとまり区画整理事業が始められている。名鉄有松駅周辺はその姿を現わしてきている。「有松まちづくりの会」（会長・井桁屋　服部豊氏）は、有松の町づくりに参加する諸団体の中心として活動し、会報「有松」の発行、講演会、見学会、町並みゼミへの参加、絞りまつりへの参加などの活動を続けている。

長くこの活動に関わってこられた服部豊氏は平成一三年から全国町並み保存連盟の理事長として、さらなる尽力をしておられる。

（平成一七年）

有松・鳴海 紋会館前から西方を見る

有松　市街の西地域

訪問先

有松鳴海　絞会館
名古屋市緑区有松町橋東南六〇—一
電話 〇五二—六二一—〇一一一

竹田嘉兵衛商店
名古屋市緑区有松町往還南一七五
電話 〇五二—六二三—二五一一

井桁屋
名古屋市緑区有松町橋東北一〇〇
電話 〇五二—六二三—一二三六

名古屋

尾張の生んだ明るく豪華な趣き
名古屋節句人形

人形の振り付けをすすめる山田泰男氏

うれしいひな祭り
山野三郎作詞　河村光陽作曲

一、あかりをつけましょ　ぼんぼりに
お花をあげましょ　もものはな
五人ばやしの　笛太鼓
今日はたのしい　ひな祭り

二、お内裏様と　おひな様
二人ならんで　すまし顔
お嫁にいらした　姉様に
よく似た官女の　白い顔

三、金のびょうぶに　うつる灯を
かすかにゆする　春の風
すこし白酒　めされたか
あかいお顔の　右大臣

四、着物をきかえて　帯しめて
今日はわたしも　はれ姿
春のやよいの　このよき日
なによりうれしい　ひな祭り

数多くあるひなまつりの歌の一つである。

節句人形の歴史

　雛人形の歴史は平安時代に始まる。『源氏物語』には、人形を飾り、雛遊びをしていることが記されている。巻一の「若紫」に「雛《ひいな》遊びにも、絵描いたまふにも、源氏の君と作り出でて、きよらなる衣着せ、かしづきたまふ」、紅葉賀に「いつしか雛をしすゑてそそきゐたまえる、三尺の御厨子《みづし》一具《ひとよろい》に品々《しなじな》しつらひすゑて、また、小さき屋ども作り集めて奉りたまへるを、ところせまきまで遊びひろげたまへり。」など、何カ所にも出ている。

「源氏物語絵色紙帖　紅葉賀」（部分）土佐光吉画
京都国立博物館蔵

　一方、日本古来からの風習で、人形《ひとがた》（形代《かたしろ》）に穢《けが》れを移し川に流す習俗があり、また中国伝来の三月上巳《じょうし》の穢れを祓《はら》う行事があり、貴族の間では陰陽師を招き祓いをすませ人形を流す風習があった。これが雛遊びと、室町時代頃までに融合していったといわれている。

　戦国時代の混乱が終わり、泰平の江戸時代となると、女児の節句として一般化し、雛人形の名称も生まれた。男児の端午の節句に対する女児の祭りとして行われ広がっていった。雛人形は、初めは雛壇もなく、毛氈《もうせん》などの上に並べる状態であったが、江戸時代も末期になると雛壇が設けられるようになった。最上段に内裏雛を置き、それ以下の段に、官女、随身の諸人形を飾るようになった。これに伴って人形は華美なものとなった。幕府はこれに対して奢侈の禁令を出したりしている。

　寛永雛、享保雛、古今雛などがよく知られているが、明治期、江戸で生まれた写実的な古今雛が受け継がれ、広く普及していった。商品化が進み、さらに大正末期頃から人形、調度の飾り方が定まってきた。

　昭和の戦時、戦後の困難な時期から立

「服部家雛人形」　弥富市五之三町の服部家に伝わる。先祖が当家に嫁した際持参されたもので、かって尾張徳川家より下賜されたものと言われている。

ち直ると、経済成長とともに節句人形は豪華なものが多くなっていった。一方、生活条件、中でも住生活の変化によって、昨今は小型の人形にも関心が持たれるようになってきている。

名古屋節句人形

名古屋における人形については、江戸幕府初期の寛永年間に既に作られていたといわれるが、はっきりしない。江戸時代も後期に入る明和年間の『張州年中行事鈔』には「府下貴賤戸々に是を祭。諸国共に同じ。此遊其来る事旧し。……二月二十五日比より府下本町に雛市有。其巧いわん方なく綾羅《りょうら》を裁金銀を旋《めぐら》し其飾美尽せり。是一壮観として男女街に満て群集す」とあり、もうこの時期、城下には多くの人形師がおり、盛んに雛人形が作られていたことが推定される。雛祭りが、広く行われるようになっていたことがわかる。

明治初期の政治、社会の不安のためもあってか、当時の名古屋における人形づくりの業者は十軒ほどといわれているが、その後東京や関西から職人を招いて、技術向上をはかり販路も拡大した。大正一二年の関東大震災は、東京の職人の名古屋への避難、移住をきたし、当地の技術、生産の向上をもたらした。

昭和に入っても順調に推移したが、戦時・敗戦直後はその生産も止まり大苦境に陥った。しかし、三十年代に入ると経済成長にのり、需要は高まり、市場は大きく拡大、全国有数の人形生産地となった。やがて平成に入るとバブル経済の崩壊以後、この業界も大きな苦境の下にある。すでに進行している少子化の進行、

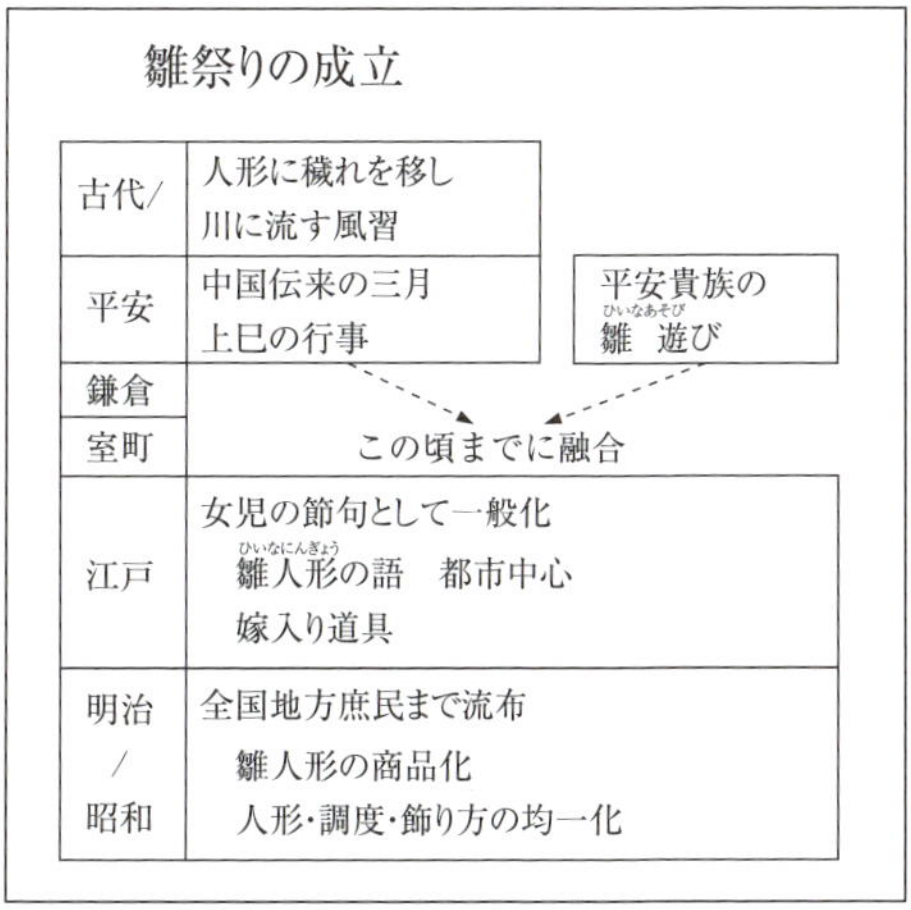
雛祭りの成立
古代/
人形に穢れを移し
川に流す風習
平安
中国伝来の三月
上巳の行事
平安貴族の
雛《ひいなあそび》遊び
鎌倉
室町
この頃までに融合
江戸
女児の節句として一般化
雛人形《ひいなにんぎょう》の語　都市中心
嫁入り道具
明治
/
昭和
全国地方庶民まで流布
雛人形の商品化
人形・調度・飾り方の均一化

名古屋人形生産 事業所数・従業者数
昭和24年～平成17年

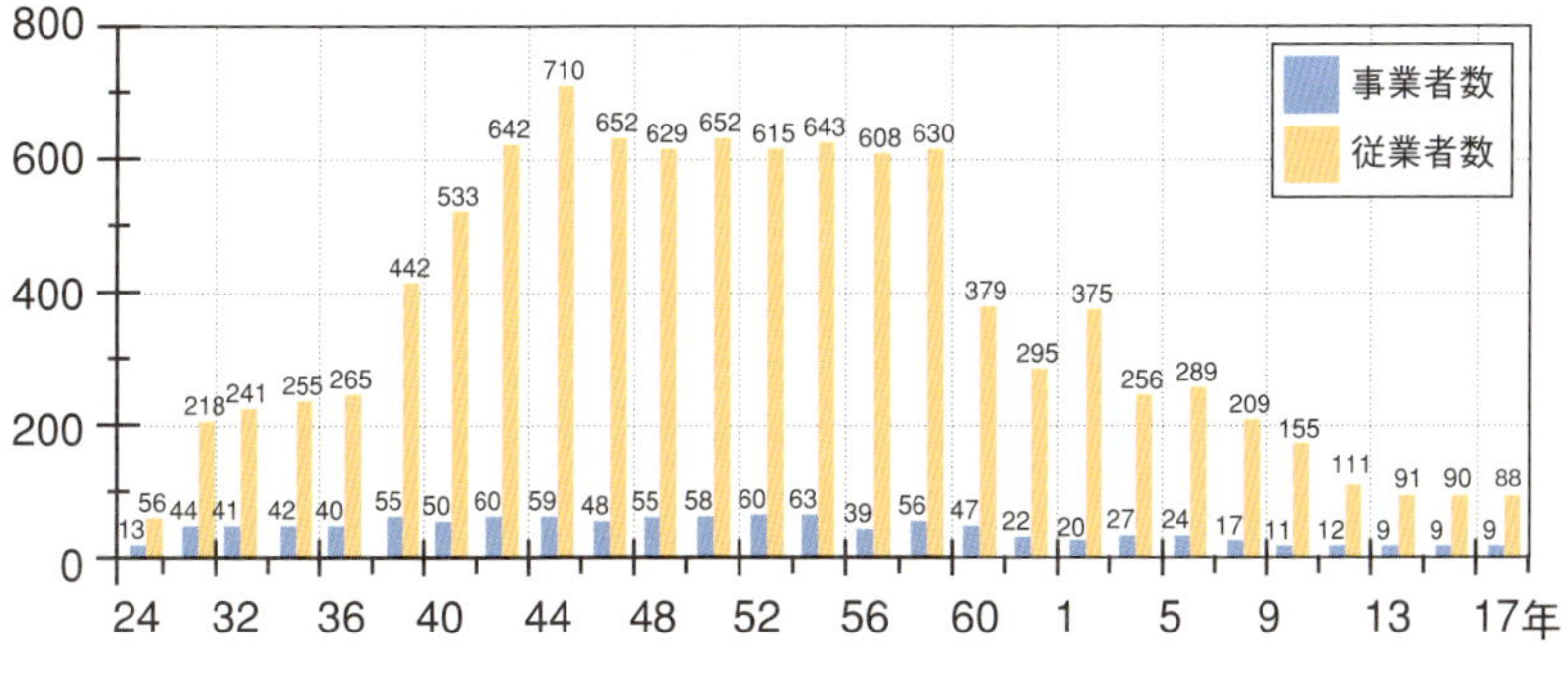
800
600
400
200
0
事業者数
従業者数
13 56
44 218
41 241
42 255
40 265
55 442
50 533
60 642
59 710
48 652
55 629
58 652
60 615
63 643
39 608
56 630
47 379
22 295
20 375
27 256
24 289
17 209
11 155
12 111
9 91
9 90
9 88
24
32
36
40
44
48
52
56
60
1
5
9
13
17年

名古屋市統計年鑑より作成

生活様式のさらなる変化による需要の減少の傾向が見られる。

雛人形の製作工程

一　頭作り

①原形作り

桐材などで頭の原形を彫る。

②原型作り　女型（凹型）を作る。

③生地作り

桐粉（桐材を粉末にしたもの・虫が付かない）と正麩糊《しょうふのり》で練ったもの。

④型詰め　生地を型に詰める。

⑤型抜き　型から取り出す。

⑥乾燥

⑦彫塑

乾燥後、表面の修整を行う。

⑧目入れ　ガラス製の目を入れる。

⑨地塗り　刷毛で頭部全体に胡粉を塗る。

⑩置上げ

クリーム状の胡粉で目、鼻、口などの盛上げ部分を整える。

⑪中塗り　胡粉《こふん》を塗り顔を整える。

⑫切出し

目、鼻、口など、小刀を用いて整える。

⑬上塗り

上塗り用の胡粉を五回以上塗る。

⑭磨き　乾燥後の作業。

⑮面相

眉、髪の生え際を描く、紅をさす。

⑯結髪　[1]髪を植込む溝を彫る。

[2]髪を植込む。

[3]髪を結上げる。

＊頭作りは、これを専門とすることが多い。人形製造者は頭部をのぞく部分を製作し、問屋に送る。問屋は、これに頭を付け完成させる。自分のところで売るものは、自分のところで仕入れた頭を付け完成させる。

二　胴作り

①胴芯作り

稲藁を一定の太さに束ね紐を強く巻き付け、紙を巻き貼る。

②底板付け　底板、台を付ける。

③足金

針金を挿し、木綿、木毛《もくもう》などで肉付けする。

④衣紋かけ

白襟（絹）を何枚か重ねる。

⑤腕金　足金と同じく肉付けする。

三　衣裳作り

①型どり　型を和紙にとる。

②裏打ち生地に和紙を貼る。

③仕立て裁断　縫製をする。

四　着つけ

①胴に衣装を付ける。人形の種類により取付け量は異なる。

②飾付け

肩当、紐、帯などの小物を付ける。

五　振り付け

人形の手足等を曲げ所定の形にする。

＊芯に入っている針金は堅い。

六　頭付け

頭を差しこむ。

他の小道具を持たせる。

七　完成

人形供養祭

人形は、人の思いがこもっているもので、容易に手放したり、ましてや捨てたりはできないものである。昨今では住宅事情や転動などで住居の移動も多く、人

①多種大量の布地

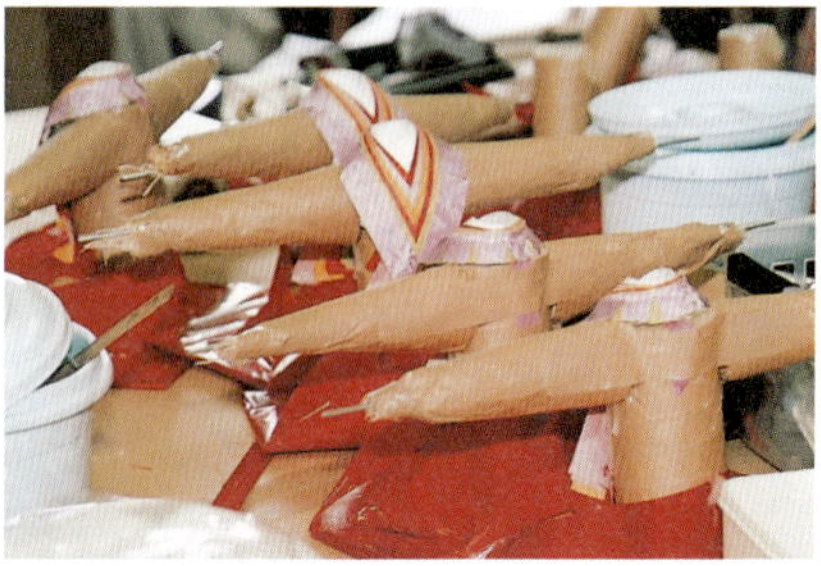
②胴づくり

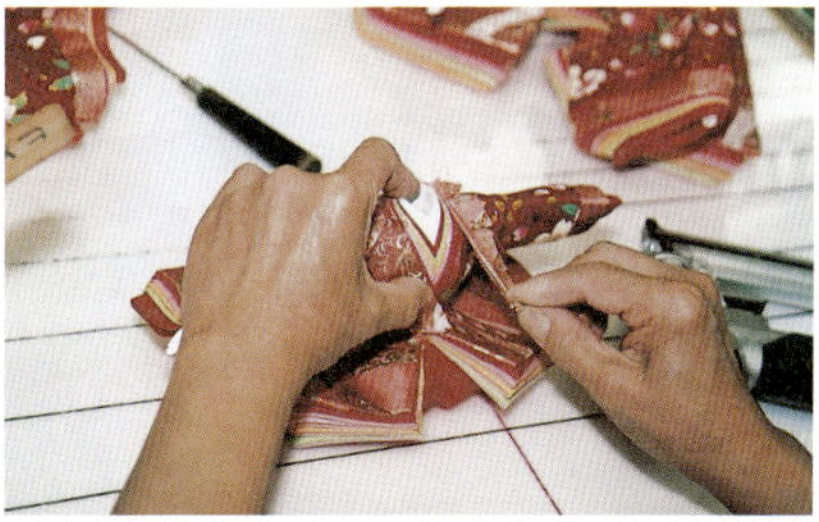
③着付け

④振り付け

⑤頭付け

⑥完成

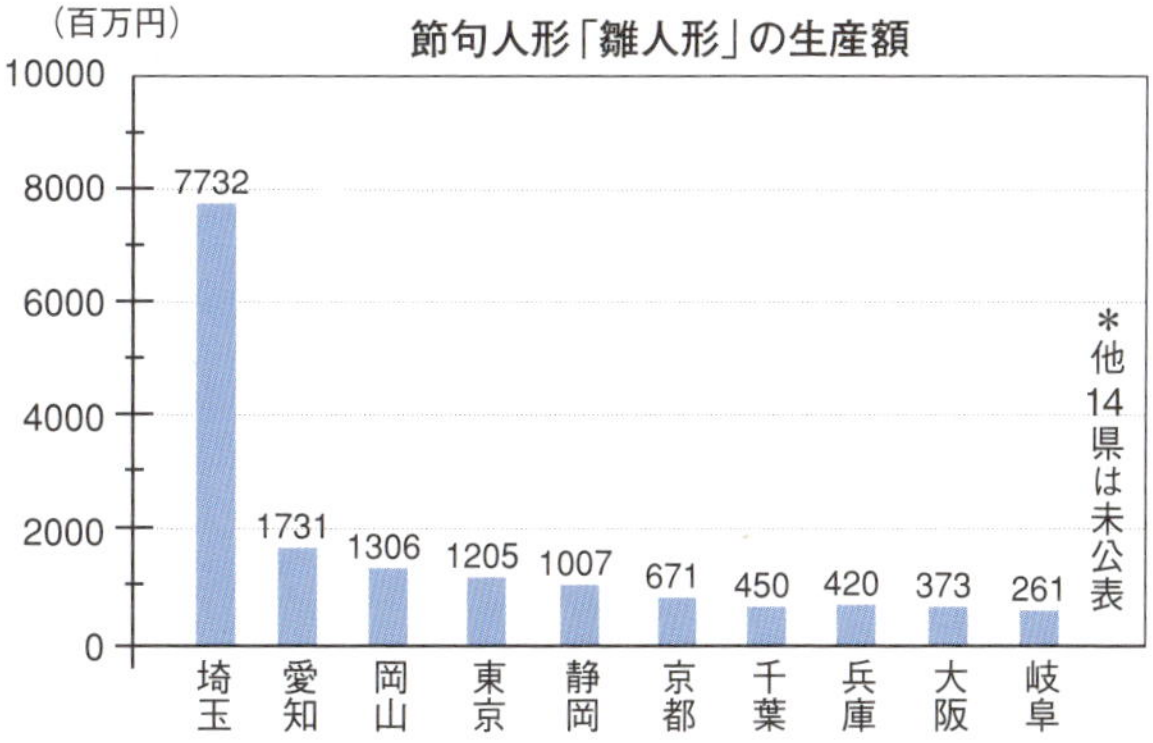
節句人形「雛人形」の生産額
（百万円）
10000
8000
6000
4000
2000
0
7732
1731
1306
1205
1007
671
450
420
373
261
埼玉
愛知
岡山
東京
静岡
京都
千葉
兵庫
大阪
岐阜
＊他14県は未公表
日本人形協会データ　平成13年

形を保持することができない人も多い。こんな状況の下、人形を供養し、手放すようになってきている。

尾張地方では、毎年秋に、名古屋の大須観音の境内で人形供養祭が行われる。今年（平成一八年）も多くの人が参詣し、主催の中部人形節句品工業協同組合の方によると、三千人くらいを予想し、準備をしているとのことである。人形の数は掌握困難のようで、節句人形以外の人形も密かに持ち込まれており、十万個体を超すのではないかとの返事が返ってきた。

当日、火にくべて供養するのは、古い人形のみで、ダイオキシン等の有害な物質が出る素材の使われている最近の人形は他の施設へ運び処置するとのことである。境内には、人形供養塔（人形塚）がある。

人形供養祭（平成18年・名古屋市中区大須）

端午の節句

端午の節句の風習は中国に起源を持つもので、古代より宮中、貴族の社会では「端午之節」に菖蒲や蓬《よもぎ》などの香の強いものを身につけたり、屋根に挿したりして邪気を祓い、あわせて競馬、印地打《いんじう》ち（石合戦）、凧揚げなどが行われた。武士の時代の展開とともに、その音から菖蒲を「尚武」と解し、勇ましい競技が行われ、男児の節句と見られるようになった。

豪華な武将、鎧兜の飾り

このような奉納兜の忠実な写し兜もある

江戸時代になり、幕藩体制のもと安定と経済的繁栄が見られるようになると、端午の節句に武者人形が贈られたり、武者絵や鍾馗の幟が普及するようになる。そうして男児の節句であることが決定的になった。明治以降、この風習がさらに各層に広がり、第二次世界大戦後、「子供の日」として国民の祝日となった。

青空の下に、泳ぐ鯉のぼりは、五月の風物詩の一つである。家の中では尚武人形、鎧兜を飾る家もある。五月人形は、雛人形や鯉のぼりに比べて表にあまり出ないが、大きな豪華な物も多くあり、新たな発見であった。

（平成一八年）

訪問先
山田人形店　山田泰男氏
北名古屋市鹿田会田七七
(旧住所表示 西春日井郡師勝町鹿田
会田七七)
電話 〇五六八―二三―〇一七三

名古屋

豪奢な金仏壇の代表
名古屋仏壇

仏壇・仏具店が立ち並ぶ門前町

仏壇の歴史

「伝統的工芸品産業の振興に関する法律」で、仏壇指定されている地域は全国一〇府県内に一五地区ある。彦根仏壇、川辺仏壇、飯山仏壇、京仏壇、名古屋仏壇、三河仏壇、八女福島仏壇などである。愛知県からは二カ所指定されている。もともと尾張・三河の地は中世以来、仏教信仰の篤い地であり、信徒の団結も強く、国内統一を進める戦国武将たちを苦しめた。こういった宗教基盤を持つ地であったため、大規模な仏壇産地を形成してきたのであった。

名古屋仏壇は、主要一五生産地の中でも組合員数、生産額では全国一、二の地位を占めている。一五〇万人都市・名古屋の真ん中、東西本願寺別院周辺の門前町、橘一丁目、橘二丁目一帯に「仏壇屋」が立ち並んでいる。名古屋仏壇商工協同組合には、四五社が属しており、「仏壇屋」と取引関係にある工部（仏壇の各部を作る職人）は尾張各地にも散らばっている。

仏壇の産地

仏壇の誕生

仏壇は、元来は仏像を安置し、礼拝供養するための壇のことで、古代には寺院の内陣に石壇や漆喰で固めた土壇が造られていた。のちに内陣が土間から板敷きになるにつれ木壇になり、須彌壇《しゅみだん》といわれる木壇が多くなった。

平安時代、浄土教の流布とともに貴族の邸宅の寺院化が進み、中世、武士・在家有力者は持仏堂を持つことが多くなり、その堂内に厨子が置かれ、仏像や祖師像が納められた。画像や名号・題目が掲げられることもあった。

「橘夫人念持仏厨子」8世紀初頭　国宝
法隆寺大宝蔵殿

今日、仏壇というと、仏教徒の家庭祭祀の祭壇を意味する厨子型仏壇、すなわち箱仏壇を意味するが、これが一般庶民にまで広がっていくのは江戸時代になってからである。江戸幕府はキリスト教禁圧と民衆統制のために寺請制度を確立した。民衆は家単位で特定の寺院に結びつけられたのであり、仏壇を持ち仏教徒である姿を示すことを求められ、仏壇を持つことが広がっていたと考えられる。庶民層にも見られるようになった〈家〉の意識、祖先供養の風の高まりにより、仏像や宗祖の画像、名号・題目の他に、祖先の位牌が置かれ、内部を飾る香炉、燭台、花器、鉦、飯食器などが加わり、寺院の内部のミニチュアのようになった。

江戸時代の長い平和の中、閉ざされた社会の中で、他よりも大きな立派な仏壇を持ちたいとの心理が生まれ、中でも浄土真宗では、蓮如以来の「講」の組織とそれを通して行われる仏事が、各門徒に立派な仏壇を持つことを競わせた。こんな雰囲気が、また仏壇界の繁栄をもたらしたと考えられる。

名古屋仏壇の歴史

名古屋における仏壇製造が始まったのは、城下町が整備されてからである。尾張に封ぜられた家康の九男義直の下、名古屋城下が形成整備された。名古屋は領国体制上重要な位置を占めるものであり、肥沃な大平野を擁する地であった。町割が行われ、いわゆる「清須越」を行って短期間の中に城下町が造り上げられた。

この城下町で、仏壇造りが行われるようになるのは自然なことであった。尾張は浄土真宗の浸透の大きいところであり、仏壇を持とうとする宗教的基盤があった。尾張藩は木曽を御用林の伐採地として支配し、名古屋城下は優れた木材の集散地となり、仏壇の良材を集めることも容易であった。清須越あるいは駿河越の手工業者が多種多用な技術を持ち込んできており、比較的早くから仏壇が造られたと考えられる。

当地における仏壇製造は、元禄八年（一六九五）高木仁右衛門が仏壇専門店「ひろや」を創業したのが始めとされている。その後、藩の経済統制策の中で株仲間が結成されるが、九店が営業独占権を得ている。七間町の高木仁右衛門「ひろや」、浅野与吉「鷺屋」、岩田勘十郎「岩井屋」、水野与八「山田屋」、勘右衛門「山形屋」、門前町の林平助「大屋」、重右衛門「笹屋」、橘町の善八「吉野屋」、住吉町の市左衛門「美濃屋」の九軒であり、九人組といわれ、業界を代表していた。江戸時代末期になると、東西本願寺別院、大須観音のある門前町、橘町、東橘町、一帯の地に仏壇屋が店を構えるようになった。仏壇業界の中心は、かつての「金城南屋敷」からこちらに移っていくことになる。

明治維新後、神仏分離令が出され、廃仏毀釈の運動を生み出した。当然のことながら、仏壇業界にも大きな打撃を与えた。しかし、当地は宗教的風土によってか、この混乱から比較的短期間で脱している。早くも、明治八年に東橘町に名古屋仏壇商組合が設立されている。明治政府は、殖産興業を国是とし、万国博覧会への参加を進め、並行して内国勧業博覧会を開き、各種の博覧会・共進会を奨励した。仏壇は輸出には結びつかないものであるが、内国勧業博覧会、関西府県連合共進会、名古屋勧業協会の職工徒弟作品競技会等への出品の記録がある。以後、好況不況の起伏はあるものの、総じて昭和の初期までは発展的に推移した。

昭和に入ると、他の産業と同じく時代に翻弄され苦難の時代を迎える。金融恐慌、世界恐慌の昭和初期二大恐慌は、国内の諸矛盾・危機を外に解決しようとし、日本は大陸進出政策を進め、満州事変、日中戦争、太平洋戦争の道を歩んだ。戦時統制経済の強化とともに仏壇業界も苦しんだ。物資の動員、不足は配給制への移行をもたらし、必要な資材は入手困難となり生産は著しく低下した。昭和二〇年三～五月にピークをなす大空襲により生産、商活動は停止するに至った。

戦後になっても、しばらくは資材調達が統制される配給状況が続き、生産の回復は遅々たるものがあった。しかし朝鮮

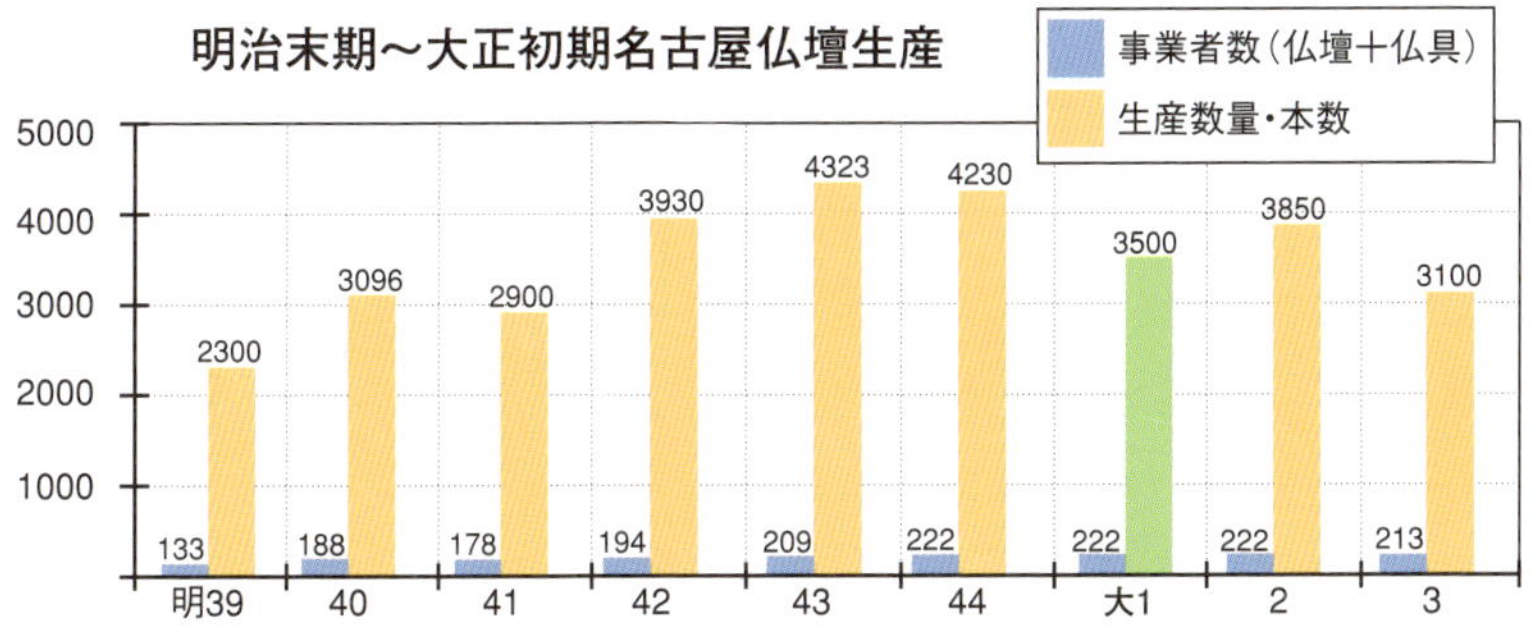

明治末期～大正初期名古屋仏壇生産
事業者数（仏壇＋仏具）
生産数量・本数
5000
4000
3000
2000
1000
明39 133 2300
40 188 3096
41 178 2900
42 194 3930
43 209 4323
44 222 4230
大1 222 3500
2 222 3850
3 213 3100

「名古屋市統計書」より作成

戦争勃発による特需景気で経済環境は改善した。昭和二八年の金統制の解除は、この業界にとって戦中戦後の一時代を画するものであった。昭和三〇年代からの日本経済の復興と成長はこの業界にも活況をもたらした。名古屋仏壇は長い伝統の上に立って研究開発の努力も怠らず、またその経営力を背景に商圏を確保・拡大していった。

製品の優秀さで知られ、全国屈指の産地である名古屋仏壇は昭和五一年伝統的工芸品の指定を受けた。

名古屋仏壇 大仏本三方開
（総幅135・ 高さ218・奥行93cm）

＊指定伝統仏壇（指定順）

彦根仏壇（滋賀県）　川辺《かわなべ》仏壇（鹿児島県）　飯山仏壇（長野県）　京仏壇（京都府）　金沢仏壇（石川県）　名古屋仏壇（愛知県）　三河仏壇（愛知県）　八女《やめ》福島仏壇（福岡県）　広島仏壇（広島県）　七尾《ななお》仏壇（石川県）　山形仏壇（山形県）　新潟・白根仏壇（新潟県）　三条仏壇（新潟県）　長岡仏壇（新潟県）　大阪仏壇（大阪府）

＊伝統仏壇未指定

福島仏壇（福島県）　高岡仏壇（富山県）　美川《みかわ》仏壇（石川県）

全国仏壇生産額（伝産法指定産地）

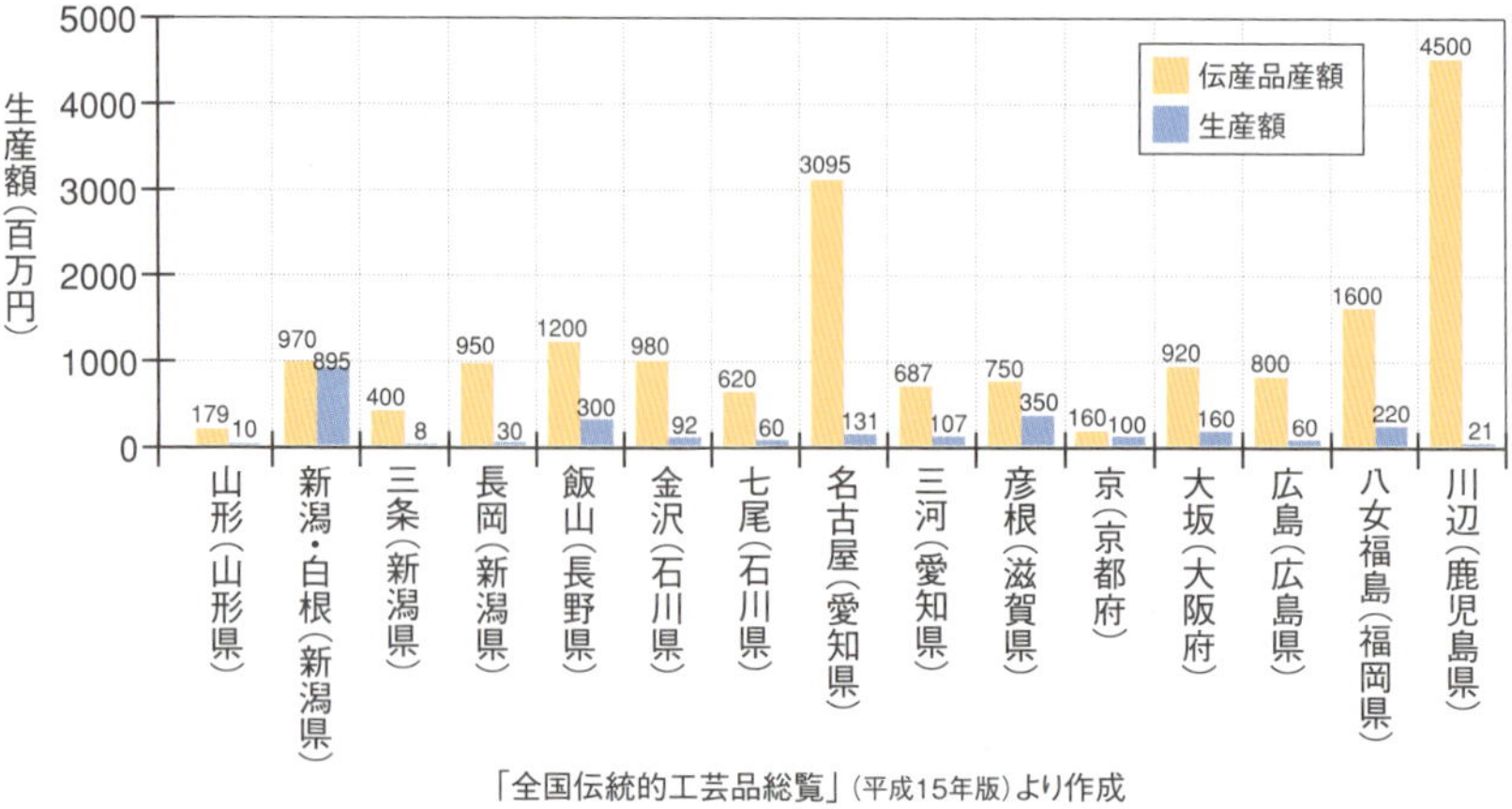
生産額（百万円）
5000
4000
3000
2000
1000
0
伝産品産額
生産額
179 10
970 895
400 8
950 30
1200 300
980 92
620 60
3095 131
687 107
750 350
160 100
920 160
800 60
1600 220
4500 21
山形（山形県）
新潟・白根（新潟県）
三条（新潟県）
長岡（新潟県）
飯山（長野県）
金沢（石川県）
七尾（石川県）
名古屋（愛知県）
三河（愛知県）
彦根（滋賀県）
京（京都府）
大坂（大阪府）
広島（広島県）
八女福島（福岡県）
川辺（鹿児島県）

「全国伝統的工芸品総覧」（平成15年版）より作成

高田仏壇（三重県）　三国仏壇（福井県）　浜仏壇（滋賀県）　大阪唐木銘木仏壇（大阪府）　姫路仏壇（兵庫県）　兵庫仏壇（兵庫県）

＊伝統的工芸品振興法による名古屋仏壇の製造地域

名古屋市以下三六市町村

業者数一八九企業　従業者六〇〇〇人

（第六次指定昭和五一年一二月一五日）

名古屋仏壇

名古屋仏壇の特色

1　台が高く三つ捲《まく》りがついており、台の下には登高座が簡単に扱えるよう設えられている。これは濃尾平野は水害が多く、それへの対処から生まれた工夫と考えられる。

2　「荘厳」は豪華な作りとなっており、欄間も三つ切とし、表からも豪華さを出している。

三つ切の欄間彫刻は表裏両面に彫られているものがあり、簡単に回転する。通常は表の金箔の貼られたもの、不幸の折には素彫りの側を出す。

3　木地の構造は枘《ほぞ》組による組立方式で仏壇の洗濯や修理が容易にできる工夫がされている。

＊洗濯　仏壇を全部分解し、洗い、塗り直し、箔を置き直し、修理し、組み立てることをいい、新品同様になる。

生産方式

1　名古屋仏壇業界は、仏壇屋が八職といわれる工程の職人に発注し、取りまとめをする形態をとっている。

2　専門職による分業生産で、八部門の専門職人（八職）によって分業制で仕上げられる。八職は木地、荘厳、彫刻、塗り、蒔絵、外金具、内金具、箔置であるが、通常、彫刻は前彫り（前狭間）と内彫りに分かれており、他に天井、呂色、仕組（組立）があり、実際には一二職ということになる。

名古屋仏壇の製造工程

生産機構

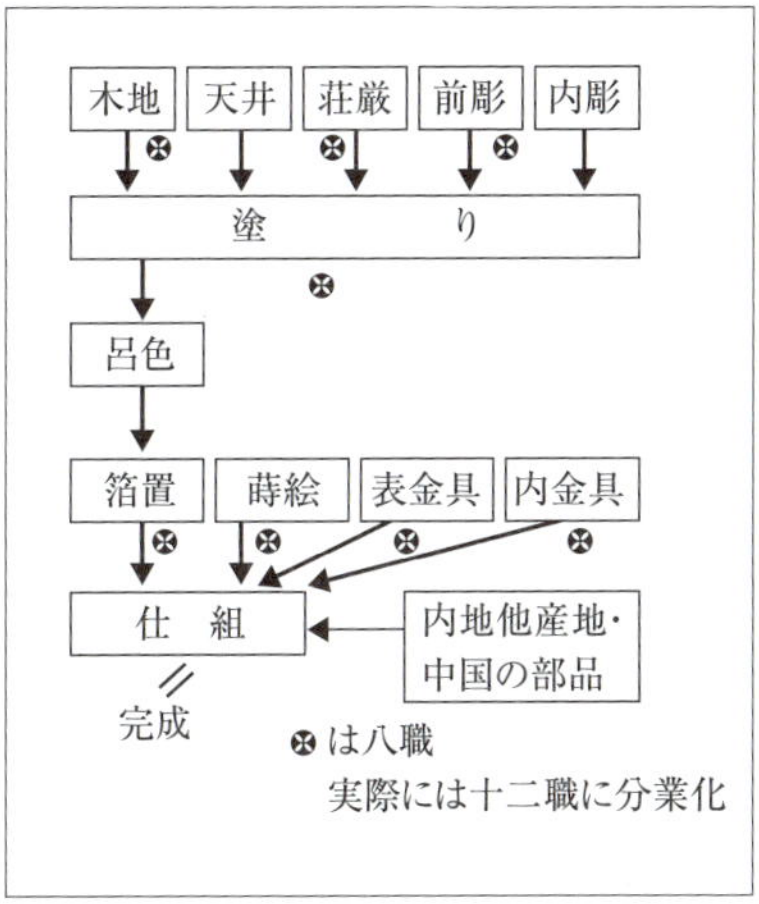

木地
天井
荘厳
前彫
内彫
塗　り
呂色
箔置
蒔絵
表金具
内金具
仕　組
内地他産地・中国の部品
完成
は八職
実際には十二職に分業化

各職の工程

一　木地造り

仏壇全体の外枠（胴）を造る

＊木地材　檜、檜葉《ひば》、椹《さわら》、欅《けやき》、松、センなど

◎工程

・製材　乾燥（自然乾燥）。

・尺丈（かなばかり、定規）の作成。

これ一本に、当該の仏壇の寸法が全て記されている。設計図に相当する。

木地師 藤原勝治氏

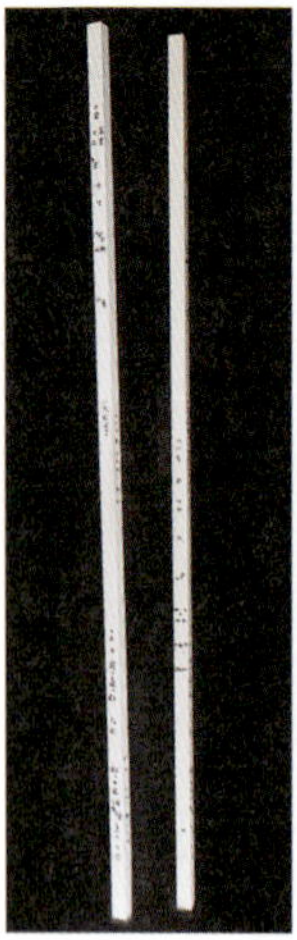

・木取り・切削・研磨・組付け・浮面取

・仮組木地の出来上がり

＊組木ほぞ組み方式を用いている。

仏壇の木地型別種類

◇木地型別

・前開型：障子は四枚又は六枚

・三方開型：障子は前、横の三方
本三方、半三方、柱開型

・総開型：側面全体が開き、「宮殿御堂造り」が組み込まれる。

木地の出来上がり

・御拝造り：大虹梁があり、欄間は内部の胴中柱の間に、障子もその下にある。

◇宗派別（名古屋業界の呼び方）

・真宗…本願寺派、大谷派、高田派

・余宗…浄土様式、禅宗様式、他様式
（浄土宗、天台宗、臨済宗、曹洞宗、真言宗、日蓮宗、他）

二　荘厳造り

・内部の宮殿造りで、屋根、柱、欄間、須彌壇を作る。

＊各宗派ごとに、また多く様式がある。

荘厳師　高橋金廣氏

・宮殿御坊様造り・御坊様造り・堂造り宮殿・堂造り三方胴桝・荘厳造り

＊名古屋仏壇の豪華さを体現している。

＊木材　檜、檜葉《ひば》、松など

◎工程

・小斗・大斗・桝・波板削・屋根桁

・荘厳小物・巴瓦・差桝紅梁・障子

・須彌壇等

・宗派、様式により多様で、細かな膨大な部品が組み合わされて「荘厳」が仕上げられる。

＊精密な加工技術を要し、細かく手間がかる職種である。
＊すべて組木ほぞ組である。

三　天井

合天井（正方形の格子で構成）である。

◎天井の種類
・大組天井（大きな格子で構成）
・小組天井（大きな格子とその中に細かな格子を組込む）
・折上げ天井（天井を折りあげて更に別の天井を組み込む）
・通し二重天井
・三方折上げ天井
・四方折上げ天井
・平天井

◎構成部品
・廻淵　・桟　・曲げ板　・天板
・小組格子　・小海老
＊すべて組込式で、分解可能である。

四　前彫（前狭間）

仏壇前面の欄間に取り付けられる彫刻

◎欄間の形状
・通し欄間（比較的小型仏壇、他産地多し）
・三切り欄間（浄土真宗）
・うねり欄間（禅宗等）
＊彫り型紙→木取り→荒削り→仕上げ彫り。
＊彫柄　天女、雲、獅子、龍、花鳥、唐草などの組合せで極めて多様。

五　内彫り

荘厳に合わせて多種多様の形状、彫柄の彫刻をつくる。

ブロックごとに組み立てられた一部

天上師　佐藤明人氏

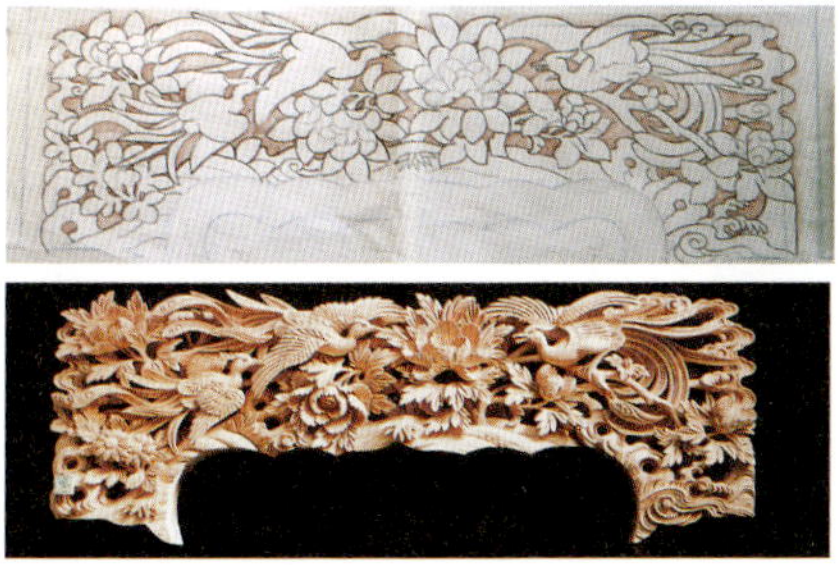
下絵（上）と出来上がった彫刻

塗師　中山冨士雄氏

彫り師　岩田克巳氏

胴（木地）は
漆塗ずみ

◎技法

・合せ彫り（上彫と地板＝台彫の二枚の彫刻が組み合わされた彫）

・付け彫り（一枚の板に小彫刻を組み付ける）

・丸彫り（一つの材料から彫り上げる）

・筋彫り（細い筋彫りを組み合せる）

＊彫柄　天女、龍、獅子、鳳凰、楽器、唐草など極めて多様である。

六　塗り

金仏壇・塗り仏壇である名古屋仏壇にとって塗りは極めて重要な工程である。

◎技法

・木目出し塗り（はぎ塗り・木目の美しさを強調した塗り）

・呂色塗り・箔蒔塗り・虫喰い塗り・玉虫塗り・梨地塗りなど多種。

◎工程

・木地直し→目摺り→下地塗り→研ぎ→下塗り→中塗り→中研ぎ→上塗り

七　呂色

呂色《ろいろ》漆で塗られた部分（前戸、障子

蒔絵師　長崎 博氏

呂色師　堀池憲司氏

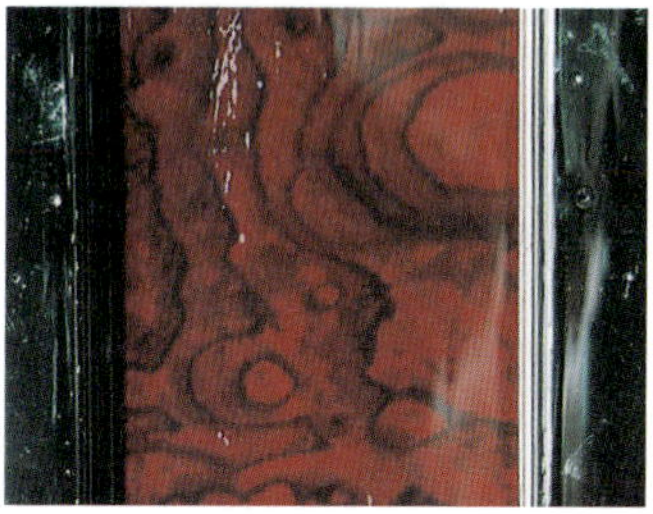

どうずり後の前戸

框、台見附など）の仕上げ。
＊特別な良質の炭を用い磨く。

◎工程
研ぎ（荒研ぎ、仕上げ研ぎ）→どうずり→摺り漆→磨き→摺り漆→仕上げ磨き
＊この呂色により刷毛跡が消え、平滑で艶のある塗面となる。木目も浮かび出る。

八　蒔絵

小引出、後門板、御文書箱などに様々の絵柄の蒔絵が施こされる。

◎技法
・塗面に絵柄を描き蒔く平描蒔絵
・「サビ」で盛り上げた上に蒔く、盛上蒔絵がある。
・青貝を嵌入する螺鈿《らでん》や漆器に手彫りし金箔をうめる沈金、鮮やかな幾何学模様の彩色、他に金泥、透漆、斬金等も用いる。

九　表金具

仏壇の前面に取り付けられる金具をつくる。
＊銅や真鍮を主な素材とし、黒や茶

系の色で仕上げる。

◎工程

型写し→金取り（板金寸法線を刻む）→絵付け（鏨で絵柄付け）→切り抜き→縁打ち→穴開け→刻柄打出し（絵柄を浮出だし）→装飾金具（別に作る）

◎絵柄

花、唐草、鳥、獅子、幾何学紋様等の組合せ。

表金具「八双」

表金具師　加藤千壽氏

一〇　内金具

仏壇内部を飾る金鍍金《きんめっき》の金具類で、毛彫金具（平面的彫金）と地彫金具（立体的彫刻）とに分類される。

◎素材、絵柄、工程は表金具にほぼ同じ。道具は、金槌と数百本の鏨《たがね》、鋏、ヤスリ、ヘラ、台等である。

◎手鍛造の工程

型写し→金取り→墨付け→切り抜き→仕上げ→鍍金

内金具師 後藤美彦氏

◎技法

・伝統的な地彫（金槌と数百本の鏨で丁寧に彫っていく手法）

・電気的鋳造の電鋳（型ゴムを電解漕に入れ電気的に製作される）→過去の作品・デザインが容易に写されてしまう。

＊名古屋仏壇には多くの内金具が取り付けられており、極めて豪華である。

内金具

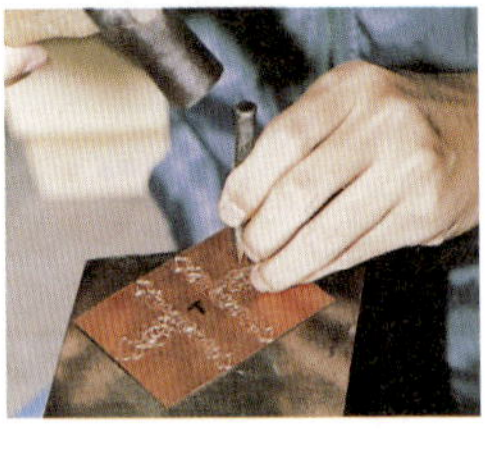

荒掘り

一一　箔置き

名古屋仏壇の特色は金仏壇で多くの部位に金箔が置かれている。

◎箔置手法

漆の残し方により色艶が変わる。箔

仕組師　吉田政弘氏　障子取付け

箔置師　丹羽 進氏

荘厳組付け段階

は竹製の箸で扱う。

・艶置・重置・半重置

・金箔は極めて薄く〇・〇〇〇二ミリで、無風の部屋で作業がなされる。

・金粉蒔

部分によっては金箔を置かず本金粉で蒔くことがある。

一二　仕組（組立）

各職で仕上げられた各パーツを集めて一本の仏壇に組み立てる。

・組立の順位

①内金具、表金具の取付け
②彫刻組付け
③荘厳組付け
④蒔絵取付け
⑤障子、前戸取付け

仏壇の種類

1　金仏壇　伝統仏壇で金箔、漆を多用。

2　唐木仏壇　黒檀や紫檀を用いて作られ、木の素材を前面に出した仏壇。

3　家具調仏壇　洋室にも合う家具調の仏壇。名古屋では一割に達しない。

名古屋仏壇の現状と課題

名古屋は仏壇の大生産地であり大消費地である。仏壇も大型で豪華である。宗派では浄土真宗の信仰の盛んなところであり、金仏壇が中心である。旧家では、今でも仏壇の買い替えや新居の仏壇に一千万円くらいを用意するところである。

藩政時代から仏壇生産が盛んな地域であったが、生産はバブル経済期が最盛期であった。以後は減少が続いている。この生産減少には、単にバブル経済の崩壊・景気後退だけではなく構造的な要因が浮かび上がってきている。名古屋では、一九六〇年代からすでに他産地からの中低価格の製品の流入が生じており、そこへ加えて中国製仏壇（上海仏壇）が大量に流入するようになった。これらは名古屋仏壇に似せたもので、見たところでは名古屋仏壇と区別ができないもの（名古屋型仏壇）である。中国仏壇はきわめて廉価で、本物の三分の一ほどの価格である。また昨今は、スペインやイタリア製の仏壇も入ってくるようになっている。表はヨーロッパ家具調で、扉を開けると仏壇となっているものである。全体として購買層の低価格志向は強くなってきている。

さらに一般的な宗教心の希薄化もあり、浄土真宗における「講」の機能も大きく低下してきている。立派な仏壇を持とうという雰囲気は薄れてしまい、バブル期までは農村部では土地価格高騰もあって一千万円台の三方開きの仏壇が結構売れたと聞いているが、それも平成初期の長期不況で大きく減少してきている。少子化の進行の中で分家も少なくなり、住宅事情・生活の洋風化などで仏壇需要は小さくなってきていることもある。

需要の減少に加えて、この時期に仏壇業界が有する問題が表面化してきている。職人の高齢化と後継者難の進行である。これは今日の社会経済構造と仏壇需要の後退に関わることである。高度経済化と国際化の中で、子弟の高学歴志向が強くなり、多くが大学へ進学するようになった。地味で長い修業を要する職人の道を継ごうとする者は急減してきている。今では仕事量の確保が難しくなってきており、収入の減少を来している状況で、子弟が跡を継ぐことを求められなくなった。

これは伝統工芸全般に共通することで、深刻な問題である。名古屋仏壇は完全な分業体制をとっており、職人も八職といわれるように、多くの専門部に分かれている。それぞれの職人によって作られた部分が、最後にまとめられ、組み立てられて仏壇として完成するシステムである。一つの部分でも製作に応ずることができなくなれば、仏壇製作はできない。

例えば、彫刻部。今、名古屋市内で現役の職人は三人のみで、年齢も六十歳代後半以上、目下のところ後継者は見出せない状況にある。この彫刻部は、中国の影響を最も強く受けている部門でもある。

一方、商部（仏壇商、卸・小売）にも苦しい面がある。かつて仏壇業界は一兆円産業といわれたが、今日では三千億円とされる。仏壇の販売が減り、生産も停滞していることから、その体力が低下してきている。仏壇商は大きな店構えで、大から小までの仏壇を隙き間なく展示し、倉庫にも多くの在庫を持つなど、百本を超す仏壇を保持していた。今では、展示数・在庫数が減ってきていると聞く。名古屋仏壇の本命である金仏壇・三方開きなど高価なものの売上は大きく落ち込み、かってのような月に二〇本以上が捌《さば》けるようなことはなくなったという。

かってのような大量販売は望むべくもないことである。このような苦境をどう転じ、名古屋仏壇の伝統を守り発展を図るかが大きな課題となっている。

名古屋仏壇商工協同組合理事長・吉田政弘氏は、名古屋仏壇業界の構造的欠陥を指摘した上で、次のように語っている。

資料を手に語られる吉田政弘氏

名古屋仏壇の分業体制は、かつての拡大生産の時期にはうまく機能したが、仏壇商の注文・企画に対して、八職は部分を製作するのみで、新企画、新技術の提案ができないでいる。基本的には、現状維持で、生産性も低い。社会経済の変化に対応する力も小さいといわざるを得ない。こうしたことには本気で取り組まねばと考えている。

仏壇は日本文化に根ざすもので、消えてしまうものではない。その意味を確認し、語る努力をすべきであり、かつては意義を持っていた分業体制の弱点を克服する方策として、商部と工部の共同企画・開発、優れた技術の保存・技術検討・技術開発を図っていくことが必要である。加えて技術研修機関の設置を考え、技術の研修・伝承、後継者の育成を考えねばと思っている、と語られた。

なお、最後に、こういう困難な状況下、伝統工芸士は五〇名おり、資格試験受験志望者もあり意欲を見出せるし、仏壇の生産も本年九月現在で昨年の生産額を上回っており、底を脱しつつあると思われるとも語っておられたことを、付け加えておきたい。

（平成一六年）

訪問先

名古屋仏壇商工協同組合
名古屋市中区橘町一丁目一四番一五号
電話〇五二―三二一―五六〇八

藤原勝治氏（木地部）
佐藤明人氏（天井部）
高橋金廣氏（荘厳部）
岩田克巳氏（彫刻部）
中山冨士雄氏（塗部）
後藤美彦氏（内金具部）
加藤千壽氏（外金具部）
長崎博氏（蒔絵部）
堀池憲司氏（呂色部）
丹羽進氏（箔置部）
吉田政弘氏（仕組部）

本体加工（組立）の工程を進める伝統工芸士

名古屋

ゆったりとして気品ある美しさ 名古屋桐箪笥

箪笥についての格言・俚諺

「黄金虫を箪笥に入れておくと着物がたまる。」

「箪笥七棹長持八棹」（嫁入り道具が豪華なさまをいう）

「箪笥にもならず下駄になる」（中途半端な者は役に立たないの譬《たと》え）

箪笥の地域特色

一、桐箪笥地域
　関東、関西、東海
　桐の白木仕上げ、漆塗り　良質な桐材

二、杉箪笥地域
　四国、瀬戸内　九州東北の一部
　杉の利用　漆塗り不透明塗

三、欅箪笥地域
　東北、北陸、山陰、本州中央
　欅材拭き漆　特徴ある鉄金具
　船箪笥

箪笥の歴史

桐箪笥といえば、すぐ嫁入り道具を思

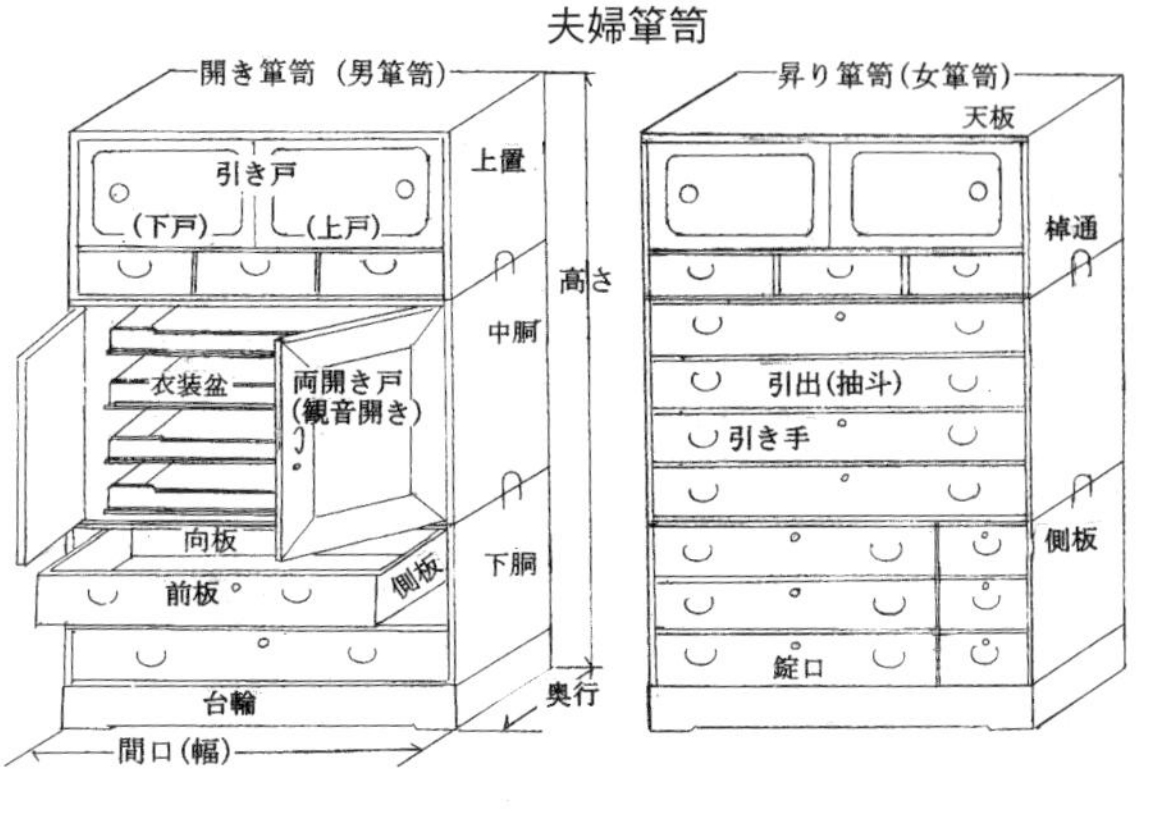

名古屋箪笥の名称

うほどであるが、昨今の生活様式の変化、住環境の変化によって、その存在意義も薄れてきた。かつて、身分家柄の象徴として重視されてきた箪笥、主として衣類を収納する衣装箪笥が生まれ、普及するのは意外と新しく、江戸時代になってからである。

いわゆる元和偃武により長く続いてきた動乱の時代は終わり、平和の状態が続くことになった江戸時代、農業を始めとして諸産業の発達、商業及び都市の発達は貨幣経済の発展をもたらし、町人層が台頭をしてきた。元禄時代には、そうした勢力を背景に町人文化が開花した。生活の向上も一段と進み、中でも衣生活の向上は著しかった。武家、上層町人に友禅染が流行したことはよく知られている。

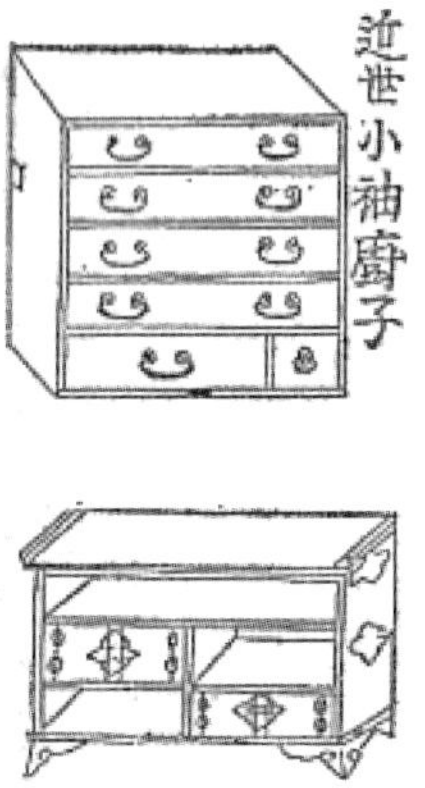

厨子（たんす）
（『和漢三才図会』）

衣類の中心となる木綿生産と絹生産の上昇は著しく、衣類の一般庶民への普及が進んだ。こんな状況下で、その収納具としての箪笥が生み出されたのである。ここに生まれた衣装箪笥は、従来の収納具に比して多量に収納できるもので、大型化し、固定して置かれる物となった。この箪笥の特徴は「抽斗《ひきだし》（引出）」方式である。従来の、例えば、「長持」では下にある物を出すには、上にある物を全部取り出さなければならない。それに比べて、抽斗は分類して収納でき、目的の物の出し入れが容易である。固定式になったことで大型化が可能となり、装飾性の向上をもたらした。用材が選ばれるようになり、桐、杉、欅などが多く用いられるようになった。

このようにして生まれた箪笥であるが、一八世紀も後半になると社会の生産力の上昇が箪笥の購入を可能とする層の拡大を生んだ。地域ごとの生産力の高低、箪笥製作に適する用材の有無等によって、箪笥の産地化がある程度進んだと見られている。大坂、江戸、名古屋、広島などはその例であろう。

明治初期の国内の動揺（士族の乱、農民一揆など）が収まると、政府の殖産興業政策の展開により、伝統的な手工業も刺激を受け、明治十年代から箪笥生産も発展し始めた。地場産業としての成長もあり、また一部では遠隔地向けの生産地も成長し始めた。福岡県の大川、広島県の府中、新潟県の加茂などの箪笥製造産地は今に続いている。

箪笥産業が全国的に発展するのは明治から大正にかけての時期である。国民の生活水準の上昇も見られるようになり、一般庶民にまで嫁入道具の風習が普及し、箪笥・長持などの道具類を持たせたり、衣類を持参することが広く行われるようになっていった。

名古屋箪笥の歴史

名古屋桐箪笥の歴史に関しても、名古屋に町が開かれた時点に遡ることになる。名古屋は、幕府の戦略上の観点から開かれた町であった。清須越、駿府越により、手工業者たちが呼び寄せられ、城下町の形成は進んだ。いわゆる「天下普請」に加わった諸大名に率いられた職人（大工職、木挽師、指物師等）も多く含まれていた。彼等の中にはその後名古屋に定着した者もあった。

尾張藩は木曽御用林を有し、木曽、飛騨を後背地として、その材木資源が集積した。ここで優れた建具、家具の製造が始まり、発展を見た。城下生活者の生活に結びつく箪笥・長持の製作も増えていったと考えられる。

名古屋における箪笥製造の最初のものとして、一宮西方の奥町の岩田家に漆塗の桐箪笥が残されている。これはおおよそ、文化年間のものと考えられるもので

岩田家箪笥　右扉の中は抽斗になっている
（横幅114.2×高さ102.1×奥行40.7㎝）

大正期の箪笥・長持生産高

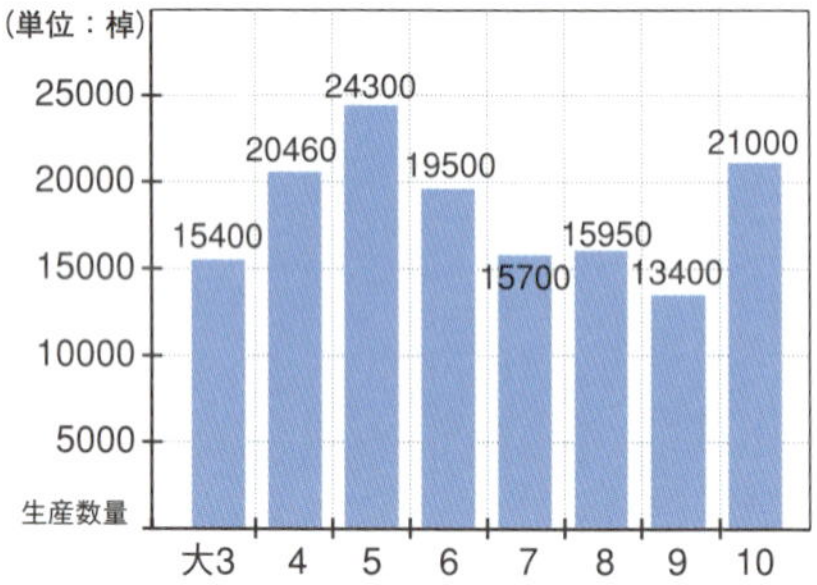

箪笥生産地

都府県	産　地	種類	企業数	従業者	生産額	伝産額
岩手	岩屋堂箪笥	欅・桐	8	120	870	44
埼玉	春日部桐箪笥	桐	14	50	800	100
新潟	賀茂桐箪笥	桐	37	226	2192	192
長野	松本家具	欅	5	85	450	24
愛知	名古屋桐箪笥	桐	13	45	500	200
大阪	大坂泉州桐箪笥	桐	10	48	305	185
和歌山	紀州箪笥	桐	8	115	790	640
青森	南部総桐箪笥	桐	1	2	×	
秋田	五城目桐箪笥	桐　杉	5	17	100	
宮城	仙台箪笥	欅	22	50	200	
山形	酒田船箪笥　船	欅　桐	1	4	×	
福島	総桐箪笥	桐	5	30	500	
茨木	結城桐箪笥	桐	6	14	150	
栃木	鹿沼総桐箪笥	桐	1	7	×	
東京	東京桐箪笥	桐	36	58	260	
静岡	藤枝桐箪笥	桐	4	6	45	
三重	桑名箪笥	桐	1	3	×	
福井	三国箪笥　船	欅	1	3	×	
福井	武生桐箪笥	桐	7	14	72	
福岡	大川総桐箪笥	桐	6	40	200	

全国伝統的工芸品総覧（平成 15 年）より作成　※金額百万円

ある。小泉和子氏の著作『箪笥』によると、いわゆる箪笥は江戸時代の寛文の頃に生まれ、元禄の頃に一般に広がり、享保の頃にかなり普及したという。現存しているものからいえば、名古屋では、大坂、江戸よりかなり遅く、寛政~文化の頃ということになる。

美しく豪華な名古屋桐箪笥
引戸は蒔絵　幅1206×高さ1760×奥行4800mm

　明治になって、新政府によって従来の封建的諸制度は解かれ、流通機構の整備も進んだ。この中で箪笥製造の発展も始まった。明治七年の勧業寮編の「府県物産表」によると、全国の箪笥生産量は、漆塗箪笥四万四二五六棹《さお》、木地箪笥一万二六七〇棹、計五万六九二六棹となっている。そのうち愛知県は漆塗箪笥で二九五二棹、全国生産の五%である。

　明治も後半になると、生産工具、加工技術の発達もあり、全国の産地生産も上がった。明治期には、箪笥は一般でも嫁入り道具の中心となり、需要は増して生産は増していった。

　大正期になると、生産量はぐんと上がって、箪笥・長持合計で、大正三年には一万五四〇〇棹であったが、同五年には二万四三〇〇棹という記録がある。

　昭和期、大正の終わり頃から見られるようになった三重ね箪笥が広がった。上置きの引き戸には刺繍のある布張りがされたりし華美なものも現れた。

　大戦で停止状態に陥った箪笥業界であったが、経済復興とともに需要は回復していった。三十年代、四十年代、五十年代と途中何回かの不況はあったものの、経済は拡大し発展を続けた。その間生活様式はさらに変化し、洋服中心の生活となり、収納家具も洋風のものとなっていった。伝統的で高度な技術を要す和家具、中でも価格も高い桐箪笥の需要は減少していった。これを継ぐ後継者の状況も厳しくなってきている。こういう状況の中で、幅広の桐の柾目の美しい名古屋箪笥は依然として根強い需要に支えられている。

材料と製造工程

一　材料　桐

飛騨桐　新潟桐　一部輸入材

二　工程

①造材　原木の自然乾燥（一~二年）
　桐材の渋抜き（→狂い変色の防止）
　製材→板状
②木取り　適材適所の選別、切断
　木目、色合わせに留意
③狂い直し
　火に炙《あぶ》って材の反りや歪みを直す。
　桐材は一度直すと元に戻らない性質があるという。

④接《はぎ》加工

柾目・色目の合う幅の狭い板を接ぎ合せ幅広の板を作る。台板に接着剤を塗り締め金具や紐を用いて固定、自然乾燥する。

⑤本体加工・組み立て

寸法に合わせて接加工した板を切断し削り組立てる。組付けには「ほぞ組み」といわれる技法が用いられる。他に多種の組み付け方があり、鑿《のみ》、鋸《のこぎり》を使い手作業で行う。

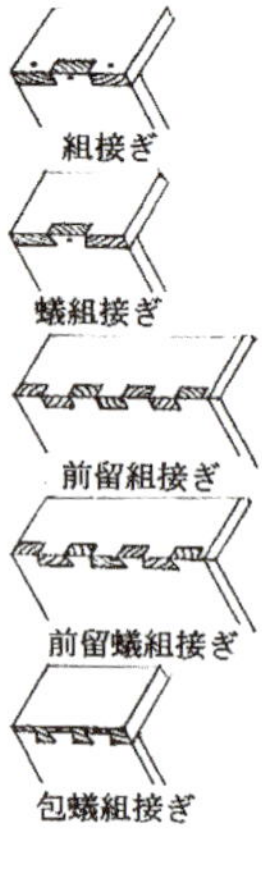

組接ぎ
蟻組接ぎ
前留組接ぎ
前留蟻組接ぎ
包蟻組接ぎ

⑥台輪加工

箪笥本体の下に置く台作り。

⑦開き戸、引き戸加工

開き戸、引き戸の加工、製作。

⑧引出加工

引出の枠を作り底板をはめる。

＊・本体、戸の枠の組立て

枘《ほぞ》組みという技術を用いるが、ほぞを金槌または木槌で叩いて木殺しをして組み立て、その後、水引き（刷毛で水をぬる）する。木殺した部分が膨張し頑丈になる。

・組み立てた後、木釘を打ち込んで固定。木釘はヒバの木で作る。使用の際には、米糠と一緒に鍋に入れ、火で炙る。

⑨盆の加工

開きの中の、衣類を出し入れする浅い入れ物。

⑩仕上げ加工

・仕上げ削りで木地全体を調整。

・うづくり（刈萱《かるかや》）で磨き木目に沿って強く擦《こす》り、目立てをする。

・矢車附子《やしゃぶし》液（矢車附子の実を煎じた液）に砥粉《とのこ》を混ぜて下塗、上塗を繰り返す。

・深みのある着色と目立てをする。

・蝋での磨き。

⑪金具付け　金具を取り付ける。

⑫仕上げ、調整

引き出の動きなど点検、調整をする。

名古屋箪笥の特色

一　大型で、堅牢

幅三尺八寸、部材をつなぐほぞ組技法。

二　豪華、美しさ

上置きの袋戸《ふくろと》に金箔画、蒔絵を施す。金具は金や銀の着色。下台の右側には小引出が付いている。

三　気品ある風格

桐無《む》垢《く》板を用い、その細かく真直の柾目を生かした気品と美意識。

四　桐箪笥の特質

1　木肌の上品な美しさ

2　軽さ、軟らかさ

・持ち運び、移動の容易さ

・手ざわりの柔らかさ

・加工の容易さ

3　収縮率の低さ

・狂いが生じない・気密性に富む

4　熱伝導の低さ・吸湿性の低さ

5　桐の成長率の速さ…用材の利

俚諺「娘が生まれたら桐を植えよ」

6　箪笥の更生

箪笥の修理と洗いの容易さ。

桐箪笥の修理・更生

長年愛用してきた桐箪笥、形見分けで受け継がれてきた桐箪笥の更生が近年増えている。日本人の物を大切にする心の表れである。比較的新しく丁寧な使いのしてあるものは、洗いと削り直し程度でよいが、古く、虫食い、傷みの大きなものは解体して修理をする。

①各部の洗い、削り直し
②生地の傷みを埋める。
　虫喰や痛みのひどい部分は切り取り、新しい木を接ぐ。
③鉋をかける。
④組み立てる。各部の調整
⑤木目の摺り出し
⑥矢車附子液と砥粉の混合液を塗る。
⑦蝋を塗り、磨く。
⑧金具の取り付け

桐タンスの修理・更生

昨今の名古屋桐箪笥

経済の高度成長、そして行き着いたバブル経済の中で日本人の生活様式は大きく変化し、伝統工芸はその存在を低下させている。箪笥に関しても、服装の完全ともいえる洋風化により、洋家具へ移っていき、和箪笥はその地位を低下させている。名古屋桐箪笥が伝統的工芸品の指定を受けた昭和五六年直前には一一〇〇棹を生産したが、昨今では一六〇棹という状況にある。しかし、桐材の良さが見直され、洋風の建築に合う新たなデザインの製品、チェストタイプの製品が現れて、若い人の関心を引くようになってきており、需要も高まってきている。

（平成一八年）

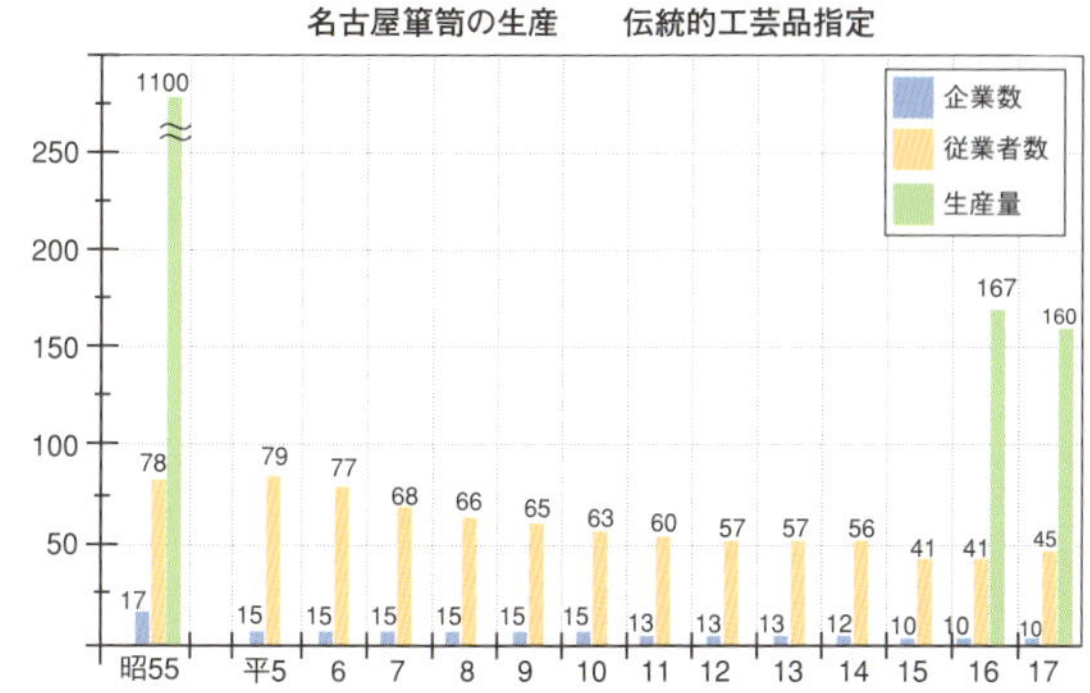
名古屋箪笥の生産　　伝統的工芸品指定
企業数
従業者数
生産量
250
200
150
100
50
1100
≈
昭55　17　78
平5　15　79
6　15　77
7　15　68
8　15　66
9　15　65
10　15　63
11　13　60
12　13　57
13　13　57
14　12　56
15　10　41
16　10　41　167
17　10　45　160
名古屋市経済局産業部産業経済課資料から作成

チェスト家具

訪問先
　出雲屋家具製作所
　春日井市前並町四八ー四
　電話　〇五六八ー三一ー八六二七

出来上がった凧を点検する山田淳朗氏

名古屋市西区

ふるさとを空にかえた凧

名古屋凧

凧はどこへ行った

たこのうた　　文部省唱歌

一、たこたこあがれ
　かぜよくうけて
　くもまであがれ
　てんまであがれ

二、えだこにじだこ
　どちらもまけず
　くもまであがれ
　てんまであがれ

下駄を履いて凧をひいて走る子供、自分の小さい頃の風景である。年が明け、乾いた田圃では、大人も出て子供の凧揚げを手伝っている。尾張では伊吹颪《おろし》の吹くこの時期がたこ揚げを楽しむ時期であり、川柳の「あげかかる凧に我が子がじゃまになり」のほほえましい情景が見られた。

　今日ではこんな風景はほとんど目にしなくなった。たまに子供の凧揚げを見るが、ほとんどビニールの洋凧である。これまでの和凧はどこへ行ってしまったのか。

しかし今でも凧を作っている人がいる。今年も尾張名古屋の職人展が開かれたが、そこにはあでやかな和凧が展示され、多くの来場者が柔らかな表情で眺めていた。扇凧、蝉凧、虻凧、奴凧など多くの種類の凧があった。では、凧はどこへ行ってしまったのか。旅館、レストランで、時として普通の民家の玄関などで、正月の頃に飾り付けてあるのを目にする。そう、凧は今ではインテリアになってしまっているのである。大空に上がり、上から人間の世界を眺めていたいのに。

凧の歴史

日本の凧はおそらく中国から伝わり、日本の風土の中で細工の細かい楽しい絵柄の凧に発展したものであろう。日本文化の多くが中国から伝わり、日本で消化され、日本的に発展したのと同じように、凧もその道を歩んできたものと思われる。

では、中国では凧はどのように誕生し発展してきたか。凧についての伝承で有名なものに、漢の韓信の話がある。紀元前二〇二年、漢の高祖（劉邦）の武将韓信が戦ったとき、紙鳶《しえん》（凧）を作って宮城との距離を測り、宮城へ入るトンネルを穿《うが》ったという故事である。紙鳶は孔雀、鳳凰、胡蝶、蜻蛉、蟹、文官、武官、鍾馗、孫悟空から、器物、文字まで実に様々で、種類、形も豊富で趣向をこらしたものが多い。凧のことを風筝《ふうそう》ともいうが、いわゆる「うなり」をつけたりする。凧揚げは、日本でも子供の成長を願うとか、いろいろ謂《いわ》れがあるが、中国でも同様である。凧の糸が切れて飛んでいってしまうことを放災といい、災が飛んでいったと喜んだり、これと反対に、凧が自分の屋敷内に落ちると災いを呼ぶと忌み嫌い、お祓《はら》いまでしたという。

さて、日本は古くから中国の進んだ文化を受け入れ、向上を図ってきた。行事、風習なども同様であり、凧も例外ではなかったと考えられる。日本における凧についての最も古い文献は、平安時代の『倭名類聚抄』で、「紙老鴟《しろうし》」「紙鳶《しえん》」の語が見える。中国の語がそのまま伝えられている。この凧が一般化し、発達していくのには長い時間がかかったと考えられる。

今日の芸事、儀式、習慣の多くが形成されてくる室町時代の後期に一つの変化が生まれたと考えられている。一五七二年（元亀三年）の端午の節句に、松平頼母らが浜松城大手前で「源五郎凧を揚げた」との記録があり、「源五郎凧」という特別の名称があるのを見ると、この頃には既に各種の凧が作られていたことをうかがわせる。

凧揚げが盛んとなるのは江戸時代である。凧は、江戸時代初期には紙鳶（烏賊《いか》幟《のぼり》）といわれており、一七世紀後半頃になると、上方では今まで通りイカノボリといったが、江戸ではタコといわれるようになった。幕府政治の確立、経済的繁栄、社会の安定の中、たこ揚げはますます流行していった。イカノボリ、タコといわれる通り、烏賊《いか》、蛸《たこ》の形から出発した凧は流行とともに幾多の種類を生んだ。絵凧、武者凧、祈願凧、奴凧、字凧、福

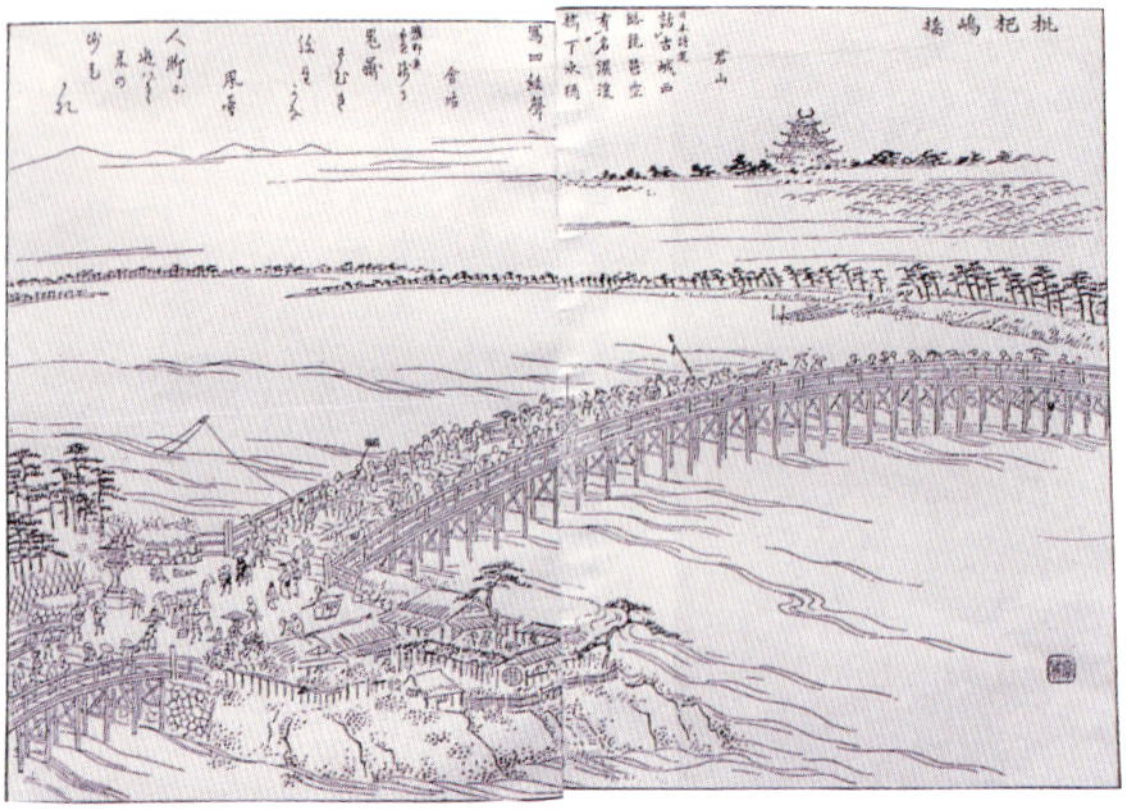

「枇杷島橋」（尾張名所図会）橋から凧が揚がっている

鳶(とんび)

助凧、達磨凧や細工凧などがあり、それぞれに多くの絵柄を持っていた。凧揚げの流行は贅《ぜい》を生み、絹布を用い、金銀をちりばめた凧の大きさを競う大凧が作られ、また、凧揚げに伴う喧嘩も生ずるほどの状況だった。

天保年間の『甲子夜話』は「天晴風和する日、楼に上りて遠眺すれば、四方満眼中遠近風巾のあらぬ所無きばかりなり」、江戸中凧だらけと記しており、幕府は天保改革の中で、手の込んだ高価な絵柄彩色の凧、大きな凧を禁ずとの禁令を出すほどであった。

こういった上方、江戸の凧揚げの風は各地に広がり、それぞれの特色を持つ郷土凧を生みだした。虻凧、とんび凧、蝉凧、百足《むかで》凧、天神凧、津軽凧、バラモン凧など、個性豊かな凧が揚げられている。単なる遊びではなく、祈願などの行事としてなされるもの、競技的な催し物としての凧合戦、大凧揚げなどがあり、明治以降へとつながっている。

蜂

大型の蝉凧
これは昭和期のもの

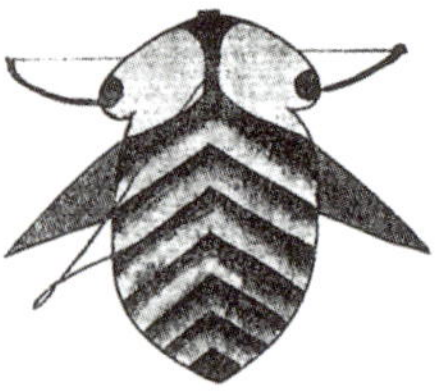

虻（あぶ）

〈閑話〉凧にのり金鯱の鱗を奪った話

正徳二年（一七一二）二月十四日夜、尾張国中島郡柿木村の金助なる者が、大凧にのって名古屋城天守閣の金鯱の鱗三枚を剥ぎ取るという事件が起こった。支配者側には大変な衝撃を与えた。ここでは凧を用いたことが面白い。大人一人を運び上げる

「富士見原」（『尾張名所図会』）
名古屋市中区富士見町から富士山が見えたという

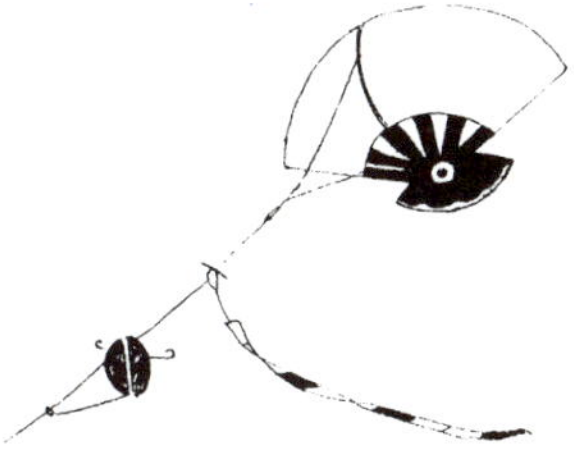

尾張童遊集「凧　紙鳶」図
（天保年間）

凧はどのくらいの大きさであったのだろうか。この出来事は、後に歌舞伎で上演され、評判をとっている。

この時代、既に大きな凧揚げを競うようになってきていたことを示すものである。

なお凧の呼称について、「尾張童遊集」の記事に、

「関東ニテタコ　西国ニテタツ又フリュウ　唐津ニテタコ　長崎ニテハタ　上野又信濃ニテタカ　越路ニテイカ又イカゴ　伊勢ニテハタ　奥州ニテテングハタ　土佐ニテハタコ
上方にてはいかをのぼす　東海にてはたこをのぼす、相州にてははたをながす卜云」とある。

名古屋の凧

東海地方は日本の中でも凧揚げの盛んなところである。駿河、遠江、三河、尾張は江戸時代からその様が記されてきている。尾張についていえば、『尾張名所図会』の「枇杷島橋」の項に、名古屋城を遠望する枇杷島橋が描かれているが、その絵の中に橋の上から長い尾を付けた凧が揚がっている。同書、「富士見原」の図は、子どもが凧揚げを楽しんでいるもので、五本もの凧が揚がっている。枡、鳶、蜂、扇凧が見え、右の子どもの手に虻凧が見える。天保年間の子どもの遊びについての集録をもとに編んでいる先述の「尾張童遊集」には凧について、鳶、蜂、蝉、虻、枡の図があり、他に福助、奴、烏、鳳凰の名をあげている。

父親が、若いころ凧揚げが盛んであったこと、相手の凧の糸をいかに切るか（凧合戦）などを語ってくれたことを思い出す。このような土地柄であってか、今も名古屋に凧を作り商っている凧屋がある。西区の旧美濃街道沿いに大きな店を構える老舗の凧茂本店である。当地で店を構えて百九十年ほど続いているとのことである。現在、凧を扱っているのは三、四軒であると聞く。戦後二十年代には、市内だけで二四、五軒あったとのことである。

歌舞伎絵凧

奴凧

福助凧

六角凧

蝶凧

虻凧

扇凧

天神凧

昨今の凧作り

一　凧の製作

①紙

美濃紙を用いるが、特注する。色付きをよくするために杉皮を細かくしたものを漉き込んだ特注紙を用いる。

②竹

竹の種類としては、一般に竹製品のヘギ物に用いられる真竹《まだけ》である。今、入手先は三河（小原村）と四国の竹である。

③凧絵の制作

型紙による刷りである。一枚を作るのに幾刷りかを要する。

（例）七福神の場合で六刷り、三番叟では二五刷りを要す。

二　凧の種類

・角凧　六角凧（武者絵、歌舞伎、浮世絵、宝船、天神、鍾馗など）

・字凧（龍、寿、笑、迎春、十二支など）

・奴凧（祝奴、供奴）

・福助凧　扇凧（名古屋特有の形）

・虻凧　蝉凧　蝶凧　蜂凧　鳶凧

・折り紙凧

・各種のミニ凧、飾凧、祝凧

三　最近の凧の特色

最近の凧は、かつてに比べて装飾性が増している。ここ十年くらい前からこの傾向が強まってきているという。これは、凧の全体としての需要が減少したことにより、商品の付加価値を高め、収益の維持を図る必要があったことと、凧がインテリア・装飾品の性格を強めてきていることによると考えられる。

凧作りの一年

凧の出荷は十一月、十二月の二カ月がほとんどである。一年の前半は製作の準備的段階で、のち五カ月ほどで張り、糸かけなど作りの作業となる。これは一般的な作業の流れで、取材に訪れた十二月でも二階の作業場では職人さんが凧張りを続けておられた。

この店だけの製作では、遠くからの注文も多く応じきれないので外注に依存することになる。大量に作るもの、また、手の込んだ技術的に特殊なもの、虻や蝉などは、その技術をもつ人に依頼している。しかし、現在は、依頼しようにもこういった職人が高齢化し、作れる人が減ってきており、ほとんど扱えなくなっているようである。

正月でも、子どもたちが外に出て凧揚げをする姿をほとんど見かけなくなっているように、凧の需要は減ってきてしまった。需要をつなぐ凧は家の中に入り、インテリアの一部、装飾品となり、凧はその性格を変えつつある。凧の揚がる風景の中で育った者にとっては、とても寂しいことである。やはり凧は空に揚がっていてほしい。

（平成一三年）

訪問先

凧茂本店　山田淳朗・民雄氏

名古屋市西区押切二丁目二番一〇号

電話　〇五二―五二二―五二六一

名古屋市北区

地肌にやさしい黄楊の櫛
名古屋黄楊櫛

「歯ずり」工程を進める森健三氏

小ぎつね

勝承夫・作詞　外国曲

一、こぎつねコンコン
山のなか山のなか
くさのみつぶして
おけしょうしたり
もみじのかんざし
つげのくし

二、こぎつねコンコン
冬のやま冬のやま
かれはのきものじゃ
ぬうにもぬえず
きれいなもようの
はなもなし

三、こぎつねコンコン
穴のなか穴のなか
おおきなしっぽは
じゃまにはなるし
こくびをかしげて
かんがえる

櫛と髪形

櫛は人に身近なもので、人間の誕生とともに、形はともあれ、髪をとく櫛はあったと考えられる。古い遺跡からも櫛は発掘されているし、歴史時代に入ると、櫛についての記述が現れ、優れた工芸品として残されてきている。中国三国時代魏の正史である『魏志倭人伝』の中には「婦人は被髪屈紒し…」と記されており、この時代の女性は髪を結っていたことがわかる。櫛を使っていたと考えられる。古墳文化を代表するものに埴輪があるが、群馬県高崎市の綿貫観音山古墳から出土した「女子像」の人物埴輪には櫛が付けられている。

「万葉集」巻九・相聞の部には、「君なくはなぞ身装《よそ》はむくしげなる黄楊の小櫛もとらむとも思はず」という歌がある。「貴方がいなければどうして身を装うことなどいたしましょう。櫛箱の黄楊《つげ》の小櫛も手に取ろうとは思いません」の意であるが、女性と櫛の関わりの深さ、また、既に万葉の時代には黄楊の櫛が使われていたことを示している。

奈良時代を経て平安時代になると、文化の国風化の中で、「源氏物語絵巻」などに見るように、女性の髪は垂髪《たれがみ》になっていった。櫛は女性の髪形と相関するものである。結髪から垂髪になり黒髪に美を見出すようになると、櫛はその地位を低下させざるをえない。再び女性が髪を結い上げるようになり、それに応じて櫛への関心が高まっていき、精巧なものに発達していくのは、やっと江戸時代になってからであった。幕府政治の確立、経済の発展により、町人層の台頭は著しく、町人文化の爛熟をもたらした。女性の服装、持ち物、そして髪形、髪飾にも華美の風が進んだ。

女性の髪形は、世界的にも日本史的にも特異な大きなものとなり、それは極めて技巧的で凝ったものであった。女性どうしが競い合いたくなるような髪形ともいえる。大きな髪には櫛が映える。いわゆる日本髪が大いに発達した享保の頃から、櫛は素材の多様化が進み、櫛への加飾も度を加え、蒔絵、螺鈿《らでん》、象嵌《ぞうがん》、透彫《すかしぼり》などが見られるようになる。これに応じて髪飾りも多様な発展をした。浮世絵に

埴輪「貴婦人像」
高崎市綿貫観音山古墳出土　文化庁所蔵
髷を結い、額上部に櫛、手に腕輪、耳に耳飾り

「菖蒲を持つ女図」部分（右手に菖蒲）　豊国筆
美女の髪に、櫛、簪、笄

櫛挽　（17世紀後半）
出来上がった櫛に、笄も並べている。
（人倫訓蒙図彙）

見るように、大型の櫛、簪《かんざし》、笄《こうがい》が華やかな展開を見せた。今日では女性は指輪、イヤリング、ネックレスにお洒落を表現するが、江戸時代では髪に付ける櫛、簪、笄で表現したのであった。

　明治になり、文明開化の風潮は髪形も大きく変えていった。世にいう鹿鳴館時代の明治十八年、「婦人束髪会」も生まれ、束髪の時代となり、日本髪を結う女性は少なくなった。やがてパーマネント・ウエーブの時代に移っていった。もう櫛を飾る場所がなくなってしまい、結果として、櫛は実用的なものが求められるようになったのは自然の成り行きであった。それとともに女性が櫛に特別な思いを持つようなこともなくなってきた。身近なものであっただけに、櫛に関わる格言や謂《いわ》れは多くあるが、それも用いられなくなってきている。

　かつての櫛文化は姿を消したといえる。櫛は実用的な道具の一つだとする淡々とした関係のみとなった、とは言い過ぎであろうか。しかし、櫛と人との関係はなくなるものではない。また、櫛がなくては存在しえず、展開できない芸事や相撲などの文化の世界もある。将来は、新たな櫛文化が生まれるに違いないと思う。

　櫛は日常身近にあるものだから、櫛についての俗諺、俗信は多くある。

・櫛の歯を挽くがごとし
↓人の往来や物事がひっきりなしに続くことをいう。櫛の歯は次々に続けて挽いて作ることから言う。

・櫛の歯を並べる
↓櫛の歯のようにきちんと隙間なく並んでいることをいう。

・櫛の歯が欠けたよう
↓揃っているはずの櫛の歯が欠けたよ

うに、ところどころ欠け落ちている様をいう。

・櫛の歯乱す

→物が乱れ散ることをいう。

・櫛の歯にさえ掛からずして、人の口の歯に掛かる

→世間の人からつまらぬ噂をされる。

・櫛は人に贈らぬもの

→櫛を贈ると縁切りになるという。

・櫛を投げると縁切りになる

・櫛を拾う（＊貰う）と苦を拾う

→櫛と苦《く》しをかける

・櫛を拾うなら踏んでから拾う

・櫛を落とすと苦が消える

→櫛《くし》は苦《く》しに通ず。

・櫛も見《み》じ

→旅行の安全を祈っての禁忌の一つで、髪をとかさない。古くは『魏志倭人伝』の中に日本のこの風習の記述がある。

今日の名古屋櫛

戦前、県下で櫛作りを生業とする家は二〇軒ほどあったと聞くが、今、名古屋ではわずかとなってしまった。北区に仕事場、店を持って櫛作りに励んでおられる森健三、信吾父子がおられる。この森氏にしても、昭和三〇年代以降の生活様式、風俗、素材の激しい変化の中で櫛作りを続けることは極めて困難であったと語られる。

苦しみの中で見出した道は、櫛なしでは活動のできない伝統文化の世界であった。大相撲、歌舞伎の世界である。しかし、そんな世界に入り込むことは簡単ではない。大相撲名古屋場所の時期になると、森さんは各相撲部屋の宿舎へ自分の作る櫛を使ってもらえるよう、長い年月のあいだ日参したという。御園座での歌舞伎公演にも何年も通った。床山・髪結いの人と話ができるようになるまでに長い時間がかかったという。たくさんの櫛を持っていき、使い勝手を聞き出し、指導を受けることが続いた。そうして、今では信頼を得て、出入りをさせてもらえるようになったという。一般の顧客だけを対象としていたら、櫛作りは続けることはできなかったであろうと語られた。

今、この櫛留商店では、伝統芸能、相撲の世界で使われる櫛を技術保存向上の中心に置き、黄楊を素材とする櫛作りに励んでおられる。

櫛の種類と製作工程

櫛の種類

形状別：竪櫛　横櫛　挿櫛

用途別：

解櫛　歯はあらく髪を解くのに用う。

水櫛　水に浸して髪を整えるのに用う。

鬢《びん》櫛　髪を掻き上げるのに用い、横長で歯は粗い。

梳櫛《すきぐし》　歯数多く髪の垢を取るのに用う。

挿櫛　女性の髪に挿す。

素材

黄楊（薩摩指宿《いぶすき》産）

それ以外に柞《いす》、楠、梅、桜、竹、紫檀、白檀、鼈甲、鯨鰭《ひれ》、象牙、鹿角、馬爪、銀、黄銅など

黄楊櫛の製作工程

一　原木の製材

二　乾燥　①陰干し　②燻《いぶ》し

三　木取り＝寸法切り

作る櫛の大きさの寸法に切る。

木賊のヤスリで「歯ずり」をする

黄楊材の乾燥

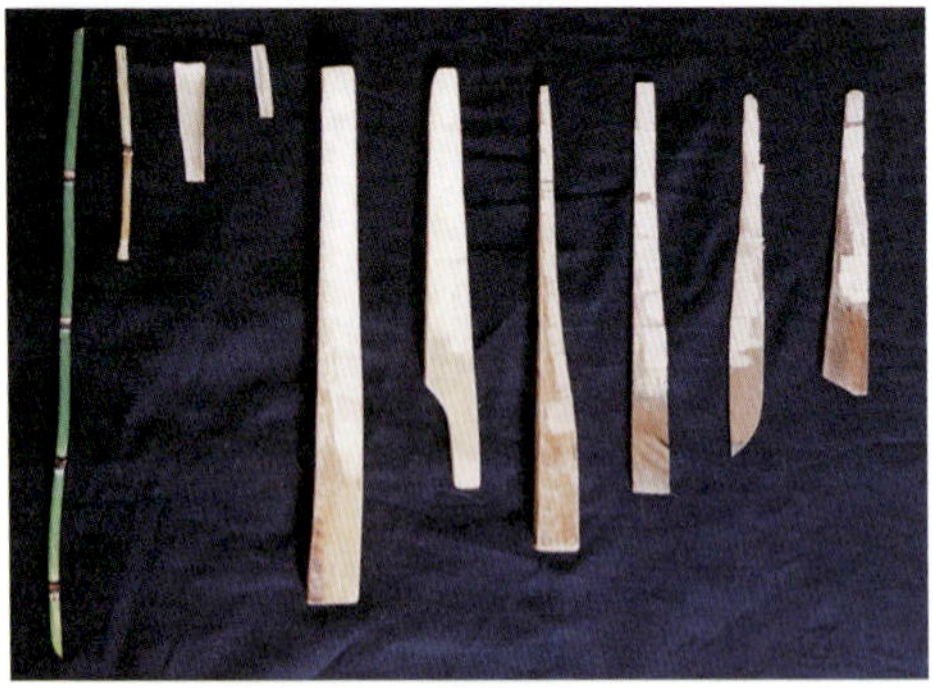

左から木賊、その皮、木賊のヤスリ

燻《いぶ》す
鉄のタガで固く締めた櫛の元板を、おがくずを燃す炉でじっくり燻す

よく使い込んだ
鉋（カンナ）

四　鉋削り　鉋で削り櫛の外形を作る。
五　歯作り　鋸で歯と歯の間の溝を掘る。
六　歯ずり
①荒ずり（ヤスリ）
②中ずり（ペーパー）
③仕上ずり（木賊《とくさ》）
七　仕上げ
小型の鉋で櫛の外形を仕上げる。
八　磨き（木賊=砥草の意、で磨く）
九　艶出し（紙バフをかける）
一〇　完成　黄楊櫛

＊木賊《とくさ》のヤスリ
・木賊の加工
塩水に浸す→三日位陰干し→
煮沸し、中身を出す。
・皮の部分を乾燥
・ヤスリ形の木に貼り付ける。

黄楊櫛の特性
・油分を含み、髪の毛の通りがよい。
・髪を傷めない。
・感触がよく、地肌にやさしい。
・本黄楊の成分・アルカロイドの抗菌、

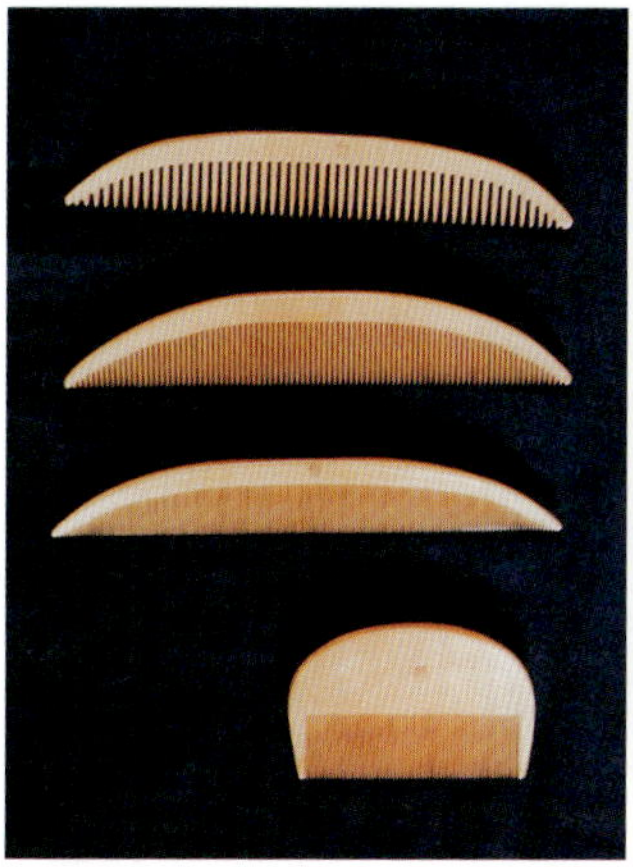

相撲櫛

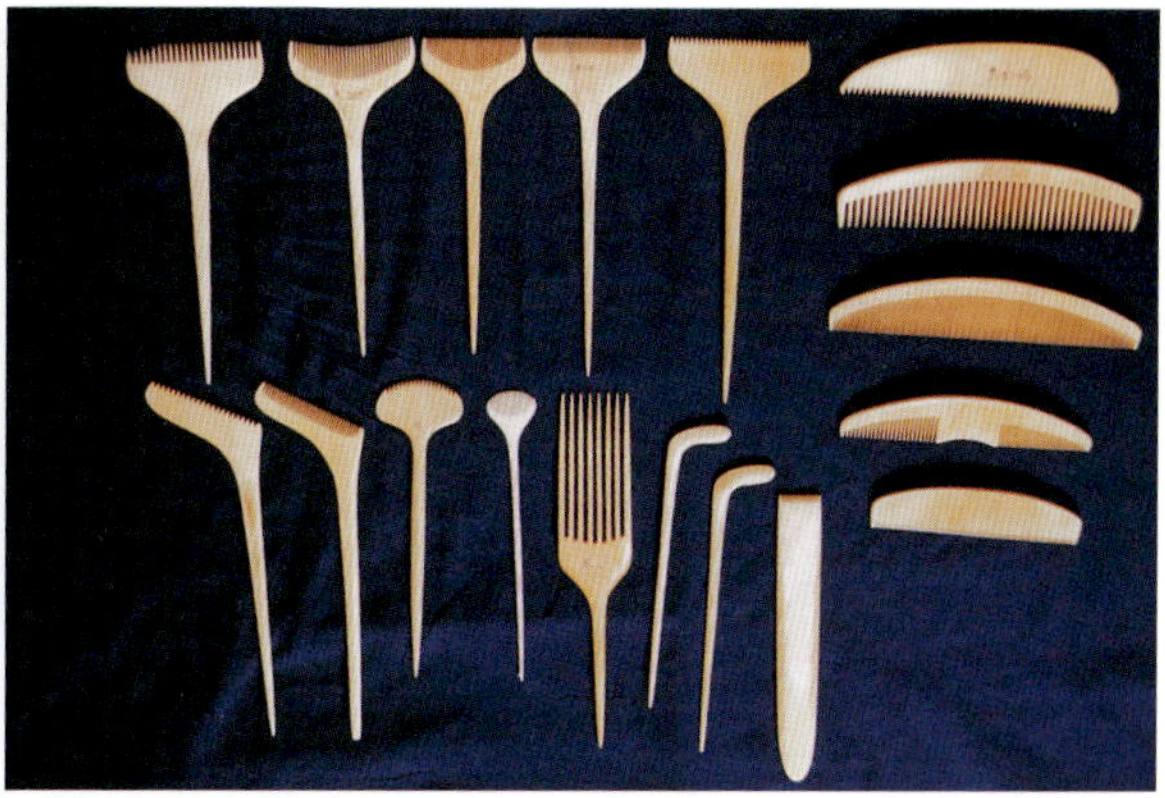

伝統の本黄楊櫛

最近の黄楊の櫛

抗炎症作用がある。

・他の素材の櫛に比し静電気の発生が少ない。

こういった特性を引き出すために、手作りで、磨きも木賊のヤスリを使って行われている。「植物のものは植物で磨くのが原則」と木賊ヤスリを作り、手間を掛ける。この手法はやめることはできないとのこと。職人の心意気を知る思いであった。

職人の作るもの、なかんずく人の肌に触れるものは、使う人の感触をつかむことが大切である。御園座公演の菊五郎氏の髪結いの許へ出入りをしている間に、その本当の意味がわかったという。大役者の髪を結う櫛が、そう簡単にできるはずはない。櫛は使う人の感覚が問われるもので、簡単に作れるものではないことが、何年も試供に出し、指導を得る間にわかってきたのだと、森さんは頬に櫛先を当てながら語られた。

最近は、小学校で体験学習が行われ、小学生が仕事場を訪れる。実際に黄楊の櫛を頭に当ててその感触を味わうと、「わあ、すべすべだ」と歓声を上げる。プラスチック製の櫛を使うことがほとんどの現代、本物の良さを味わわせること、これが櫛を使う層の底辺を広げることにつながっていくと思われる。(平成一三年)

訪問先

櫛留商店　森健三・信吾氏

名古屋市北区駒止町一―六〇

電話　〇五二―九九一―三七五九

蝋掛けをすすめる野間保彦氏

名古屋

人の心を和ませる炎 手づくり和蝋燭

和蝋燭の歴史など

尾張知多に生まれ育った新美南吉の作品に「赤い蝋燭《ろうそく》」というのがある。

『山から里の方へ遊びに行った猿が、一本の赤い蝋燭を拾ひました。猿はそれを花火だと思いこんで、山に持ち帰ってみんなに見せ、花火といふものはどんなに大きな音をして飛出すか、そしてどんなに美しく空にひろがるか、みんなに話して聞かせ、今晩山の頂上《てっぺん》で打上げて見ようとゆうことになりました。亀も鼬《いたち》も火をつけようとしますが失敗です。遂々《とうとう》猪が出ていって火をつけてしまいました。みんなはびっくりして草むらに飛込み、耳を固くふさぎ、眼もふさいでしまいました。しかし、蝋燭はぽんともいはず、静かに燃えてゐるばかりでした。』（大約）

和蝋燭は静かに、時として炎がすうと伸び、柔らかな光で安らぎをもたらす。伝統的な手法による和蝋燭は、今も作られている。

紅葉した櫨と実　鶴舞公園で

夜間や暗所で必要な明かりとしては、古くは炉火や松明《たいまつ》があり、時代が下ると油や蝋を用いる照明具が用いられ、近代以降は石油、ガス、そして電気の時代となった。燃料、照明具は、そのよって立つ環境・風土によって異なるものである。狩猟、漁労、遊牧の地域では動物性の油脂を用いることになり、東アジア、東南アジア、砂漠地帯以南のアフリカでは、植物性油脂が用いられてきた。

日本では、古くから木の実、胡麻、荏《え》胡麻《ごま》や魚油が食用や照明用にその役割を果たしてきた。中世には、荏胡麻が灯火用として重要な商品であり、流通販売に大きな特権を持った油座の存在はよく知られている。しかし、応仁の乱、織田信長の楽市楽座政策で衰退し、近世に入ると菜種油へと移った。絞油業は強力な株仲間の独占化の下に繁栄したが、明治時代に入るや石油の輸入が始まり、衰退に向かった。

ここでテーマとする和蝋燭は、大ざっぱにいうとこの油と平行する歴史を持ってきた。和蝋燭は木蝋《もくろう》を原料とする蝋燭である。木蝋燭はやはり中国から伝えられたものであり、室町時代後期のことといわれる。木蝋燭の普及は江戸時代に入ってからである。木蝋は、櫨《はぜ》の実から抽出されるものである。

＊櫨の木について

うるし科の落葉喬木である。昔からモミジと並んでその紅葉の美しさを愛でた木で、「新古今和歌集」に「うづらなく交野にたてる櫨《はじ》もみじ　散りぬばかりに秋風ぞふく」とある。

種子の果皮の繊維中に蝋分があり、木実を搗《つ》いて、蒸し、絞り、固化した脂肪が蝋である。精製しないものを生《き》蝋、精製したものを晒蝋《さらし》という。

櫨の蝋は髪に付けて整える鬢付油《びんつけ》としても用いられた。

江戸時代、農村の経済発展を期す多くの農書があらわれるが、大蔵永常の記した『農家益』は櫨の木の栽培を勧め、製蝋法を詳しく述べている。西国の九州、四国、中国の諸藩で専売制が取られ、江戸、大坂、京都などの都会には蝋燭問屋、蝋燭屋が生まれた。一般の生活に蝋燭は馴染みとなっていった。川柳に「三十九

大坂びんつけ蝋燭屋の図
大蔵永常「広益国産考」

の暮《くれ》 蝋燭をたんと買《かい》」（四十歳から目が悪くなるといわれていた）というのがある。

しかし、蝋燭は主として仏事や上流階級の燈火用であり、蝋燭の使用が農山村にまで行きわたることはなかったようで、一般のものは菜種油を用いる行燈《あんどん》の生活であった。

明治時代になると、西洋蝋燭が製造されるようになり、安価であったために一般に普及するようになった。これはパラフィンやステアリンを原料とし、綿糸を燭芯として円筒鋳型の蝋燭製造機に流し込んで作るものであった。大量生産ができ光度も大きくて明るく、従来の和蝋燭は急速に需要を減らし、衰退していった。

和蝋燭作り

一　原料

櫨《はぜ》の木蝋（福岡県産の蝋）

藺草《いぐさ》（灯芯草・茨城県産）、和紙

＊藺草

・低湿地に生育。六〜七月上旬に刈り取り、乾燥し保管する。

・灯芯取出は、まず水分を与え、軟らかくし、灯芯引台で藺草を裂き、灯芯を分けとり乾燥する。

二　芯作り（芯巻き）

藺草の芯（灯芯）を巻いた和紙または和紙を巻いた竹や木の串に螺旋状に巻き付ける。

三　芯挿し　芯に棒を挿し込む。

四　蝋の溶解・蝋練り

・蝋は常時コンロで温めてある。

・時々柄杓で蝋鉢へ汲み入れる。

・蝋を竹棒で練る。鉢で温度を下げ、蝋掛けの適温とする。適温は約三〇度である。

五　蝋付け・芯付け

芯に蝋を付け、蝋燭の基本を作る。

六　下掛け

芯付けしたものに、その周りに手の平で蝋を掛ける。一回一ミリくらいの厚さである。乾いたら掛け、また乾かせ、また掛けるの繰り返し。

七　鉋《かんな》削り

特殊な鉋で削り、いかり型蝋燭の成型をする。

八　上掛け

化粧蝋で表面を整える。

九　朱づけ

朱蝋燭の場合、朱を入れた蝋液に浸ける。

一〇　芯出し・仕上げ

・蝋燭の頭部を切り、芯を出し、きれいに削る。

・次に下部をきれいに切り揃える。

和蝋燭の種類と特色

一　種類

・いかり型

肩の部分が出っぱっている。

・棒型　普通の丸い棒状の形。

二　蝋燭の色

一般的には白と赤。

三　特色（和蝋燭と西洋蝋燭の比較で）

①製作の難しさ

・蝋の粘度が高く気温の影響を受けやすい。

・寒い時期には部屋を暖かくし、できた蝋燭の胴に布を巻いたり、調整が難しい。

芯づくり①

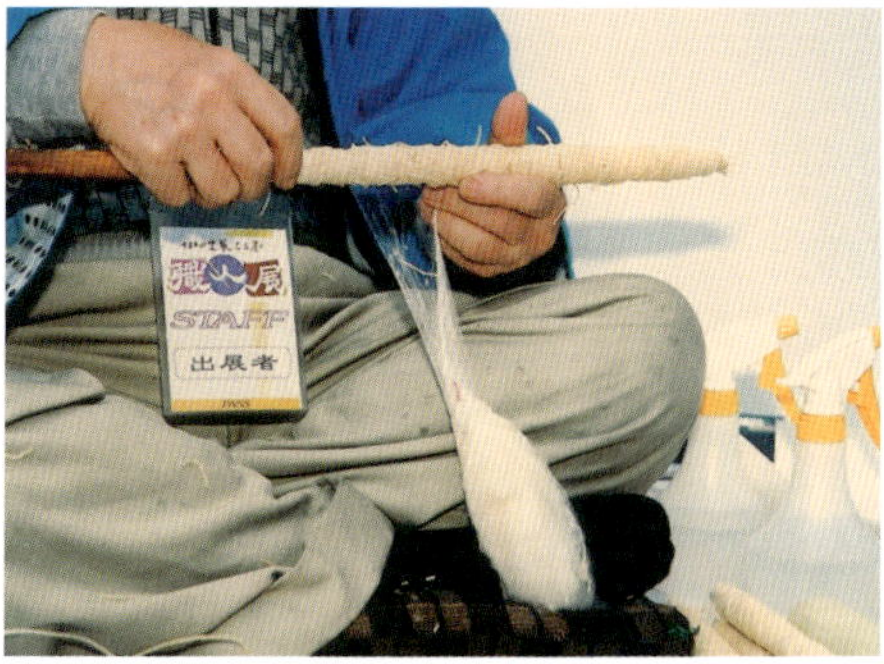

芯づくり②

蝋掛け作業場　中央：蝋を入れた鉢　右：蝋を溶かしておく鍋
左：蝋掛けする棒　＊蝋が散り固まっている

芯と蝋

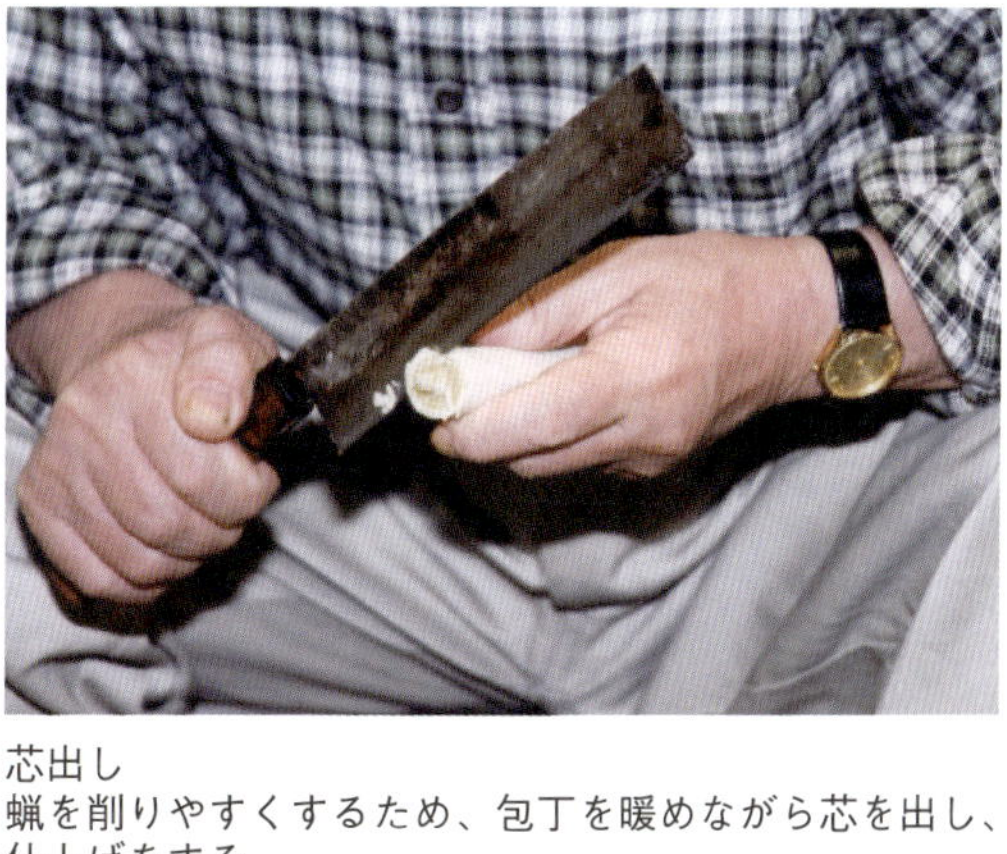

芯出し
蝋を削りやすくするため、包丁を暖めながら芯を出し、仕上げをする

・技術と勘を養うのに何十年とかかる。
②手作業による。根気と熟練を要する。
③炎　柔らかく、上下に伸び縮みする。
④光度は低い。
⑤灯火の長持ち、消えにくい。
⑥材料の違い　植物性油脂
⑦植物性で油煙が少ない。植物性油煙
　は仏壇を汚さず仏具を痛めない。
⑧手づくり蝋燭の断面は年輪様である。

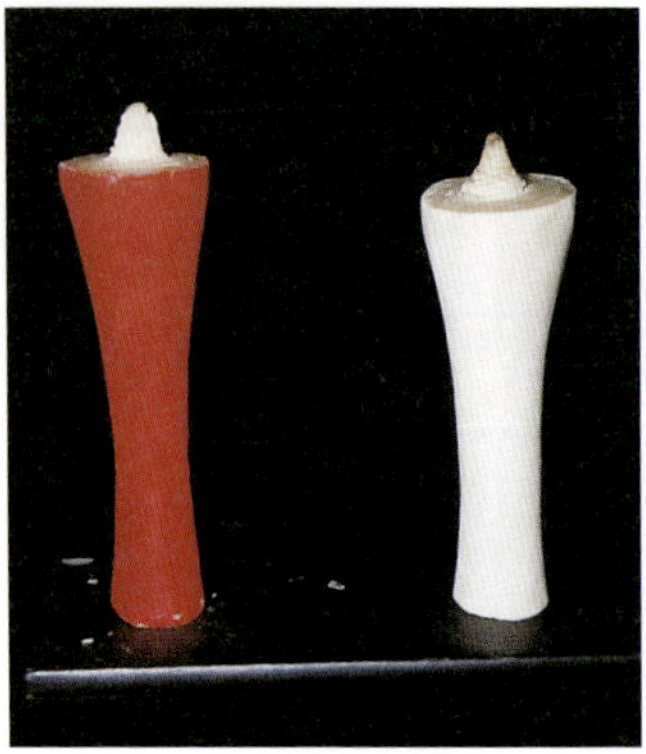

いかり型手作り蝋燭

時々炎は静かに伸び縮みする　左：いかり型　右：棒型

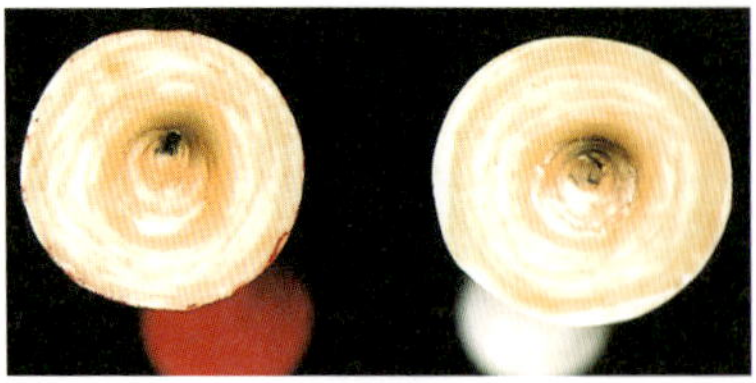

頭部切口に年輪が見える

四　和蝋燭の大きさと燃焼時間

手づくり和蝋燭は伝統にしたがって大きさと重さを匁で表す。

〇・五匁：約一五分　一匁：三五分
一・五匁：四五分　二匁：五十分
三匁：一時間十分　五匁：一時間半
十匁：二時間　二十匁：三時間
三十匁：四時間　五十匁：五時間

手作り和蝋燭の今

伝統的な和蝋燭は急速に減少してきたが、寺院、宗教行事にはなくてはならないものである。飛騨古川の三寺参りには巨大な蝋燭が使われていることでも知られている。在家門徒の家でも和蝋燭はよく使われており、柔らかな光を放つ和蝋燭は仏壇に似つかわしい。昨今、櫨蝋を用いる蝋燭の炎の持つ神秘性が宗教以外の場でも注目されていることを耳にする。全体として需要がかってのように回復するとは考えられないが、一定範囲での必要性とその炎の持つ独特のムードに惹かれる層などの需要は続くと考えられる。現在、尾張では、生業として残っている業者は 数軒となってしまったが、一定の需要があり、秋から春の彼岸までの期間は特別な注文もあって結構忙しいとのことである。

今回、取材をさせていただいた野間家でもご子息が跡を継いで、手づくり和蝋燭の技能習得に励んでおられることは、跡継ぎがなく技術の伝承ができなくなる伝統工芸が多くある中で光明をみる思いであった。

（平成一四年）

訪問先
野間保彦氏
名古屋市中村区太閤四丁目六番三号
電話 〇五二―四五二―五八八九

「中付け」糊を付けた中骨を地紙に挿入する工程

名古屋市西区

日本文化を彩るもの 名古屋扇子

文化に風を送る「扇子」

とこしへに
夏冬行けや
裘《かわごろも》
扇《あふき》放たぬ
山に住む人（万葉集巻九）

扇という言葉は古くからあるが、ここにある扇は今の私たちがイメージする開閉できる扇ではなく、団扇《うちわ》のことである。開閉自在の扇が現れるのは平安時代といわれ、九世紀頃日本での発明という。扇は、はじめ涼をとるためのものとして生まれたと考えられるが、日本ではいろいろに用いられるようになり、また意味が加えられるようになって、発達してきた。威儀を正すもの、祝儀・不祝儀の際の要具として、また武士の軍陣における軍扇や能・仕舞、舞踊、邦楽など芸事になくてはならないものとなっている。床の間に置く飾り扇子もある。扇子は日本文化に彩りを与えるものである。

扇の歴史

日本扇が発明された平安時代、それまで唐の文物の輸入をもっぱらとしてきた日本では、唐の衰退に伴い、遣唐使の派遣も廃止され、文化の国風化が進んだ。大陸では唐末五代の混乱を収拾して、九六〇年に宋が成立する。この宋との通交は盛んで、名僧、人々の往来、物資の輸出入などが盛んに行われた。経典や書籍、書画、薬・香料、宝玉、陶磁器、宋銭などが輸入され、日本からは砂金、硫黄、真珠、漆器、扇、刀剣などが輸出された。日本の扇は、中国で持てはやされたのである。活発な貿易関係は、基本的には明の時代まで続いた。

江戸時代後期の江戸の扇子屋。奥で地紙を扇形に切っている。前右・要打ち、前左・地紙に中骨差しをしている。（新撰百工図絵）

扇は、檜扇《ひおうぎ》と蝙蝠扇《かわほりおうぎ》の二種があげられる。檜扇は木簡《もっかん》（檜などの薄板に墨書したもので、古代、紙の文書と同じように使用された。両端に孔を開け編綴した）からヒントを得て、薄板二、三十枚の下方に要の穴を開け、上方の孔に糸を通して綴じ、開閉のできるようにしたものである。蝙蝠扇は、竹や木を骨とし、紙や絹を貼り開閉できるようにしたものである。扇は彩色、彩絵が施されるようになり、美麗なものが生み出された。

古代・中世において、中国の高い文物が流入し、日本はそれを吸収消化して、さらに向上を図ったとよくいわれるが、こと扇に関しては逆であった。日本で生まれた扇は宋、元に輸出され持てはやされた。その後、中国では日本扇を模倣改良し、扇の両面に扇紙を貼り、両面とも骨が見えない型式の扇を作り出した。後に日本にもたらされ、室町時代、その影響を受けた蝙蝠扇や差《さ》し骨扇を生み出した。これが今日の扇につながる扇の基本型式である。

この時代、日本文化は武家文化を中心に宋・元・明文化の影響の下に新たな展開をした。能・狂言、茶道、花道、水墨画、枯山水の庭園、書院造・茶室建築などにその性格が表れており、諸式も定まった時期である。こんな中、扇に関してもその作法が定まっていき、諸芸諸派の制式も定まっていった。

日本の突出した工芸都市であった京が扇子作りの伝統を有していたのはいうまでもない。一方で、江戸の人口増加、繁栄とともに、江戸においても扇売り、地紙売りという生業が生まれている。その有様は、川柳や狂歌でもうかがい知れる。川柳に「地紙賣目につく迄は指をなめ」（扇の紙を売り歩く売り屋は客がそれは目をつけるまで重ねた地紙を指をなめながら繰っていく）があるし、狂歌には「あけそむる年の要の扇うり　よぶ一こえに春は来にけり（大屋裏住）」というのがある。「倭訓栞」には「今ノ人初見或ハ歳首又ハ冠婚ノ礼ニハ必ズ摺扇ヲモテ祝賀ノ要物トス。末広ノ佳名ニヨルナリ」とあり、このように扇子は一般化していたのである。

名古屋扇子の盛衰

江戸時代には、名古屋でも扇子づくりが始まっている。一般に宝暦年間に、京都の人で井上勘造、長平父子が名古屋城下の幅下あたりに居を構えて扇子の製造をしたのが、その始めとされている。天保年間、植木屋半左衛門、大黒屋源平衛、玉屋半兵衛が苦心努力して、名古屋扇子の声価を高めたという。

時代は明治に移り、殖産興業の進められる中、欧米への輸出も推進された。明治一四年には八二〇万本の生産を見ており、その後の増加は著しく、明治三〇年には実に二千万本にいたっている。しかし扇子生産は好況・不況に左右されるばかりでなく、他の要素の影響も受けて大きく変動するところがあった。

昭和一二、一三年頃の状況は、当時の研究報告書によると、いわゆる扇子屋（販売業者）は三五～三六軒であった。扇子業は分業形態を取り、しかもきわめて規模が小さく、家内工業的であった。扇子屋三五軒、各工程の仕事を請ける専門職人は約二八〇軒、その内訳は骨屋六〇軒、地紙屋約五軒、絵付屋約五〇軒、折屋三五軒、中剥屋《なかすきや》約三〇軒、要屋《かなめや》約二〇軒、色付屋四、五軒、磨き屋約一〇軒、歩金《ぶきん》屋《や》約一五軒、刷屋四、五軒、塗屋五、六軒、仕上屋約四〇軒であった。扇子づくり地域は、名古屋の西北部、明道町、押切町、六句町、浅間町、菊井町、江川町方面である。扇骨は、この他に海部郡大治町西條、中島でも多く生産されていた。

第二次世界大戦後、復興とともに海外貿易も再び盛んとなり、昭和二〇年代後半から三〇年代は活況を呈した。年間一千万本を越す状況であった。しかし、その後の高度経済成長、それによって促進された生活様式の変化により、扇子の需要もまた減少してきた。業界では後継者を得ることが困難になり、それに追い打ちをかけてきたのが、安い労働力で生産される外国製品の輸入であった。バブル経済崩壊後の長期不況で業者、職人は急減してきている。平成一七年における扇子業者数は一三軒であり、従業者数一〇〇人である。

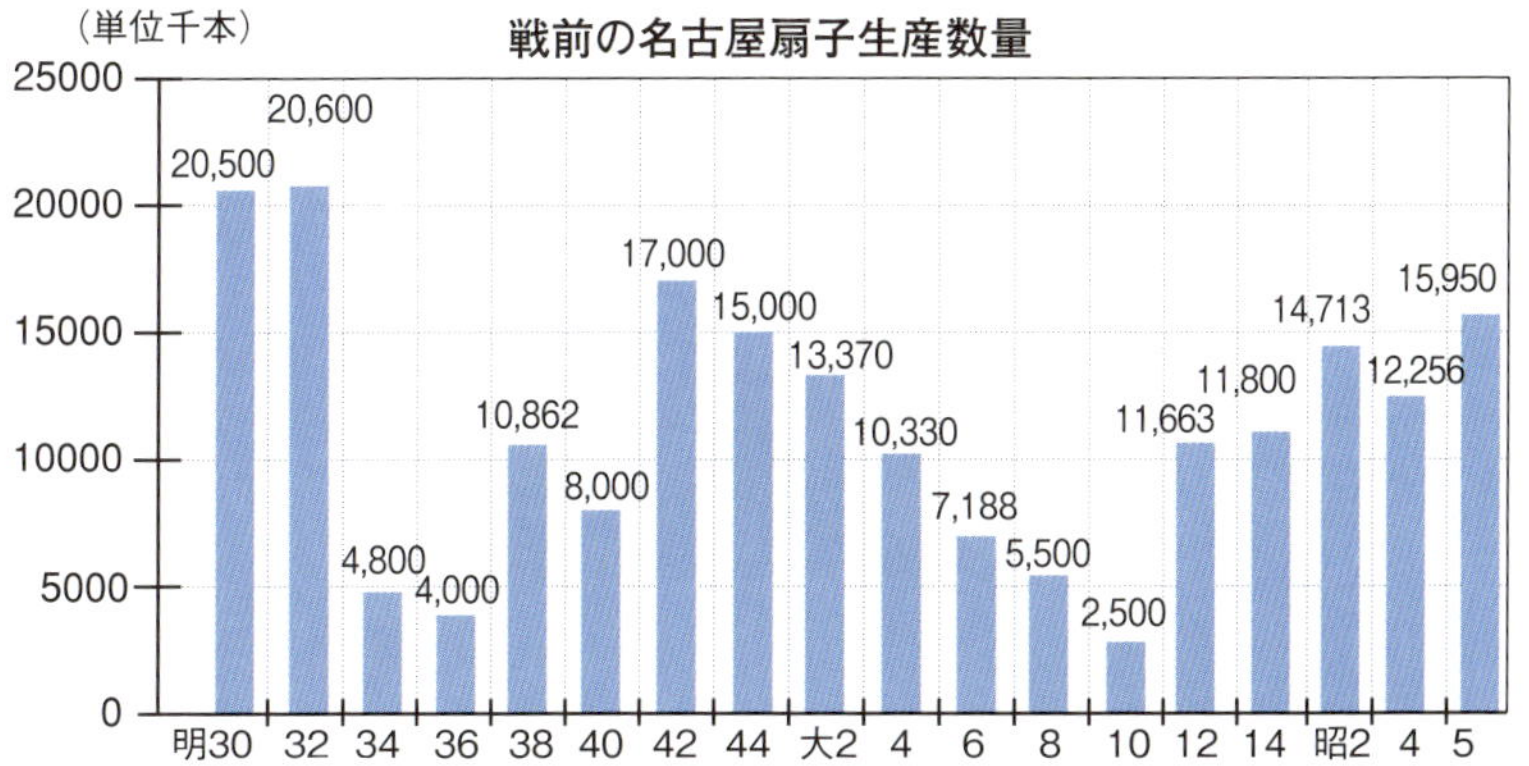
戦前の名古屋扇子生産数量
（単位千本）
25000
20000
15000
10000
5000
0
20,500
20,600
4,800
4,000
10,862
8,000
17,000
15,000
13,370
10,330
7,188
5,500
2,500
11,663
11,800
14,713
12,256
15,950
明30
32
34
36
38
40
42
44
大2
4
6
8
10
12
14
昭2
4
5
「名古屋市統計書」「名古屋市史」「愛知県史」より作成

名古屋扇子の製造工程

扇子の製造は、大きく次の三工程をとる。

一　扇骨製造工程
二　地紙加工工程
三　仕上げ工程

扇骨製造工程

扇骨業者は名古屋地区では西区、北区に散在していたが、現在では衰退してしまっている。もう一カ所、名古屋の西近傍の海部郡大治町西条に業者が多くいたが、ここも今数軒が細々と扇骨作りを続けている状況である。今回は扇骨に関しては大治で取材した。

大治の扇骨作りがいつ頃始まったかは文献的には明らかにできないが、明治の初め、西条、中島の有志数人が名古屋に出掛けて技術を習得して始められたという。当地の扇骨業は起伏はあったが、明治、大正と生産を伸ばしていった。関東大震災後の慢性的不況に一時衰えかけたことがあった。昭和もしばらくすると持ち直し、十年後には最盛期を迎えた。昭和一六年には「大治扇骨組合」が結成されている。二年後には業者約一〇〇軒、従業者約三〇〇人に及んだという。

しかし、戦後の生活難、その後の生活様式の変化によって扇子の需要は激減、当地の扇骨製造も急速に衰微してきた。昭和四八年業者一五軒、昭和五三年一〇軒従業者三〇人弱と減少した。平成初期の長期不況は深刻な影響を与え、廃業、休業者も出、数軒が営むという状況となってしまっている。技術の継承もできないと心配される状況といえる。

一　竹材

①産地

戦後、東濃・三河産→九州阿蘇周辺の県産→台湾産→中国、島根県産へ。

②竹の種類

真竹　主として中骨に用いる。この竹は目が細かく粘りがあり、性質がおとなしく仕事がしやすいという。

親骨には孟宗竹を使うが、これは国内産のものである。

二　素材の加工

①竹の切断、割り

②剥ぎ（へゲともいう）

③煮沸・薬品処理

変色・狂い・カビの防止、色調の統一、加工のし易さ。

④乾燥

⑤削り

三　素材の仕上げ

①目もみ（孔あけ）

＊親骨は別の機械を使う

目もみ（孔あけ）

②あてつけ（仕上げ削り）

九工程ある。中骨の場合数百枚ほど重ね、締め付け、一度に加工する。

③表裏揃え　骨の表裏を揃える。

＊扇骨づくりは、根気がいる仕事。

④天日乾燥（絡《から》げ干し）

⑤本仕上げ

⑥磨き（電気磨き）
⑦透し彫り
中骨に透かし彫りをする

四　完成工程

①色合わせ
②組み合わせ（親骨と中骨）

表裏揃え

中骨を削る恒川義光氏

③要目打ち
④末《すえ》剥《す》き（機械送り）
地紙に差し込む中骨の先を細くする。

以上の工程で扇骨は完成である。扇子は骨の本数で呼ばれる。これを「間《けん》」という。十五間、二十間、三十間、三五間などであるが、三五間が一般的で一番多く作られている。

広い庭いっぱいに干されている扇子の骨。骨のできるまで何回も天日干しを要する

地紙加工工程

地紙とは扇子に貼られる紙であるが、扇子は単純に紙を貼って作られるのではなく、以下の工程で示すように多くの手が加えられて地紙は作られ、その中に扇骨が入るように作られる。

一　紙の種類

美濃紙、土佐紙、越前紙が本来であ

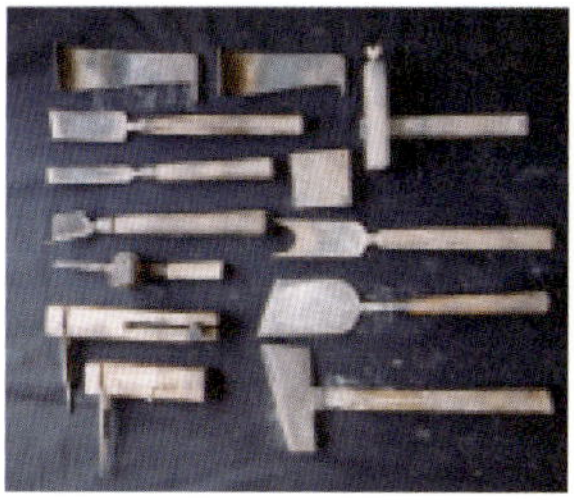
道具の一部

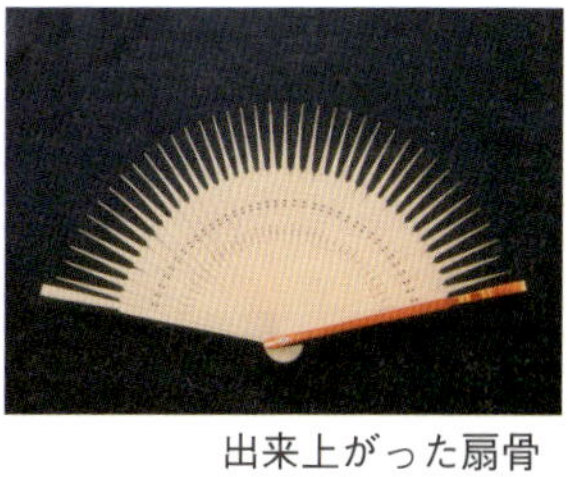
出来上がった扇骨

吹き

中骨への糊付け

地紙への挿入

るが、扇子によっては安価な洋紙も使われる。

二　紙合わせ

和紙を張り合わせる。米糊を用いて芯紙（薄い紙）を中心に、両面に皮紙という和紙を貼り合わせる。この後、乾燥、裁断がある。

三　地紙の加飾

刷り、絵付け、箔押しなど。

扇子の絵柄は普通の絵などと異なり、いわゆる扇面に描くことになる。歴史的に扇面に優れた構図の作品が残されている。

①まず地紙にヘラ口を開ける。

②折り型に挟み扇骨の数（間数という）に応じ折り目を付ける。

③両端を裁ち落とし折り目を揃える。

④カリゼキ（四角い棒で叩き折り目をしっかり付ける）

⑤中挿し　先に付けたヘラ口から中骨の入る隙間をあける。

四　歩金

①折り畳んである地紙の天端に箔をおく。

②地紙数十枚重ね、その天を少しずらし、膠液を塗り箔をおく（歩金）

仕上げ工程

扇骨と加工した地紙を合せて扇子を仕上げる。

①畳んである地紙を広げ、さらに折り目を調整する。

②吹き　中骨を入れるためにあけてある地紙の隙間に息を吹き込んで骨が通りやすいようにする。

③中付け　中骨に糊を付け、地紙の中へ挿し込む。

④万力掛け　中骨部分を万力で締め付ける。

⑤親骨付け　親骨を内側に撓《たわ》め、地紙の両端を親骨に糊付けする。この撓めで扇子はパチリと閉じることになる。

⑥畳んだ扇子の先を切り揃える。

＊これで別々の道を歩んできた扇骨と地紙が一緒になって完成である

名古屋扇子の種類

1　紳士もの婦人もの

2　祝儀扇　不祝儀扇

婚礼用、宮参り、誕生

茶席扇

仕舞扇　舞扇　飾り扇　経扇

３　その他

名古屋扇子の今後

扇子需要の減少に大きな影響を与えたのは、やはり生活様式の変化である。扇子を必要とする儀礼、慣習、場面が生活から減ってきており、また職場のみならず一般家庭においてもエアコンが普及したことがあげられる。これに決定的な影響を与えたのが中国産の扇骨などの材料の流入、中下級の完成品輸入の増加がある。そこへ加えて、平成初期の長期不況が追い打ちをかけた。こういった外からの要因の他に扇子業界内部の変質も急速に進んできている。

舞扇

婦人扇

飾扇

仕舞扇

経扇（般若心経）

扇子業は分業形態を取る規模の小さな家内工業であり、それを生業とする人は少なくなり、各工程の職人が減少してきている。出来高制で、それには毎日の仕事量があることが前提であった。それが維持できなくなり、かつては世襲的であったこの業界では、後を継ぐ人がいなくなってきている。

扇子業では、製品納入を締切りに間に合わせることと製品の水準を保つことが強く求められる。従来になかった大きな変化の中で、これまでの形態はそれに対応することができなくなってきている。給料制の導入、職人の養成といった方向も考えるなど、いっそうの研究が求められていると思う。

ともあれ、扇子は日本文化を彩るものであり、日本文化のシンボルともいえるものである。芸事、一定の儀礼においてはなくてはならず、それがなくては格好がとれない。日本文化と生活に深く結びついている扇子は、決してなくなることはないものである。

（平成一四、一五年）

訪問先
川瀬産業　川瀬貞男氏
名古屋市西区菊井一丁目一番八号
電話 〇五二―五六二―〇一三五
扇骨業　恒川義光氏
海部郡大治町大字西条字南屋敷八〇
電話 〇五二―四四四―四五八九

名古屋

柔らかな雰囲気を生む明かり
名古屋提灯

「伝統とは技術を売ること」と語る伏谷幸七氏

おさるのかごや

山上武夫作詞　海沼実作曲

エッサエッサエッサホイ　サッサ
おさるのかご屋だ　ホイサッサ
日暮れの山道細い道
小田原ちょうちんぶらさげて
ソレ　ヤットコ　ドッコイ　ホイサッサ
ホーイ　ホイホイ　ホイサッサ

小田原提灯は街道を行く旅人にはきわめて重宝な燈火であった。今では提灯は、盆燈火として使われることは減ったが、提灯は多く用いられるし、お祭りや催事を飾り立てるのに必要なものである。この提灯は、名古屋でいろいろな技法が開発され、戦前はたいへん盛況であった。

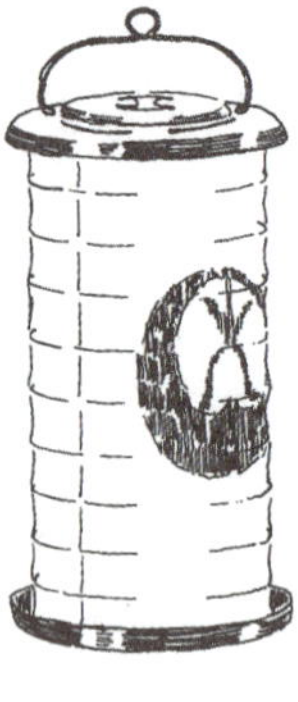
小田原提灯

現在でも、インテリアの一部としてあたらしいものが開発され、多くの製品が作られている。

提灯の歴史

提灯は、籠に紙を張り、取手を付けて提《さ》げて歩くことができる燈火具に起源を求めることができる。この用具は初めは木枠に紙を張ってぶら下げる、後の箱提灯のようなものであった。やがて細い割竹を骨として、それに紙を張った籠提灯が生み出された。細い割竹（籤《ひご》）を螺旋《らせん》状に巻き付け骨とし、これに紙を貼り火袋を作り、上下に口と底をつけ自在に折りたたむことができ、携行に便利な燈火具となった。これが提灯である。実際に用いられるようになるのは、豊臣秀吉が権力を握っていた文禄の頃といわれている。

江戸時代に入ると、提灯はさらに改良されていった。初期のものは「箱提灯」といわれるもので、丸い箱形の口と底の間に螺旋状に竹ヒゴを巻き、紙を張って火袋としたもので、折りたたむと一個の丸い箱となるものであった。童謡「おさるのかごや」に出てくる小田原提灯もこの形式の提灯で、より軽便でもっぱら旅行用として重宝された。棒の先にぶら下げて持ち歩く球形あるいは棗《なつめ》型のものは「ぶら提灯」といわれ、赤地に白の紋を抜いたり、紅白に塗り分けたりした小型の「ほおずき提灯」もこの一種である。

竿の先に付けるのは「高張《たかばり》提灯」である。大型で棗型をしており、口と底を留めて張る。もっぱら標識、目印として用いられ、寺社、役所の門前、大商家の店先、また葬送その他の行列の先頭に掲げられたもので、定紋や屋号などが描かれていた。時代劇の中で捕り物や火消しなどの際に用いられるのが「弓張り提灯」である。これは迅速な行動に耐えるよう、火袋を竹弓《ゆみはり》の弾力を利用して上下に引っ張り安定させてある。

三河一色大提灯

「吊り提灯」は、先のぶら提灯より大型で、寺社への献灯に用いられる。寺社への献灯には巨大なものがある。三河一色の大提灯は、最大のものは高さ一〇メートル、直径五・六メートルという巨大なものである。毎年八月に行われる大提灯祭ではこういった大きな提灯が十二張も吊るされる。岐阜提灯もこの吊り提灯の一種で棗型の提灯である。

名古屋提灯

名古屋での提灯作りは江戸時代に始まるといわれる。『愛知県史』（明治・大正）に「其ノ起源ハ慶長年間ニアリシト云ウ当時禁裏御所ヨリ尾張藩主徳川義直へ涼燈ヲ賜ハリシカ熱田神宮ノ神職某之ヲ模

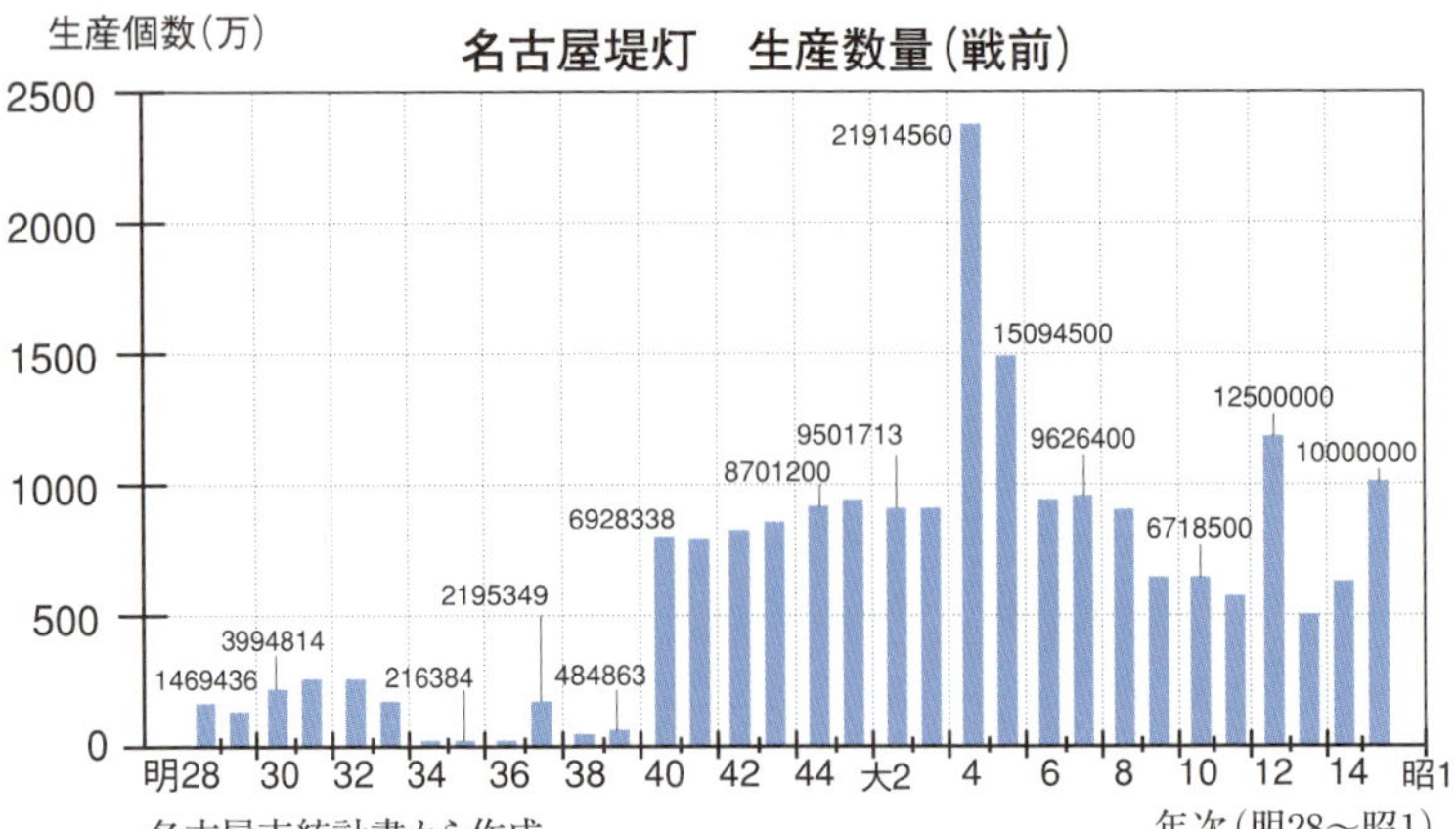

名古屋提灯　生産数量（戦前）
生産個数（万）
2500
2000
1500
1000
500
0
1469436
3994814
216384
2195349
484863
6928338
8701200
9501713
21914560
15094500
9626400
6718500
12500000
10000000
明28
30
32
34
36
38
40
42
44
大2
4
6
8
10
12
14
昭1
年次（明28〜昭1）

名古屋市統計書から作成

製シタルニ始マル是ヨリ名古屋ニ於テ涼燈ヲ製造シテ販売スルモノヲ生シ是ヲ御所提灯ト称セリ」という記事がある。ここに記されている御所提灯が名古屋における提灯製作の始めと考えておきたい。その後の提灯製造に関する資料はなく詳らかではないが、同じ竹と紙で作られる扇子が、京から技術が入り、後の天保年間には技術の向上があって名声を上げており、提灯造りも盛んであったであろうと考えられる。

明治時代になり殖産興業が推進される中、前代からの伝統的手工業も刺激を受け、提灯の欧亜への輸出も盛んとなった。明治二八年には、事業所数四一軒、生産数一四六万九四三六個、生産額四万九八四一円となっている。明治四四年には、ほぼ二倍に拡大している。

大正時代、四年のように二一九一万四五六〇個、五九万七八六四円となっているような年もあるが、おおよそ五〇万円から六〇万円くらいで推移した。昭和に入ると、その慢性的な不況、準戦時体制への移行により生産は減少していった。戦時下提灯もその息をいったん止めた。

名古屋提灯の種類と製法

名古屋提灯の種類

1　岐阜提灯（岐阜で作った提灯の意でなく岐阜で完成された提灯の種類）
　盆提灯　御所提灯　大内行灯《あんどん》

2　変型提灯（名古屋で発案、種類多し）
　六角型、多段型、複雑なリリアンや房が付く。

3　装飾提灯（名古屋で発案）
　会場、店頭、祭りなどを飾る提灯

4　インテリア提灯
　空間を柔らかく照らす照具。和紙とデザインの美しさ。

5　その他
　観光みやげ用　子供玩具など

名古屋提灯の特色

1　岐阜提灯の製作技術
・岐阜提灯の名を得て有名となるの

は明治二十年頃でその販売法の優れていたことによる。

・それ以前の時期に名古屋の技術が岐阜へ流出していたという。

・骨が細いこと、紙が薄い。

・花鳥、草木、風景など極めて風雅。

2 変型提灯

・名古屋提灯一番の特質は変形提灯の製作。

・明治期から始まる。六角変型、城様変型、多段変型など高い技術を要し、他所では作らない。

3 新しい技術、デザイン、素材の開発

同時に技術を保存し役立てる。

時代に合う提灯を開発する努力。

名古屋提灯の技法

一 螺旋巻法

この技法は明治時代に名古屋で創案され岐阜やその他の地に伝わったという。

二 骨の開発

提灯の骨は本来竹のヒゴであるが、現在は竹ヒゴの入手困難もあり、新たな素材が開発されている。上に張る紙との親和性良く、作業効率が極めて良い。

三 素材の種類

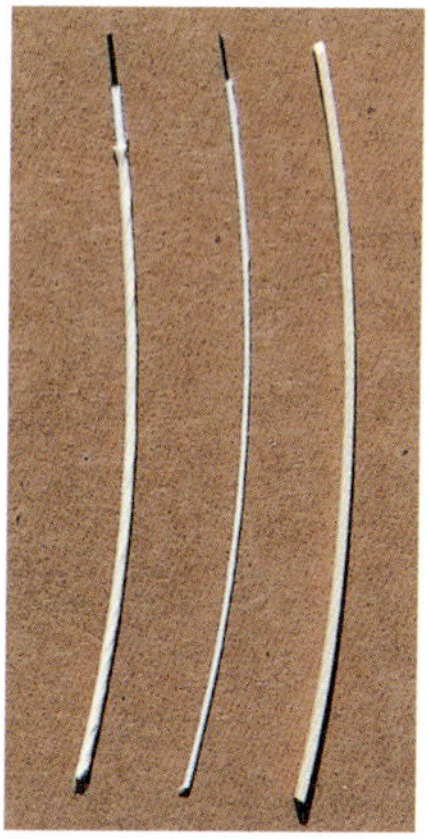

今日のヒゴ（線材）

・三層の線材

鉄芯にビニールを皮膜、その上に紙を巻いた三層線（写真左）

・二層の線材

鉄線に紙皮膜をしたもの（写真中）

・繊維素材

繊維と紙を融解し、細い棒状に固めたもの。上に張る紙との密着性が良い。（写真右）

製造工程

一 型組み

①上下のコマの切込みに型板を一枚一枚組込む。

②上下の型中輪をはめ、張り型を固定する。

二 線巻き

①ヒゴ巻き　張型にヒゴを巻き付ける。

②火袋の作成。

三 腰張り

・上下の口輪の周りに力紙を張り付ける。

四 絵紙・絵付け

和紙に提灯の絵柄を刷り込む。

五 紙張り

①一間一間に刷毛で糊を打ち、絵紙を置き、張り付けていく。

②この後、大きな刷毛で押さえていく。これでヒゴの径の半分位まで紙が付くことになる。

六 乾燥

①乾燥室の中で平均に乾燥する。

②写真のように金属芯のヒゴに電極をつないで乾燥する方法も用いる。

七 型抜き

上下のコマを外し、型を抜き取る。

八 たたみ

型を抜きとった後、荒い櫛でヒゴに沿って筋目を入れ、たたみ込む。

九 仕上げ

金蒔絵などで化粧した上下の外輪を

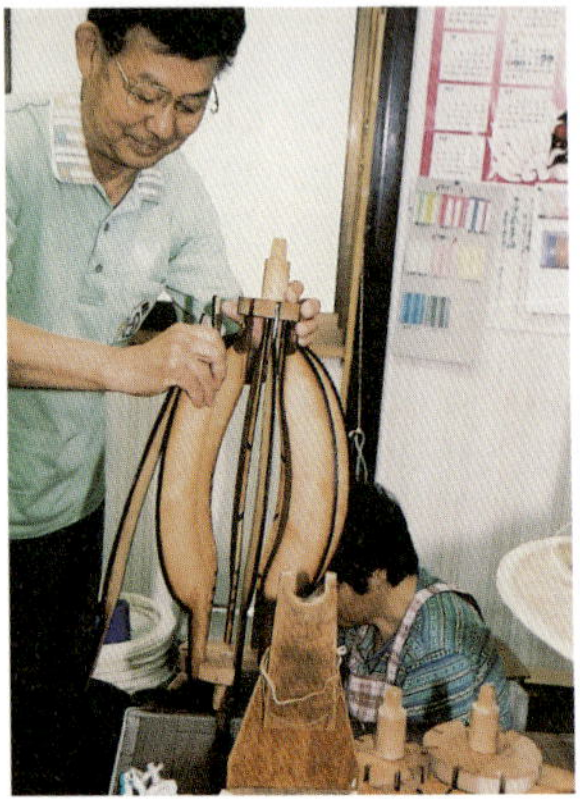
①一枚一枚組み込む

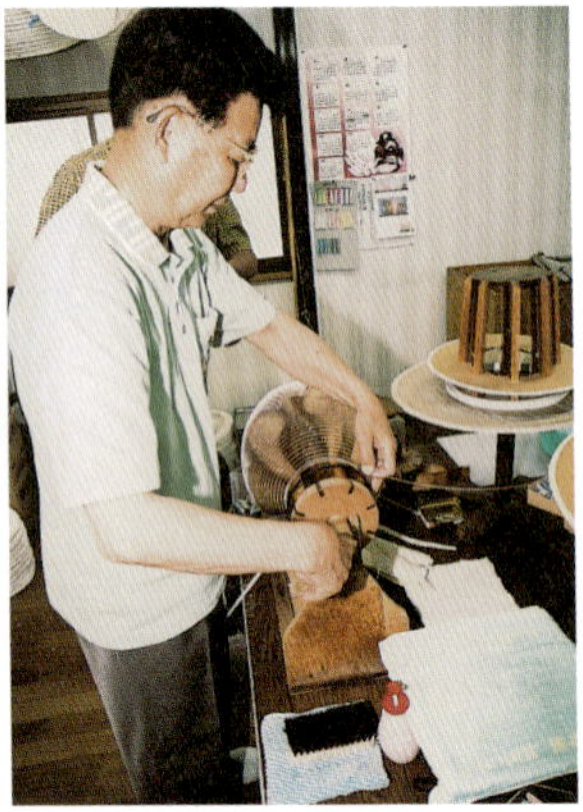
②張り型にヒゴを巻き付ける

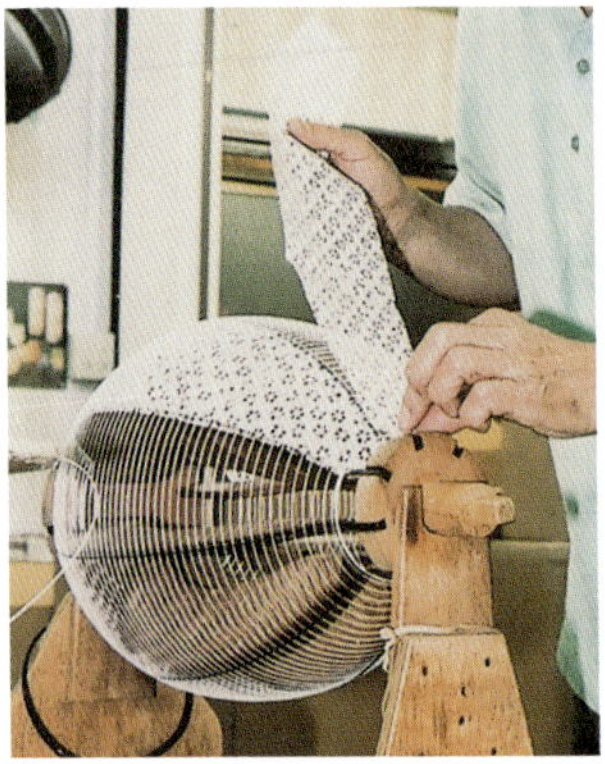
③紙張り

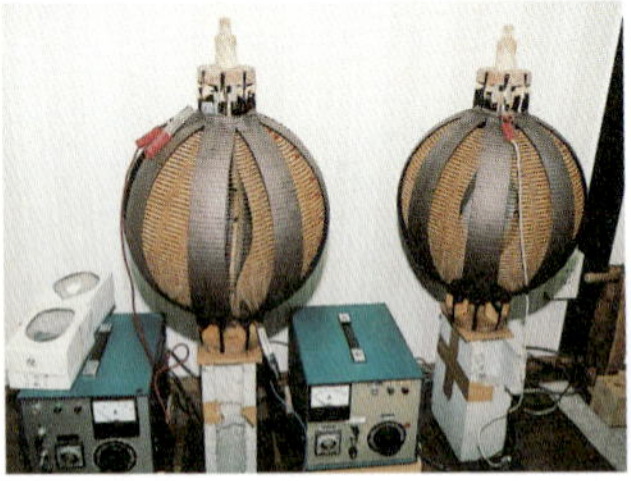
④乾燥（電気乾燥）

⑤型を抜き取る

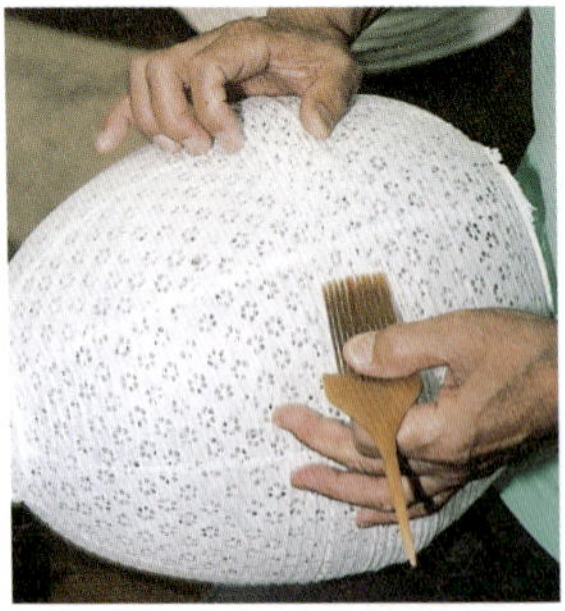
⑥荒い櫛で節目を入れる

⑦たたみ込む

取り付ける。

一〇　完成、点検

現在の名古屋提灯

戦争で停止状態になった名古屋提灯であったが、戦後の復興とそれと結びついて海外貿易も伸び、日本的な雑貨工業も回復した。提灯製造は昭和二十年代の終わり頃から順次生産を上げていき、業界

夏になると「岐阜提灯」一色となる

新しい明かりへの関心の高まりが、さまざまな新製品を生みだしている

の長老の言によれば、昭和三十年代中頃から四十年中頃の時期、従業者は千人を超え、一日で四、五万個の提灯を製造していた。外国への輸出品に季節は関係なく、一年中大変忙しく働いたという。一番活況を呈した時期であった。

しかし、高度経済成長によって促進された生活様式、大衆の意識の変化により、伝統的なものへの需要は減少していった。提灯も例外ではなかった。それどころか、他の伝統的工芸よりもその需要の減少は激しかった。その後のバブル経済の崩壊も大きな痛手を与えた。平成七年には十六業者、従業員五十人、年生産額五十億円に下がっていたが、平成十五年には九業者、従業員四二人（なおパート、内職労働力を含めると一五〇人くらい）、年生産額八～一〇億円となっている。

この傾向はなにも名古屋の場合だけではない。提灯の産地としては、岐阜提灯を生んだ岐阜、福岡県の八女、茨城県の水戸地域、神奈川県の小田原、京都、その他栃木県、三重県、滋賀県、香川県などがあるが、いずれも同じような傾向にある。中には提灯を張ることはほとんどせず、他産地や中国の半製品やパーツを組み立てて作るようなところも出てきた。こうした状況下、名古屋は他の産地へ多くの製品を送り出しており、地張り業者の衰退により、名古屋から必要なものを提供している。それだけに名古屋の存在感が示されている。

名古屋は、昔からもの作りの地であり、新しい技術、改良を生みだし、素材の研究、開発にも優れていた。工芸の分野が、その源であった。提灯でも新しい技法を生みだし、新たな素材の導入、改良を進めており、その背景には高い技術の存在があることを示している。今、新しい生活空間をコーディネートする「明かり」への関心が見られ、デザイン的にも技術的にも期待が持て、楽しいものがある。

（平成一六年）

訪問先
「伏谷《ふしたに》」　伏谷幸七氏
名古屋市瑞穂区豆田町三―五
電話　〇五二―八八一―九二三七

名古屋

履物を活かす丈夫な鼻緒
名古屋履物鼻緒

鼻緒布の裁断をすすめる仲村文生氏

履物、鼻緒の格言・俗諺

下駄履いて首ったけ
下駄を履いても首までも深みにはまっている の意。
→異性に深く惚れ込んで夢中になっている。

下駄は緒がら亭主は女房がら
下駄は鼻緒によって引き立つが、亭主は女房の賢さにより引き立つ。

下駄を預ける
下駄を預けてしまうとどこへも行けなくなる。
→相手を信じて自分に係わることを全て任せる。

下駄も仏（阿弥陀仏）も同じ木の切れ
足で踏まれる下駄も人に拝まれる仏も同じ木から作られている。
→尊卑の差はあっても境遇によるもの、その根本は皆同じ。

下駄を放り上げて表が出ると晴れ、裏が出ると雨

（他にも多くあり）

履き物の歴史

履物は、足を保護し活動しやすくするものであり、靴や足袋のように袋状で足全体を覆うものと、下駄や草履のように甲を覆わない形のものと二種類に分けられる。

日本では縄文時代に既に履物を思わせる遺物が現れており、弥生時代の遺跡から木沓《きぐつ》が出土している。水田耕作に用いられる田下駄も知られている。古墳時代、埴輪の足元に履物を付けたものがあり、この時代から履物の歴史は判然としてくるといわれている。

隋唐の制度に倣《なら》って中央集権的国家を創ろうとする時期、身分位階には衣服ばかりか、履物にも規定が作られた。これは後の武家の時代にも部分的に引き継がれた。武家支配の鎌倉・室町時代、動きに有利な草履、草鞋《わらじ》が多く用いられるようになり、靴類の地位は低下した。また、戦乱の時代を反映して、足半《あしなか》（足指が台からはみ出し地面をつかみ、踏ん張りがきく）の利用が高まった。

徳川幕府による統一・平和の到来は、諸産業の発達、貨幣経済を発展させ、町人階層の台頭をもたらした。生活の向上は贅《ぜい》を生み、草履に代わって下駄の発達を促した。下駄の考案もやはり元禄頃からで、これまでの足駄《あしだ》に代わって差歯の日和《ひより》下駄が流行し、その後駒下駄（台の裏の中央部をくりぬき、独立した歯を作らない）、さらに塗り下駄、表《おもて》付き下駄（籐や棕櫚を編んで表に付けた）などが生まれ、素材に桐が用いられるようになった。ポックリ駒下駄は若い女性の人気を得た。寛政、文化文政期に入ると差歯下駄に代わり、実用的な堂島（台と歯が一体のもの）や中折下駄（歯のない台を中央で二つ切りとし、台の面に革を鋲打ちしつないだもの）などが現れた。

明治になり欧米の服装様式が入ってきたが、服装の世界は依然として和服中心であり、下駄の分野は江戸時代の延長上にあったといえる。大正・昭和の前半も鼻緒の世界では素材の進歩などがあったが、世界大戦は業界の活動を停止させるものであった。

名古屋の履き物

名古屋は大きな消費地であり、後背地も広く、幾多の日常工芸品が生産されてきた。当地が木材の集散地で木工も盛んであり、下駄の産地としても重要な地位を占めるようになった。「大正　昭和　名古屋市史」掲載の他誌よりの資料に、「下駄材は、桐は三陸地方、信州、伊勢地方の桐材を原料とし、年産額四、五百萬足に及び、北海道産の栓《せん》を用いるもの年産額千五、六百萬足、又婦人向として杜松《ねず》を加工し模造神代杉製花柏を原料とする塗り下駄等産額亦多し」とある。

名古屋下駄は、総じて言えば、桐に対

右から足駄、草履、指貫、草履「伴大納言絵詞」13世紀

して雑木である椹《さわら》、榀《しなのき》、樅などを材とするもので、中級品産地であった。昭和一〇年代初めには、榀下駄約一千万足、椹・櫷下駄約六百万足の生産高であったと記す資料がある。しかし、その後の戦時体制への移行とともに急速に減少し、一時停止状況に陥った。

下駄草履と対をなす鼻緒は、「大正 昭和 名古屋市史」によれば、「鼻緒は製出せられしが、嘉永・安政の頃、其の業微々として振るはず」の状態にあった。まだ鼻緒の産地ではなく、集散地の性格が強く、問屋は江戸、大坂から製品を取り寄せ、近くの美濃、伊勢、三河等へ再移出していた。

大正期　名古屋鼻緒生産数量

年次	企業数	従業者数	生産数量（足）
明44	119	243	21,606,000
大 1	119	268	20,525,890
2	227	705	27,005,000
3	200	638	24,304,500
4	180	615	20,285,100
5	182	599	20,690,800
6	180	620	21,104,618
7	176	615	21,110,600
8	176	604	23,224,860
9	175	594	19,351,388
10	174	600	21,086,500
11	174	600	46,000,000

名古屋市統計書による

このような状況下、伝馬町の宮地茂助という人物が、江戸から仕入れる商品の小倉鼻緒に注目し、その生地《きじ》である小倉織を自ら確保しようとし、葉栗郡島村、高田村等でそれを織らせた。これによって製造したのが尾州小倉である。これまでの移入の製品に比し、廉価であり丈夫であった。売れ行きはよく、名古屋鼻緒は、江戸、大坂、そこからさらに九州方面まで販路を拡大していった。鼻緒は名古屋の特産物となっていった。

明治になると、ビロード（本天）を京都の西陣から仕入れ、本天鼻緒をあみだし各方面に販路を開拓した。さらに布革生地による鼻緒製造にものりだして成功した。日清戦争後、唐天といわれた別珍の鼻緒が作り出された。この別珍そのものの製造、刷毛奈染の工夫がされ、名古屋別珍として全国に移出され、特産の地位を獲得した。第一次世界大戦はヨーロッパが戦場であり、欧州列強がアジアから後退し、日本の輸出は急増、未曾有の好況を呈した。この好況は国内の家内工業にも及び、履物・鼻緒にも活況をもたらした。生産数量生産額とも高水準を示した。

その後、日本は、総じて慢性的な不況の道をたどっていくが、名古屋の鼻緒生産は、昭和一四年には一億三四九八万足を越えており、全国の四〇％強を占めていたという。しかし、その後の戦争への道、大戦で生産停止の状況に追い込まれた。

戦後の混乱、戦後経済も朝鮮戦争の特需を契機に立ち直りを見せ、昭和二七、八年頃になると国民生活も落ち着きはじめた。経済の復興が進むにつれ、履物業界も需要が回復し、生産も回復傾向を示した。しかし日本経済が景気回復・後退を繰り返しながら経済規模を拡大する中で、鼻緒は、昭和三八年頃をピークにして需要は下降しはじめた。生活様式の変化、服飾の変化は履物にも変化をもたらした。靴への移行は顕著であり、旧来の下駄草履鼻緒への需要は大きく減少していった。

鼻緒の製造工程

一　材料
　生地（別珍　植毛品　佐賀錦
　　ビロード）
　皮革（牛、蛇、蜥蜴《とかげ》）　合成皮革
　麻紐　厚紙　綿

二　裁ち　裁断機を用いて鼻緒の大きさ
　に切る。
　（量に応じて大型電動裁断機または
　手裁断機を使う）

三　縫い（ミシン縫い）　鼻緒の幅に縫う。

四　返し　筒状になっている布を裏返す。
　鈎のついた針金を通し引っ張り裏返す。

五　芯通し　麻紐を中心に厚紙や綿を巻
　いた芯を通す。

六　叩き　丸くなっている鼻緒を木槌で
　叩き平たくする。

七　前坪《まえつぼ》縫い　前坪を作る。

八　前坪付け
　・まず鼻緒の中央を折り曲げる。
　・前坪を付ける。

九　仕上げ　木槌を用いて形を整える。

十　完成

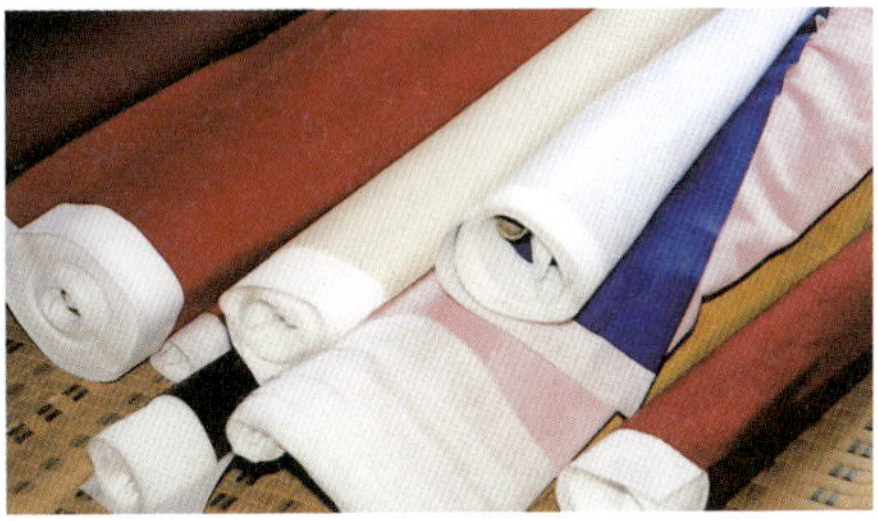
①鼻緒の生地

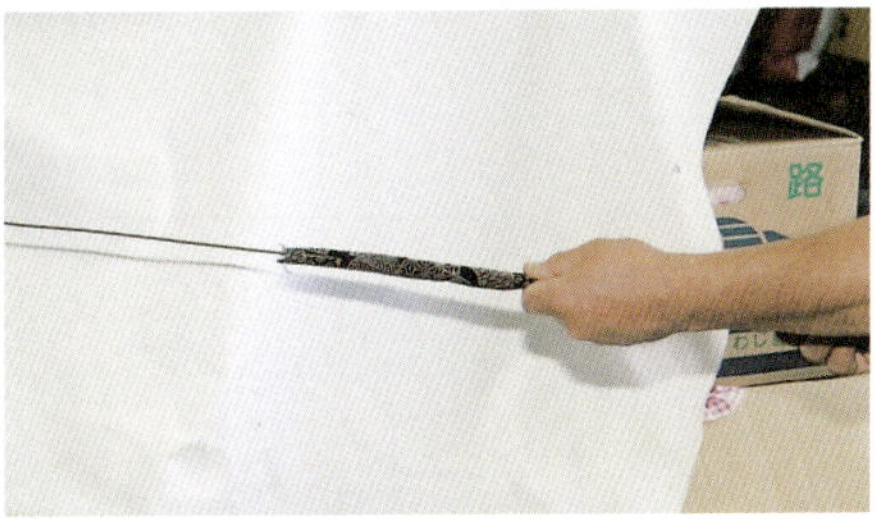
②返し（ミシン縫した筒状の布を裏返す）

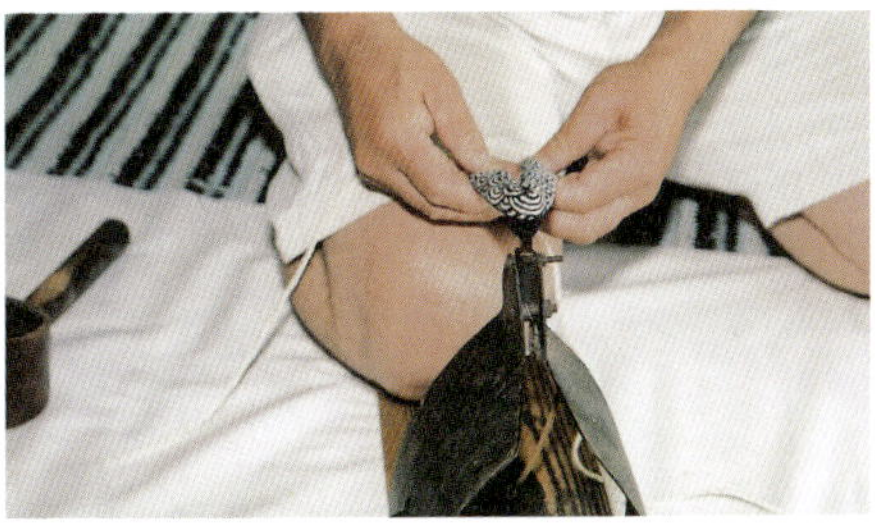
③前坪付け

④鼻緒の叩き

⑤最近の鼻緒

⑥出荷を待つ鼻緒

鼻緒生産の特色

名古屋の履物、鼻緒生産は問屋制家内工業の形態をとってきた。さらにこの機構の基部には内職制度が存在し、大きな機能を果たしていた。明治になり旧武士団は解体され、士族と卒族（明治八年までに士族に編入）は廃藩置県・徴兵令で無用化されてしまい、没落、貧窮化した。この層への授産として、内職としての鼻緒作りが応じた。東海道線、関西線の開通により、西北部へと市域の拡大が進むにつれ、この方面に内職労働力を得て発展した。鼻緒業界では、内職の担い手はほとんど主婦であった。それは、第二次世界大戦後の盛時においても同じであった。

昨今の名古屋鼻緒

業界の組織は、名古屋履物卸商工協同組合である。現在、この組合員は、名簿上は一九社で、その内、卸売業一一社、製造業八社である。今、営業をしているのは両分野で半分ほどである。営業をしている企業で、鼻緒を作っているのはほんの数社である。他は従来の伝統的な下駄、鼻緒ではなく、和装履物（草履）、サンダル、ケミカルシューズ、スリッパへ移行している。統計書でもここ数年前から空欄になっている。昨今では、これまでの履物、鼻緒は履物屋ではなく、和装と履物との関係もあって、呉服屋が扱うようになり、従来の履物屋は姿を消してきている。「おばあちゃんに、かんこ（子供下駄）を買ってもらうの」と訪れる履物屋さんは消えていってしまう。

（平成一九年）

訪問先
仲村商店　仲村文生氏
名古屋市中村区佐古前町六―一〇
電話〇五二―四八二―〇〇一二

名古屋履物　木製履物

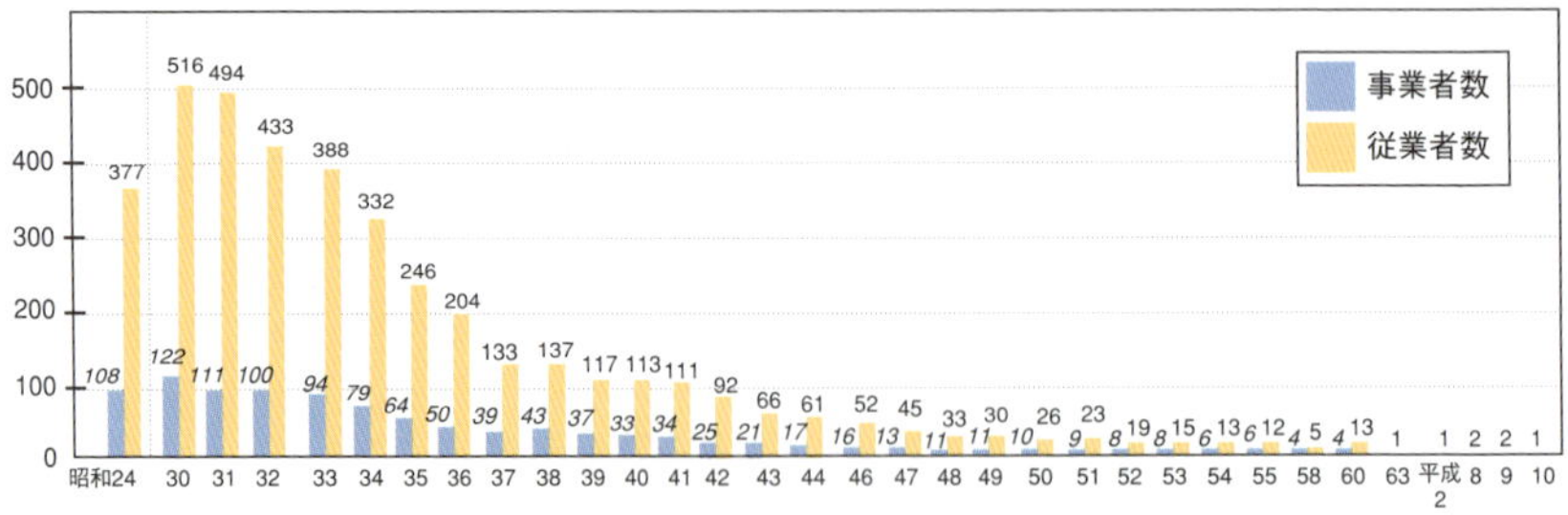

名古屋履物　生産額

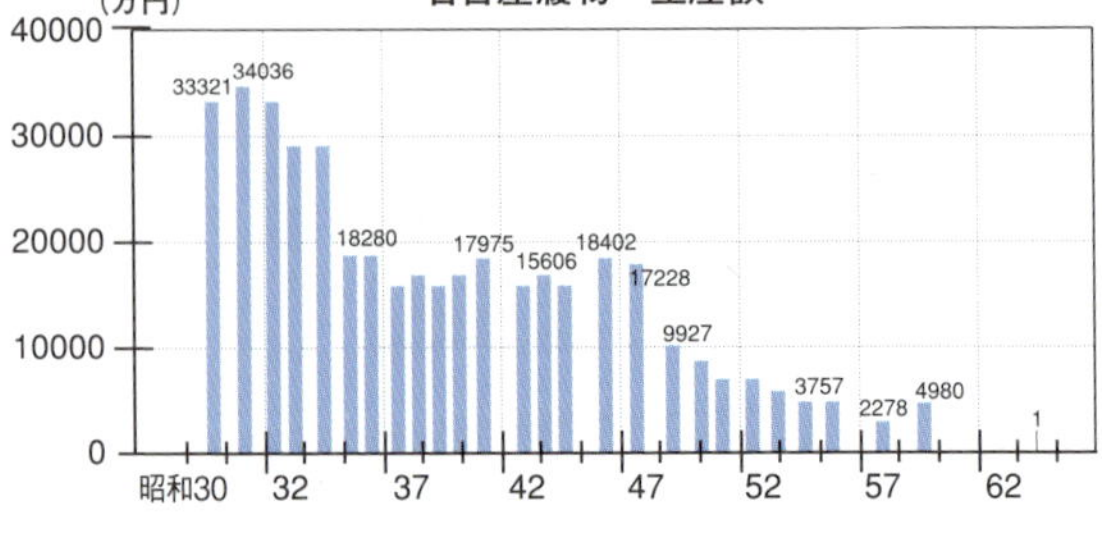

名古屋市統計年鑑より作成

飾り桶の底板入れをする栗田実氏

名古屋

美しく柔らかな木肌　名古屋桶樽

桶と樽

「大風が吹けば　桶屋が儲かる」

大風が吹けば砂ぼこりが立ち目を悪して盲人が多くなり、盲人は三味線を習うから猫の皮の需要が増し、そのため猫が殺されるから鼠が増え、鼠は桶をかじるから桶屋が儲かるという意味である。思いがけないところに影響が及ぶことの譬《たと》え。

この格言はよく人口に膾炙《かいしゃ》しているものの一つであるが、身近にあって日常使うものである桶樽についての謂《いわ》れは他にも多くある。

「桶屋と西瓜は叩かねば食われぬ」
「お情けより樽の酒」
「輪に輪を掛ける」
「輪にも葛にも掛からぬ」（箸にも棒にも掛からぬと同義）などが知られている。

樽と桶の歴史

別の箇所で記したように、木の材を用いた容器は大きく分けて五種となるが、

北斎「冨岳三十六景」尾州富士見原

剝物《くりもの》や挽物《ひきもの》、あるいは組物（箱物）は大きなものはできないし、また薄くひいた板を曲げ桜の皮で綴《と》じ、底を付けたものである曲物は比較的大きなものもできるが、内容物の重さ、圧力に耐えられないし、保存に向かない。

　ところが、室町時代になると農業に始まる生産力の上昇が、商品生産、商品流通を促した。これは生産・運搬用具、容器の需要を拡大した。このような中から桶、樽は急速に普及していったと考えられる。これは、戦国時代が収束され幕藩体制が確立された江戸時代、その安定とともに産業経済の発達には著しいものがあった。

　農業生産の発展と商品作物の流通、手工業の発達と多様化、交通輸送組織の整備、商業活動、都市の発達は、需要・供給の拡大をもたらした。ここで扱う桶、樽も例外ではなかった。従来の壺、甕や曲物では生産、輸送、保存には応ずることはできなくなった。大容量で堅牢な容器にすることができる桶、樽がその首座につくことになった。酒や味噌・醤油をつくる巨大な桶・樽が作られ、庶民の生活の向上に伴って一般の家庭でも生活に応じたいろいろな桶・樽を有した。江戸時代は桶・樽の全盛時代であった。

　明治になり、近代産業、工業が発展するにつれ、従来の道具、容器に大きな変化が生ずることはきわめて自然なことであった。ビールの醸造の開始によりビール壜《びん》の生産が始まり、その刺激の中から一升壜が生まれた。壜が普及していくにつれ、桶・樽はその主流の座を譲らざるを得なくなった。それでも、まだ日常生活の中では木器が多く使われていた。これを根本的に変えたのは、戦後の復興が進んだ昭和三十年代からのプラスチック製品の普及と一般化であった。これが現在の木器の置かれている状況を生み出したのである。

名古屋の桶・樽

　尾張はもともと生産力が高い地域で豊かであったうえ、木曽を支配した尾張徳川氏が山林保護経営を進めてきたこともあって、優れた木材を入手し、利用してきた。家の建築でも最も品質の高い檜材を用いてきた。城下へは優れた多くの木材が入り、木を素材とする生業の者が多く存在した。ちなみに、名古屋城下には桶屋町、樽屋町が存在していた。前者は、慶長年間清須の桶屋町が移転してきた清須越の町である。現在、中区錦一～三丁目。後者は、同じく清須越の桶屋新兵衛が、名古屋城の西、江川右岸に住んだことによるという。初め桶屋町と称したが、のち承応二年樽屋町と改称したという。現在の西区江川町である。

　私たちは木製品を作り出すのは山国との

印象を持つが、尾張でも想像以上に多くの職人がいたのである。『名古屋市史』によると、明治三三年（一九〇〇）、大工職五〇〇以上、指物職三〇〇以上、建具職・木挽職・桶職・仏壇職一〇〇以上と記されている。名古屋のみならず、街道筋や町には、それを生業とする職人がおり、商いをする店があった。

　ところが昭和四十年代になると、桶・樽、曲物を扱う職人は激減といってもいいほど減っていった。現在、桶・樽を作り組合を組織する人は五軒、他に二軒の計七軒といった寂しさである。こういった中で、木に触れることが何より楽しいといわれ、名古屋の「桶文化」を残したいと努力しておられる栗田氏を訪れ、お話をうかがう機会を得た。

　栗田家は父親が修業の後、独立した。当時名古屋市内の堀川、白鳥などには太い丸太が浮かび、その周辺には製材所、木製品を作る職人が多くいた。栗田氏が独立した頃は戦後復興期であり、生活の落ち着きとともに新たに道具類を求める人が多くあり、それに応ずる同業者が多くいた。需要は旺盛であり、二人の息子に後を継がせることに躊躇はなかったという。

　仕事が減ってきたのは昭和四十年頃からであった。背景について考えてみると、一つには電気炊飯器が普及してきたことである。桶製品の中心であったのはお櫃《ひつ》だったが、そのお櫃が打撃を受けたのである。お櫃にあけたご飯は適度に蒸され、艶《つや》が出て美味しくなるのに、炊飯器の便利さには勝てなかった。米を研ぎお釜でご飯を炊くことにくらべ、電気炊飯器は大変便利であり、その管理も簡単であった。その上保温性にも優れており、急速に広まっていった。炊飯器の普及に反比例してお櫃の需要は急速に減っていったのである。時あたかも、プラスチックなど新たな素材が天然素材の容器を駆逐していった。椀や盆、茶托などの刳《く》り物、弁当箱や柄杓などの曲げ物、寿司箱、重箱などの箱物も例外ではなかった。

現在の桶・樽の製作

材料

檜　木曽檜：高級感　耐久性　抗菌性に優れる。

椹《さわら》　木曽椹を最上とし、江戸時代から桶材として評価されてきた。
・気候風土に合致した素材である。
・吸湿性に優れる。
・食材に臭いが移らない。
・食材の風味を損なわない。

檜葉《ひば》　青森檜葉が有名。東北地方ではこれが中心。

杉　吉野杉が有名。関西はこれを評価してきた。醸造用の樽が有名である。

＊地域による材の評価の違い
・産地と供給量……供給量多ければ評価が高くなる。

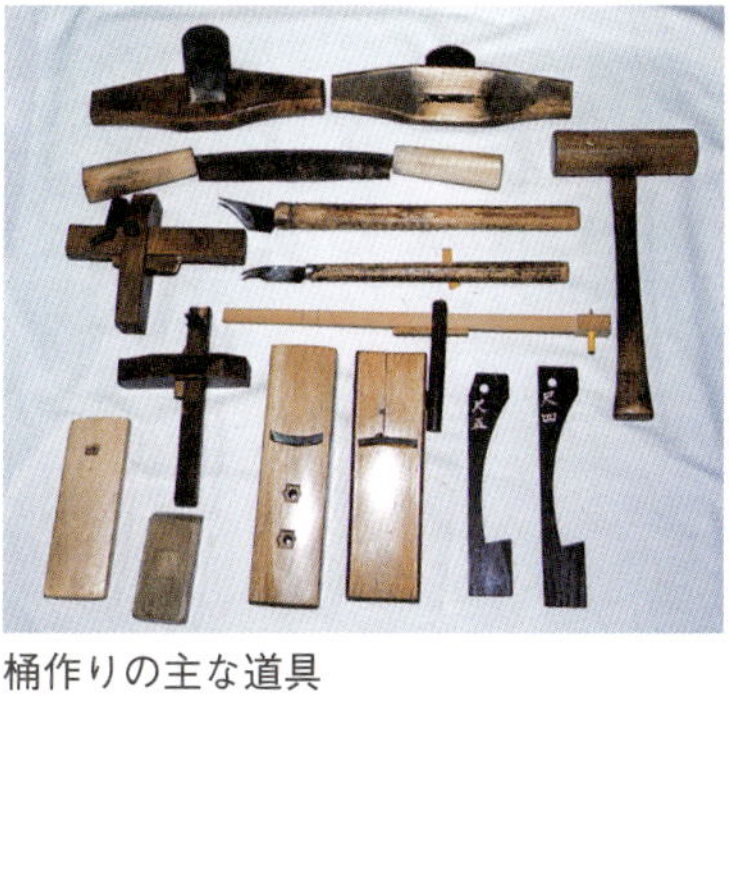

桶作りの主な道具

・伝統、歴史によるところが大である。

桶と樽の違い

桶　底板を持つ。
板は柾目《まさめ》を使う。水分が抜ける機能を利用する。

樽　底板の他に蓋板が嵌《は》められている。
板は板目《いため》を用いる。水分が抜けない機能を利用する。

材の加工

板目　水分の漏れないもの。
酒樽　醤油樽

柾目　水分を抜く、呼吸をする。
お櫃類

＊柾目を出す挽き方は材料に無駄が出て高価となる。
古い材でも削ると白くなる。
包丁の切れが落ちない。

＊木材は水中で寝かせると、割れが生ぜず、癖、灰汁《あく》が抜ける。

箍《たが》の加工
竹を用いる。強度、耐久性に富む。
秋から冬にかけて伐採した竹を用いる。

竹箍┬巻き箍　銅・真鍮┬捻輪《ねじわ》
　　└組み箍　　　　　└平輪《ひらわ》

※お櫃には銅・真鍮の輪

桶の製作

一　原木　椹《さわら》

二　木取り　必要な大きさに切る。

三　乾燥

四　鉋掛け
外鉋　側板の外側を削る。
内鉋　側板の内側を削る。

五　正直《しょうじき》
正直台で側板の合わせ面を削る。
今は正直台を用いないで機械で削る。

六　糊付け
合わせ面に糯米《もちごめ》の粉で作る糊を用いる。

七　仮箍　仮の箍をはめ桶側を組む。

八　内外鉋
桶の内側、外側を削り仕上げる。

九　バリ掻き
掻きバリなる道具を用いて底板を嵌める溝を掘る。

一〇　箍入れ
正式の箍を入れる。
箍を締めたあと水箒で水を掛ける。
箍で凹んだ箇所が元に戻る。

一一　底入れの加工
①コンパス、定規で線を入れる。
②大雑把に削り取る。
③特別な鉋で削る。

一二　底板を嵌め込む

一三　木口鉋掛け
桶の木口に鉋を掛けて仕上げ。

一四　完成

今日の製品

1　お櫃
・名古屋櫃
水分の抜けがよい。蓋を横に、内側を上に置く。水滴が落ちない。
・江戸櫃（覆蓋《おおいぶた》形式）
蓋の横から水滴が落ちる。
・大阪櫃　蓋が側の中にはまる。

2　寿司桶
かつての熟《な》れ鮨は後退し、現在は酢飯寿司に移行、これに応じ半切

底板作りと桶側・内に底板溝

仮箍　仮の箍をはめ桶側を組む

コンパス、定規で線を入れる

飾り桶の完成

底板を嵌める

り桶が中心。

3　飾り桶
デパート等で見る食材を盛る長円の大きな桶。

4　盆、盛り桶（浅、深）、飾り桶、うどん桶。

5　角樽《つのだる》、贈答味噌樽、漬物桶

6　ワインクーラー、冷酒クーラー

7　岡持、盛り桶、珍味入れ

8　洗桶　湯桶　湯掛桶　花桶（両手桶）

9　氷割桶、水桶、氷水桶

10　釣瓶《つるべ》（今ではインテリアとして利用）、エサ箱

桶の手入れ

・色が薄黒くなる前によく水洗いをする。内側の水分をふき取りよく乾燥する。

・水は木口から浸透するので木口はよく乾燥させる。

・経年による痩せ　箍を締め直す。

・金属の箍の場合　磨き粉で手入れする。

・週一回ぐらい熱湯をかけ、後よく乾燥させる。白く維持できる。

氷水桶

盛り桶（浅）

名古屋 櫃

氷割桶

ワインクーラー

江戸櫃

左・掛け湯桶　右・湯桶

冷酒クーラー

すし桶

つるべ

岡持

なれずし桶

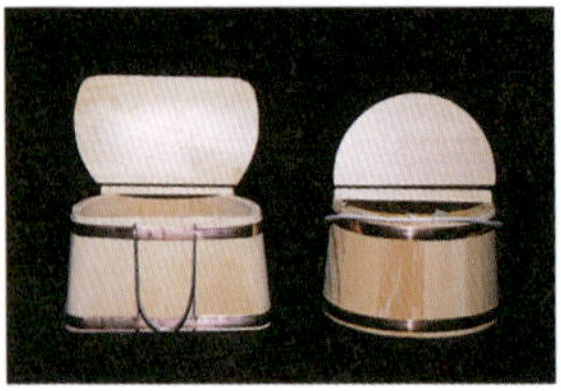

えさ箱 2種

盛り桶

盆

珍味入れ

飾り桶

昨今の桶・樽

珍味入れ　製作過程

伝統工芸は、一部の芸術性が評価され求められていくものを除き、総じて生活と結びついているものであるから生活様式の変化に伴って衰退していくことは避け得ないものといえる。しかし、長い歴史と伝統の中で培われ磨かれてきたものが消えていくことはいかにも寂しい。一度絶えてしまうとその復活はきわめて困難である。人が作り出したものである以上、どこかに生かし、残していけるところがあると思う。

今、伝統工芸従事者は例外なくといっていいほどに仕事が減ってしまった。後継者がいないから伝統工芸は衰退するとはよく聞くところだが、それも自分の仕事を子息に継がせることができないからである。そして今、需要の減少に加え、原材料の入手が困難になってきている。原材料の枯渇の問題では、桶の材料のサワラは桶か船材に用途が限られており、もはや植林されることがないという。檜は建築用材として価値があり植林造林されるが、サワラは使い切ってしまえば終わりである。当然、このサワラを桶材に適するように加工して提供してくれる業者が減ってきている。原木を手に入れたとしても浮かべておく場所がない。名古屋ではこれまで堀川、白鳥に貯木していたが今はそれはできない。広い場所を要する製材業者、竹材業者は採算がとれずマンションを建てて不動産収入に頼るようなったりしている。このように製品の需要の減少ばかりでなく、材料の入手・確保にも心配しなければならなくなっている。これから先、材料の変化の可能性はありうる。外国材の使用、外国人労働者の育成も考えねばならないかもしれない。

伝統工芸品のすばらしさは認めても、現実の生活との隔たりが大きくなり、それを買い求めることと結びつかない。有名百貨店における伝統工芸品のスペース、専門店の数の減少は、よく現状を物語っている。

そんな状況の中、栗田氏は同業者の枠を越え、異業種との組織作りを進めている。異業種の人の眼、視点から議論し、そこからヒントが得られるのではないか、また知恵を出し合い、生き延びる道を見出そうと考えてのことである。現在は組織の準備段階だが、生きる世界の違い、そこから見える新たな方向など、いい予感がするとのことである。伝統工芸に従事する人たちは、決して現状に負け、意欲に欠けているわけではない。工夫と努力につとめておられることを知り、心強く思ったことである。

（平成一四年）

訪問先
栗田化粧樽製作所　栗田実氏
津島市蟶間町弁日二〇五
電話　〇五六七―二四―七七九五

常滑市

土の味を生かしたやきもの
常滑焼

「やきもの散歩道」と四角の赤煉瓦煙突

常滑の町

常滑《とこなめ》焼の町、常滑は知多半島のほぼ中央部西側伊勢湾に面するところに位置する。今ここの沖合に中部国際空港が建設され、中部の玄関としての役割も果たすことになった。

常滑焼というと尾張に育った者は、まず土管（地元では陶管という）を思い浮かべる。今日のようにヒューム管やビニール管はなく、かつてはもっぱら常滑土管が用いられていた。周りにあった井戸側、水甕、肥甕も全て常滑焼であった。常滑焼というと、日常生活に関わる実用的な田舎臭いものというイメージであった。これは明治以後の常滑の陶業産業構造のもたらしたものである。

しかし、実際には常滑焼は古代にまで遡り、日本六古窯の最古最大の窯場として栄え、常滑の土の味を活かして優れた陶工芸を生み、すぐれた時代を生きてきたのである。

常滑焼の歴史

平安時代末期、古墳時代から長く焼かれてきた須恵器に代って、常滑ではいわゆる「古常滑」が焼かれるようになった。『張州雑誌』に「常滑四村、古者出尾張陶器、是濫觴之地云々」とあり、国焼の一つと伝えられてきている。日本六古窯（瀬戸、常滑、信楽、越前、丹波、備前）の一つであり、この半島に数多く残されている古窯址からしても、また各地から常滑の甕や壺が出土、発見されていることからしても、その規模は相当大きかったと考えられる。

仏教史では、平安中期以降中世の経塚の習慣について語られている。これは末法の世まで経典を保存しようとすることから始まり、極楽往生、供養のために「埋経」が行われるようになった。「埋経」を入れる壺には、古常滑が多く見られる。古常滑は、今日の陶芸とは異なる重みと深みがあり、その美には強く惹かれるものがある。常滑市立陶芸研究所や常滑市民俗資料館に展示されている壺や甕を見るにつけ、その感を強くする。

室町時代に入ると、生活用具としての壺や甕が多く焼かれるようになる。半地下式の大窯が築かれ、海運の利を生かして盛んに各地に移出され、需要を拡大していった。

ところが時の政治の推移は常滑には味方しなかった。国内統一を目指す織田信長は、領国支配の強化と積極的な経済振興を進めたが、窯業に関しては瀬戸への保護政策（永禄六年の制札と天正二年の朱印状）が強くおし進められたのである。それに加えて常滑城主水野監物守隆の失脚も災いした。彼は茶の湯でも知られ、常滑の焼き物を堺衆の茶人に紹介し、千利休とも親交のあった人物だが、本能寺の変の折、明智光秀方につき京の嵯峨に隠棲を余儀なくされ、後にその地で自刃した。常滑は織田信雄の支配下に置かれるが、その後の信雄と秀吉の対立が常滑にさらに大きな打撃を与えたのであった。常滑は、桃山・江戸初期に展開した茶道に乗る機会を閉ざされたのであった。

かくして江戸時代の常滑は、庶民の生

「尾張名所図会」より「常滑」

自然釉猫かき文大甕（平安末期）
常滑市立陶芸研究所蔵

活に結びつく壺、甕、鉢といった日常雑器生産が主流を占めた。ようやく江戸中期になって新たな展開を見せ始め、従来の日用雑器に加えて花器や茶器に優れた人材を出すようになった。

　初代赤井陶然《とうぜん》は轆轤《ろくろ》による名品を、伊奈長三《ちょうざ》は藻を素地にかぶせて焼く「藻掛《もが》け」を始めた。文化年間、置物、茶陶に独自の世界を開いた上村白鷗、今日常滑焼の一方を代表する朱泥焼を生み出した杉江寿門《じゅもん》、その後の朱泥急須の主流となる山田常山《じょうざん》（後の三代常山は無形文化財・人間国宝に認定されることになる）。鯉江《こいえ》方寿《ほうじゅ》は登窯の導入と土管の改良技術で知られ、常滑焼の中興の人と称せられる。

「菊型朱泥後手急須」
初代杉江寿門作
常滑市立陶芸研究所蔵

「蝦蟇仙人像」（文政5年）
上村白鷗作
常滑市立陶芸研究所蔵

　時代はもう明治時代である。西洋の技術導入が図られ機械化も進められた。陶業も例外でなく、窯はさらに改良され倒焔式角窯が使われるようになり、燃料も薪に代わって石炭が使われるようになった。殖産興業政策の進展は新たな製品の需要を生み出し、伝統的な大型の甕や壺、鉢の生産技術の上に、土管、焼酎瓶、建築陶器の需要に応えるようになった。従来のような生活に結びついた製品から他産業に関わる製品を生産するようになり、それに比重がかかるようになった。常滑という窯業地は新たな性格を帯びるようになった。大正、昭和の時代になるとこの傾向はさらに強くなり、土管生産額は県内で七〇%を超す状況であった。昭和に入ると、建築陶器（タイル、衛生陶器）の生産が伸びていった。

　しかし、昭和一〇年代に入ると準戦時体制の進行、そして太平洋戦争勃発以後は物資統制令が布かれ、常滑窯業も大打撃を受けた。窯業はその性格を変え、資材・燃料の入手困難、労働者の減少によりその生産は急減した。陶器は金属代用品扱いとなり、常滑には耐酸瓶などの生産が求められた。写真の巨大な甕は二〇〇〇リットル、写真の中のものは五石入りといわれるもので、化学薬品、ロケット燃料用といわれていた。戦時、常滑ではこんなものも製作していたのである。常滑の象徴でもある四角の煉瓦造の煙突も、昭和一九年の東南海地震で多くが倒壊し、陶業は生産停止のような状況に追い込まれ、まさに惨憺たる状況で終戦を迎えたと聞いている。

　常滑は、その生産物の特性（土管、甕、建築陶器）により、他に比べて比較的早く苦境から回復していった。戦後復興に

常滑焼時代概念

区分	古代				中世		近世
時代区分	大和時代	飛鳥・改新時代	奈良時代	平安時代	鎌倉時代	室町時代	織豊時代
	猿投窯……（南下）…… （窯）窖窯《あながま》			古常滑 経塚壺 「国宝秋草文壺」 ＊高讃寺	蔵骨壺 半地上窯	民用壺甕 大窯	信長の禁窯令 水野監物の不運 ↓ 常滑窯の茶陶後退

近世	近世		現代
江戸時代	明治	大正・昭和（～20）	昭和（20～）・平成
常滑窯の復活 在銘茶陶の時代 火色（藻掛け）焼 鮫焼　朱泥焼 朱泥急須 多様な壺甕 （窯）登窯の登場	土管改良・生産拡大 焼酎瓶、硫酸瓶 黒泥焼始む 平地式窯 石炭窯 折衷窯	太平洋戦争 ｜ 企業統制整理 タイル生産 角窯　トンネル窯	戦後復興 高度経済成長 急須 土木建築用・衛生陶器 経済変化 ↓ 常滑窯業の苦境 ガス窯　電気釜

巨大な甕群（常滑にはヨリコ造りの技術による大物造り、焼酎瓶、硫酸瓶造りの経験があった）常滑市民俗資料館蔵

今ではこういう風景は数カ所となった

伴う建設需要の高まりにより、その後順調に回復していった。盛時には工場数は五〇〇を越し、従業員数も六〇〇〇人を越え、一時は七〇〇〇人を数えた。我々の周りでいえば、水甕、井戸側、土管など、常滑の焼き物が目についた。生活と強く結びついていた焼き物だった。

新たな時代を迎えた常滑焼

明治以降の発展の中で、常滑焼は、「焼き物」というよりも「陶業（陶製品）」の性格を強めていき、その生産の高まりはこれによるところが大きかった。中でも土管（その性格から陶管といわれる）は常滑陶製品を代表するものであり、港や工場には土管がうず高く積まれていた。土管の需要は、今では激減してしまい、土管を作る工場も数社のみという状況になってしまった。土管以上に長い伝統のある甕や鉢の類も同じ状況である。水道の普及により水甕の需要は急速に減り、さらに東南アジアや中国からの安価な輸入製品が追い打ちをかけた。大きくて重い甕や鉢造りのための特別な技術、紐《ひも》作り・よりこ造りといわれる技法での生産は、機械化の進む中で太刀打ちできなかった。それに甕や鉢には芸術的な価値が付かず、外からの大量な流入に対抗することはできなかった。高い技術を保持してきた伝統工芸士も、生業としてやっていけなくなってしまった。

毎年八月最後の土・日に開催される「常滑焼まつり」の会場で、技術展示・実演が行われる。今や、そこでしか目にできないほどになってしまった。趣味のある特別な人の注文に応じ、製作する程度であると聞いている。

常滑まつり　デザインを競う茶香炉

常滑を基盤にしてきた陶業の中心的存在である伊奈製陶も社名をＩＮＡＸと変更したが、従来の陶業のみでは経営が難しくなってきており、「住」全体に関わる方向を目指す、新しい経営へとシフトを図っている。「陶」以外の新しい素材の開発、建築用器材の開発などを目指しているのである。

常滑焼のもう一方の代表といえば、日常雑器や花器・茶器の雅器の分野で、まずは急須である。朱泥急須はその地位を上げ、昭和四〇年以降、四日市の万古焼の地位と取って代わった。手作りの陶芸としての急須は、今後も常滑焼のイメージを代表していくと思われる。

また花器、茶器において作家を目指す若者も多く出ており、活躍している。現代社会の〝自分のお気に入りを求める〟といった風潮もあって、新しい陶器の世界が開かれていくと思われる。昨今のアロマテラピー（香による癒し）のブームは、茶香炉の需要を生み出している。展示場などには、優れたデザインのものが並んでいる。こういった新しいものへの感覚・関心には勇気づけられるものがある。

（平成一六年）

常滑焼関係施設

常滑市立陶芸研究所

展示　古常滑（大甕、鉢、壺、山茶碗など）
朱泥、真焼、藻掛けなどの茶器、花器置物等

研究制作　技師、研修生の作品展示、即売

研修生の受け入れ　絵付け実習

常滑市奥条七丁目二二

電話　〇五六九―三五―三九七〇

常滑市民俗資料館

展示　常滑焼の生産用具、製品の蒐集・展示、スライド、ビデオによる解説

常滑市瀬木町四丁目二〇三

電話　〇五六九―三四―五二九〇

窯のある広場資料館・世界のタイル博物館

◆一九九七年登録の有形文化財指定の窯・煙突・工場建物。
◆日本唯一のタイル博物館。タイル、テラコッタの蒐集・展示、催事

常滑市奥栄町一丁目一三〇番地
電話 〇五六九―三四―八二八二

常滑市陶磁器会館

常滑焼の展示、販売、紹介、宣伝活動
観光案内、資料
やきもの散歩道の出発点

常滑市栄町三丁目八番地
電話 〇五六九―三五―二〇三三

やきもの散歩道

＊Aコース 常滑焼の中心を巡る。窯屋、作業場が狭い起伏のある道の両側に続く。土管坂、展示工房館、登り窯、多くの煉瓦の煙突

＊Bコース 行程四キロメートル
鯉江方寿翁陶像、陶壁（常滑市立西小学校、東小学校）、窯のある広場資料館・世界のタイル博物館、常滑市立陶芸研究所、常滑市民俗資料館

常滑市観光プラザ

展示 常滑焼の展示 観光案内 作家作品の展示 常滑焼資料 パンフレット

常滑市鯉江本町五丁目一四一番地
電話 〇五六九―三四―八八八八

とこなめ焼協同組合

常滑市栄町三丁目八番地
電話 〇五六九―三五―四三〇九

とこなめ焼卸団地セラモール

製品の展示、即売 二十社ほど
常滑市金山字砂原九九
電話 〇五六九―四三―七一一一

常滑市役所

庁舎内に陶壁、大皿、急須の塔
常滑市商工観光課 常滑市新開町四―一
電話 〇五六九―三五―五一一一

土管坂

10本煙突の大登り窯

西小学校 陶壁

鯉江方寿翁陶像

上村新吉氏のよりこ造りの技

常滑焼１

人の手足を轆轤《ろくろ》にかえて造る技
よりこ造り

特色ある焼き物と技術

常滑焼は、大型の重量のある焼き物を特色として発達してきた。大型の甕・壺・鉢などの製作には轆轤《ろくろ》の使用は困難で、ここ常滑では「よりこ造り」が発達した。これは、まさに人が轆轤《ろくろ》の代わりをすると表現できる、独特の技術である。江戸時代宝暦期の尾張藩医・浅井図南の「図南先生嶋紀行」には、「山の下を少しさりて家々にかめ作るを見る　皆手にはに（埴＝粘土）をにぎりてつくるに　ゆるみすきまなども出こず手足を轆轤にかへて大きなる瓶どもしばしの内に作りなす　誠に手に得て心に応ずとやらん　あやしきわざなり」とあり、よりこ造りの行われていることを記している。

二つ目の特徴は、急須である。当地の急須造りは、幕末・明治初期にその技術が開発されたものである。その後、朱泥製品は発展をし、常滑陶業の主流へと発展した。

今回は、常滑焼について

一、よりこ造り

二、急須の二つを訪れた。

よりこ造り

常滑焼の特色である大型の甕、壺、鉢あるいは土管の生産は、日本各地の窯場とは異なる技術、「よりこ造り」の発達をもたらした。これは棒状の粘土を右腕に乗せ（時に肩に達する長さとなる）、右手の指の腹で伸ばしながら積み上げて作るものである。陶人は作り台の周りを左回りに後ずさりしながら積み上げていき、人間が轆轤となって回って作るといえる方法である。機械や特殊な道具がなくても、大きな物を作ることができる技術であった。かつて、山口県防府市の佐野焼の甕造りにもこの技法が用いられていたが、今では絶えてしまっていると聞く。

原料

田土　水田の底土となって堆積しており、粘土はやや粗で可塑性に富み、アルカリ分と酸化鉄を多く含み、比較的低い焼成温度で焼け締まる。

丸物の製作工程

一　皿打ち

器の底の部分を作る。作り台に硅砂を撒き、底にする粘土を外に向かうように叩き円形に広げる。周縁部を高くする。（これはその形から皿といわれる）

＊大きい物の場合は土間に硅砂を撒いて足で踏んで作る。この砂底は常滑焼特有のもので産地を見分けるのに貴重である。

二　よりこの準備

土練りされ保管されている粘土を土台で軽く練り直し、棒状に伸ばす。器物の大きさにより、長さと太さは決まってくる。大きなものでは径一〇センチに及ぶ。

三　積み上げ

・皿（底）によりこを積み上げる。

よりこを右腕に乗せ、その先端を持ち親指で撚り、人差し指の腹で伸ばし押さえつけていく。

左手は皿の外縁部に当て、これを受け止めている。左回りに後ずさりしながら想像以上の早さで積み上げていく。

＊皿の上に最初に二段ほど積まれた下胴部をシンゼという。

＊この上に積まれていく各二段ほどをカズラという。

・これを二、三回積み上げると、そこに水分を含ませた布《ツギ》をかぶせて、この台は休憩とする。

・ここで少し乾燥させる。連続して積み上るとその重みで下部が崩れたり変形したりするからある程度の乾燥を要する。

・なお、器形や大きさ等によっては接続部に水を浸した布（巻ハゴメ）を胴の接続部に巻いて変形・破損を防ぐ。

・器物の大きさに応じて繰り返す。

・その都度ヘラを用いて器の内側、外側の撚り跡を消し整える。

＊ここまでの口縁部（端《は》）をつける前の上部二段、またこれまでの段階の半製品もコツブリという。

・表面を手で撫でまわし、水を浸した

布（カワツギ）で撫でまわして表面を仕上げる。

四　乾燥

端をつける部分には乾燥しないように濡れた布を被せておく。

五　端《は》作り（端付け）

・器物の口縁をつける。

・器物の大小、端の形により、よりこの長さ太さは決まる。

・端（口縁）の形、用途よっては絵柄が付けられる。

六　乾燥

七　窯詰め

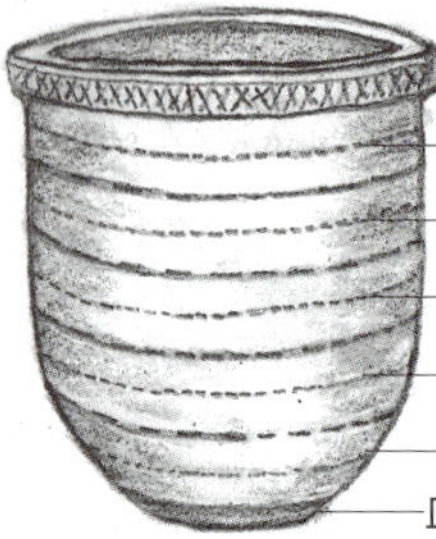

端：絵柄を付けることもある
コツブリ：端付け前の2段をいう。
またこれまでの段階の半製品を指すこともある
シンゼ：最初に底皿に積み上げた2段

八　焼成

九　窯出し、点検

一〇　完成

①皿打ち

②よりこの積上げのはじめ

③表面を手で撫でまわし、水を浸した布（カワツギ）で撫でまわして表面を整える

④積上げ

⑤乾燥

⑥型（リンズ）による絵柄付け

角物の製作工程

角物の場合も丸物とまったく同じように造られる。ただし、角《かど》と長い直線部の整形に丸物と異なる留意がなされる。

一　底作り

①粘土を板状に延ばし、所定に切る。

②粘土を積み立てる周縁部に、接合をよくするために数条の筋を入れる。

二　よりこの準備

丸物造りの場合と同じ。

三　積み上げ

直線部が長い場合、左右に傾きやすいが、スピードはかわらない。角の部分でも左手が巧みに応じ止まることはない。

四　整形

・まず手で丁寧に形と面を整え、その後にヘラと濡れ布で仕上げる。

五　仕上げ

＊ここで模様付けすることもある。

六　乾燥

七　窯詰め

八　焼成

九　窯出し

十　点検　完成

よりこ造りについて聞く

現在、この常滑の伝統ある「よりこ造り」による生産はほとんどなされていない。特別な注文、趣味で造られる程度といってよい状況である。きわめて安価な外国製品、中でも中国の製品が大量に流入するようになり、それに対抗することができなくなったことによる。常滑焼は、「伝統的工芸品産業の振興に関する法律」の指定を受けているが、その伝統に培われた「よりこ造り」の技術を生かすこと

①底作り

②積み上げ

③手による成形

④ヘラでの成形

⑤指による模様付け

ができなくなっている。

今、時々でもこの技術を用いておられるのは二、三人の方と聞いている。今回、その一人で長老の上村新吉氏をお訪ねした。上村氏は八十歳を越える高齢だが、矍鑠《かくしゃく》たるもので、今でも関心のある人、教えを乞う人に工場を開放して応じておられる。また、常滑に優れた技術があることを次代を担う子どもたちにも示しておきたいと、学校の総合的学習の時間に参加して、常滑焼への関心と知識を持たせる努力をしておられる。以下は、上村さんの言葉である。

熱心に語る上村新吉氏

「自分は尋常小学校五年生の頃から工場の仕事を手伝いはじめ、八十三歳の今日まで焼き物に携わってきた。自分は陶芸はやらない。陶業に携わってきた。「業」はいうまでもなく生きるための行為であり、そのためにはいかに均質の製品を多く作り出すかである。一人前の者は、例えば四斗入りの甕ならば一日に二〇本、土管の端付けで五寸土管ならば二五〇本付けねば一人前ではなかった。必死になって学び技術を覚え、工夫した。これが生業というものである。」

「今の者は本当に働かない。窯業は天気に左右されるところが多いので、自分は天気のよい日には死物狂いで働いた。それに、仕事の要領が悪い。工夫と研究心が足りないといえる。今一つ感ずることがある。多くの人が焼き物作りに関心を持って教えてくれとやって来るが、どうも教えを待つというところがある。自分でやってみて工夫をしてみる、自分でやって覚えるという意欲に欠けるように思う。というものの、少しわかり、手が動くようになると、いろいろ試みるようになり反応は良い。自分のやってきたよりこ造り・紐造りを行う気楽な教室を今後もやれるだけやっていこうと思っている。」

「『芸に浮かれ、過去を顧みず流行を追っていく時世』であるが、伝統の技術を身をもって受け継いできた者にとって、伝統の焼き物に関心を持ち自分でもやってみようとする人が出てきていることはうれしい。自分の仕事場が放置され、蜘蛛の巣が張っている姿は見たくない」

こんなことを語りながら、上村さんは「よりこ造り」の技術を披露してくださった。

（平成一六年）

訪問先
シンキ製陶所　上村《かみむら》新吉氏
常滑市原松町五—一一五
電話　〇五六九—三五—三三九一

朱泥、藻掛けなど味のある茶器

常滑急須

清水源二氏の急須の妙技

急須の広がり

急須は、いうまでもなく煎茶器で、葉茶に湯を加え煎じ出す壺形の小器のことである。喫茶の風習の広がりとともにその容器として発達したものの一つである。

日本での飲茶は、僧・栄西が宋より茶を将来したことによるとされる。その著「喫茶養生記」には、「極熱の茶湯にてこれを喫すべし。寸分の匙にて二、三匙とし、多少は随意とす。但し湯の少なきをよしとするも、また随意とする。ことに濃きものを以て美とす」と記されている。もちろん、一般大衆の関わるものではなく、寺院や武家の嗜《たしな》みであった。江戸時代、経済の発展と庶民生活の向上とともに、飲茶の習慣は広まっていった。

急須は、日本へは室町時代に渡来し、江戸時代の文化・文政期以降、煎茶の流行とともに普及していった。現在、急須の製作は、清水焼（京都）、万古焼（三重）、常滑焼（愛知）、相川焼（佐渡）が知られており、中でも常滑の朱泥の急須はその色合いと触感、技術で最も高い評価を得ている。

お茶と常滑急須

急須は煎茶器の中心である。お茶の伝来に関しては、奈良時代、聖武天皇が「大般若経」の講読に際し、茶を文武百官に賜ったとの記録があるが、この茶はその後の日本人の喫茶の習慣に直接結びつくものではない。先にふれたように、鎌倉時代に入宋僧栄西が茶の種子を持ち帰り、「喫茶養生記」を著したことが喫茶の広まる契機となった。室町時代には、いわゆる「茶の湯」が生まれ、町衆がその担い手に加わり、千利休によって茶道として大成され、普及していった。

一方で、熱い湯に葉茶を入れて煎じ出し味わう、煎茶が日本に伝わったのは江戸時代初期、黄檗宗を伝えた隠元によるといわれている。今、この黄檗宗本山万福寺には、全日本煎茶道連盟（全国三八流派加盟）の事務局が置かれ、煎茶道の総本山的役割を果たしている。江戸時代中期には、黄檗僧・売茶翁《ばいさおう》高遊外が出て、煎茶はいっそう盛んになっていった。この煎茶に用いられる諸道具のうち、急須は重要なものの一つである。江戸時代も後期に入ると、文化文政の時代風潮として文人趣味の進む中で、煎茶はますます流布していった。このことが煎茶器への需要を高めた。文人たちが手に入れようとしたのは、中国からの舶載品であったが、高価で、その需要を満たすにはあまりにも少なかった（当時、宜興《ぎこう》窯で焼かれたものが垂涎の品だった）。彼らは自ら中国の急須を研究し、焼き物の職人の協力を求めた。

常滑にもこの影響は及び、研究、制作が試みられるようになった。寛政年間、伊奈長三、赤井陶然により茶陶の世界が開かれ、文化文政期には上村白鴎が現れている。以後、幕末から明治初期には多くの名工が活躍するに至った。轆轤の名手といわれ鮫焼を創始した稲葉高道、藻掛《もが》けを創出した二代伊奈長三、南蛮写しで知られる二代赤井陶然、朱泥急須の祖とされる杉江寿門等が知られる。

時代は明治に入る。引き続き多くの名工が活躍するが、中国人金士恒の関わりにもふれておかねばならない。金士恒は、明治十一年招かれて常滑に滞在し、中国の宜興のパンパン製法と加飾彫法を教えた。これを習得し発展させた杉江寿門の朱泥の急須は高く評価され、朱泥の急須を作る人が増加したという。

日露戦争後の不況、常滑の急須は大きな打撃を受けたと記されているが、常滑急須の中興とされるのが山田常山《じょうざん》で、轆轤の完璧さで知られた。ちなみに三代常山は人間国宝となっている。

第三代山田常山氏　煎茶具揃
常滑市陶芸研究所蔵

大戦の常滑への打撃は大きなものがあったが、駐留軍特注、戦後復興の建築材の需要により、比較的早く回復への方向が生まれた。戦後まもなく陶業にかかわる職人の増加があり、火鉢や花瓶などの業者が生産を急須に切り替えていき、急須生産は上がっていった。

　常滑急須生産の統計資料がないので詳しくは示せないが、「常滑の陶業百年」によると、昭和四一年には陶業業者が五十軒ほどになっており、また急須でも鋳込み製造が始まり、大規模な事業所も生まれ、生産を始めるようになった。常滑陶磁器工業協同組合茶器部ができたのは昭和四五年、組合員一三名で出発しているが、昭和五八年には四七名となっている。その直後、茶器部は第一部（手造り業者）第二部（鋳込み業者）とに分かれるが、平成一二年では各三六、四六名の会員を有している。

急須造りの工程

原料

常滑田土

・田土を水簸《すいひ》（微細な粘土を調製する方法）したものを使う。粘土の癖をおさえる（粘土をおとなしくする）ため単味で使わないで他所の土を少し混ぜる。

・一軒一軒粘土は皆異なる。

土練り

・土練機で練る

・手で練る

成形工程

一　胴をひく

・轆轤で所与の粘土をやや縦長の円錐台状に伸ばし、その上部でまず胴をひく。

・始めは筒湯飲のようであるが、上部を縮め、中央をふくらませて丸みのある胴を作る。

・トンボ（トンボ様の物差し）で径を測る。

・指と爪とヘラで巧みに蓋受け部分が作られる。

・筆を入れ内側を整え磨く。

・胴を糸で切り下部の粘土から外す。

二　取手をひく

・粘土の上部をやや細くし、取手を作る。

・真横から見ると、ちょうど小さいワイングラスのような形である

・先の細いヘラで口の内側を整える。

・取手部分を先の細いヘラで切り取り外す。

三　注ぎ口をひく

・粘土の先を袋状にひき、その先をさらに細めていく。

四　蓋をひく

・蓋持ちは指一本で巧みに整えられる。

五　胴、棚（蓋受け）の削り、仕上げ

六　取手の削り仕上げ

七　注ぎ口の仕上げ

八　蓋の削り仕上げ（蓋の裏と表）

九　茶漉し作り

一〇　茶漉し付け

・胴に茶漉しを付ける穴をあける。

・茶漉しは蓋口から付ける。

一一　注ぎ口付け

・取り付けは胴の球面に、一定の角度

藻掛け急須
乾燥した藻を素地に縛り付け焼く。
藻が融け灰釉となり藻の模様となる。

をもって付ける。それに合うようパーツの元を切る。
・いちいち測ることなく糸の切具で切る。
・切り口に泥漿《ノタ》（胴と同じ土を溶いた液状のもの）をぬり、取り付ける。

一二　取手付け
注ぎ口付けと同じ要領。
＊パーツ及びその接合したものは急速な乾燥を避けるためにその都度ブリキの箱に入れる。
・生素地から乾燥素地までの収縮率は八〜九％。

一三　蓋合わせ
・蓋の密着性は急須の命である。

一四　乾燥

一五　乾燥後の生地磨き

一六　篆刻を施す
・朱泥の急須にはよく篆刻《てんこく》を施す。

一七　蓋と棚（蓋受け）に離れ薬をつける
・急須は蓋の密着性を求める故、蓋を別にせず嵌めて焼く。
・藻掛けが施されることが多い。藻掛けは常滑の海に漂う藻を乾燥させ、素地に糸で縛り付けて焼く。糸は焼失し、藻は焼けて灰釉となり、藻の模様となって現れる。

一八　焼成
・ガス炉または電気炉を使う。
・乾燥素地から焼成後の収縮率は一二〜一四％（形状、大きさ等により異なる）。

一九　窯出し

二〇　ペーパー磨き

二一　完成

急須の知識

種類

1　横手型　一般の中型の急須に多い。把手が横についている。注ぎ口との角度は八五度ぐらいが、使い勝手が良く、見た目にも良い。

2　後手型　注ぎ口の反対側の後ろにある。

3　上手型　いわゆる土瓶型で、上に竹や籐の手がついている。

4　宝瓶型　急須に手がない形のもの。

使いやすい急須の条件

・取手が手になじみ、使いやすい。口と取手の角度が良く、バランスがとれている（八五度くらいでそれぞれ使い勝手が考えられている）
・茶切れが良いもの。口の形状、角度、丁寧な処理がしてあるもの。
・軽いものであること。手作りの急須は極めて薄手にできており、最後の一滴まで絞ることができる。
・蓋と胴の棚（蓋がはまる部分）摺り

①ひき始め

②指と爪で棚（蓋受）を作る

③取手を作る

④注ぎ口先の内側を調整

⑤指と爪で蓋持ちを作る

⑥茶漉し(内側)

⑦ひき終わった胴・蓋・
取手・注ぎ口

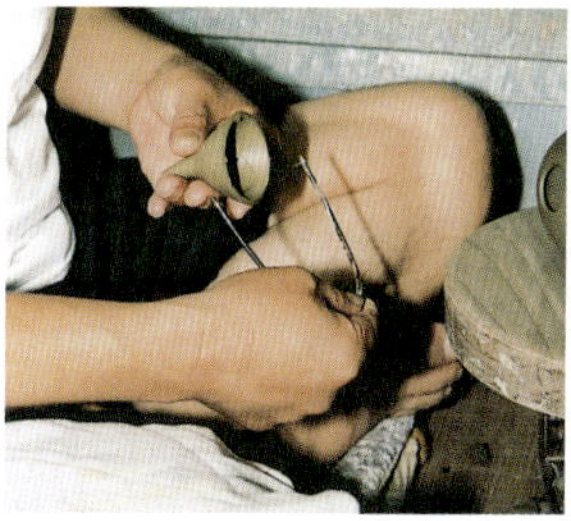
⑧口の接合部カット

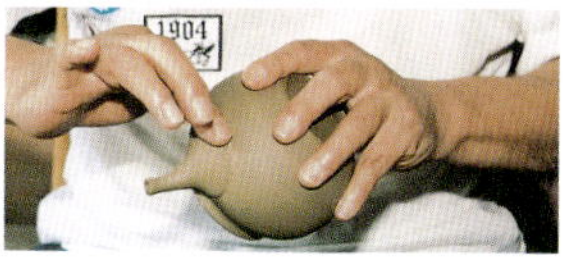
⑨接合部の押し付け

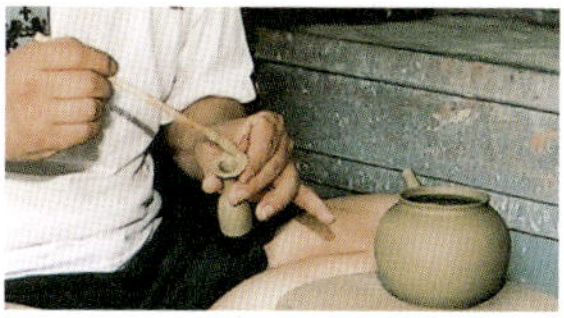
⑩ノタをつける

⑪胴・口・手が出会う

⑫ブリキの箱に入れる

合わせが完璧で吸い付くようなぴったりなもの。お茶を十分に蒸らし、本来の味を引き出す。

・茶漉し　陶製とステンレス製があるが、総じて陶製は、お茶の本来の味、香りを出し楽しませてくれる。ステンレス製は利便性がある。

◇まとめていえば、使う人それぞれの手に合った丁寧な造りのものが良いということになる。

常滑急須について聞く

毎年八月最後の土・日曜日に「常滑焼まつり」が開催されるが、その会場で、常滑焼の実演（技術披露）がされている。筆者が訪ねたときは、「よりこ造り」と「急須」の実演があった。その時の急須を担当されたのが清水源二氏であった。轆轤の上に置かれた粘土から胴、蓋、取手、注ぎ口が流れるように作られていき歓声が上がっていた。他日、急須作りについての見学とお話をうかがう機会を与えていただいた。

手作りの道具

清水氏の陶房「北條《ほくじょう》」は、急須作りとしては先代からで、それ以前は常滑の一般的である甕造りをしてきた家であるとのことである。長男の自分は跡を継ぐものとの雰囲気の中で、抵抗感もなく窯業学校へ行き、卒業後ずっと急須作りをしてこられたという。お訪ねした日は日曜日であったが、特別に工房を開け、轆轤を操作して急須作りの工程を一通り実演し説明をしていただいた。急須は茶碗などと違って五つのパートから構成され、小さく細かい部分もある。それに合う道具も全部自分で作る。今自分が作っている急須に合う道具が必要だからである。古くからある道具も多く残されているが、それはその時に合った道具であって、自分の道具が必要なのであるという。加えて、指、爪も道具の一部であると語られた。例えば、蓋受けの部分では重要な道具となる。それは作品の出来に関わるので、日頃、手と指が荒れないよう留意していると付け加えられた。

また一品物は別として、一定数以上の製品を作るときはパーツをその個数ずつまとめて作るが、この際、パーツが乾いてしまうと接合不良、ひびが生じたりするのでその都度ブリキの箱に入れて保管するようにしている。このため夏でも扇風機やクーラーを使うことはしていないと語られた。

かつて優位にあった四日市の万古焼の急須との違いなどについても語られ、常滑の技法をきちんと伝えておきたい。常滑には歴史があり、培われてきたものがある。急須は、常滑では江戸末期からの歴史ではあるが、常滑の焼き物の心、技法は連綿と伝えられてきており、これが戦後の常滑急須の急速な発展を可能としたと思う。これを絶えず意識し、さらに新しい常滑焼を作り出していこうと精進しているところですと語られた。

（平成一六年）

訪問先
「北條《ほくじょう》」清水源二氏
常滑市北条《きたじょう》四―八三
電話 〇五六九―三五―三一八五

参考文献

一、写真資料提供（写真、掲載許可）
文化庁「群馬県綿貫観音山古墳出土埴輪【女子像】」
東京国立博物館「群馬県上武士天神山古墳出土埴輪【太鼓をたたく男】」
京都国立博物館「源氏物語絵色紙帖【椎本】【紅葉賀】」
神戸市真光寺「遊行上人縁起絵　重要文化財」京都国立博物館寄託〔遊行上人、尾張甚目寺観音にて施食せる図〕
法隆寺大宝蔵殿「橘夫人念持仏厨子　国宝」
福井県永平寺「法堂大木魚」
名古屋市博物館「百華文七宝大壺」「牡丹唐草文鐶付七宝花瓶」
名古屋城「葵紋散引手（七宝）」
瀬戸市歴史民俗資料館「鉄釉印花文仏花瓶」「天目茶碗」「灰釉平碗」「染付大花瓶（伝、加藤民吉）」「染付花鳥獅子図蓋鈕付大飾壺（川本桝吉）」「白頭鷲（ノベルティ）」「馬の目皿・石皿」「陶貨（十銭）」
瀬戸市深川神社「狛犬　重要文化財」
常滑市立陶芸研究所「自然釉猫かき文大甕」「蝦蟇仙人像（上村白鷗）」「菊型朱泥後手急須（初代杉江寿門）」「煎茶具揃（第三代山田常山）」

二、参考文献
◎全体的参考文献
「故事・俗語　ことわざ大辞典」小学館
「日本古典文学大系」「新日本古典文学大系」岩波書店
「和漢三才図会」（東洋文庫　平凡社）
「日本庶民生活史料集成 第三〇巻 諸職風俗図絵」三一書房
「ヴィジュアル史料 日本職人史」雄山閣
朝倉治彦校注「人倫訓蒙図彙」平凡社
（財）伝統的工芸品産業振興協会編「全国伝統的工芸品総覧」平一五
愛知県「愛知県統計書」「愛知県統計年鑑」
名古屋市「名古屋市統計書」「名古屋市統計年鑑」

◎伝統工芸　分野別　品目別　参考文献
A　複数の関係事項を収録する書籍
愛知県実業教育振興会「愛知県特殊産業の由来」昭一六
　瀬戸の陶磁器　犬山焼　常滑焼　名古屋の七宝
　名古屋の提灯　有松絞・鳴海絞　名古屋扇
　名古屋の仏壇　名古屋地方の下駄と鼻緒
　古知野地方の竹細工
愛知県社会科教育研究会「愛知のわざ」浜島書店
　つまおり傘　竹工芸　のんぼり作り　冨田の土人形
　雪駄　木魚　七宝焼　曲げわっぱ　瀬戸焼　和蝋燭
　常滑焼
岡崎信用金庫「あいちの地場産業」
　名古屋友禅　名古屋黒紋付染　有松・鳴海絞　瀬戸の陶磁器　常滑の陶磁器　尾張七宝　仏壇　履物鼻緒　名古屋の扇子　和ろうそく　木魚
愛知県商工部「あいちの伝統工芸産業」昭四九

有松・鳴海絞　名古屋黒紋付染　有松・鳴海絞　名古屋仏壇　常滑焼　瀬戸焼
名古屋市「伝統産業実態調査報告書」昭五四
有松・鳴海絞　節句人形　名古屋仏壇　和蝋燭　尾張七宝　名古屋友禅

B　伝統工芸各分野

一　つまおり傘
愛知県扶桑町「扶桑町史」
脇田雅彦「扶桑・つまおり傘」（日本の伝統工芸5東海）ぎょうせい

二　犬山焼
犬山市「犬山市史」
柴田釼造「犬山焼」昭和九
犬山市文化史料館「犬山焼の精華」平成元
愛知県陶磁資料館「よみがえる華麗な世界　犬山焼展」昭和五五
愛知県陶磁資料館「企画展　犬山焼―浅井コレクション」平成一一

三　尾張の竹細工
江南市「江南市史」
古知野町「古知野町誌」
「尾張名所圖會後編」「尾張徇行記」
一宮市「一宮市史・西成編」
中元藤英「竹の利用と其加工」昭一二　丸善
野崎正美「尾張の竹工芸」（教育愛知 郷土再発見）

四　鯉のぼり
「新釈漢文大系」明治書院
安藤広重「名所江戸百景・水道橋駿河台」

五　起の土人形
大蔵永常「広益国産考」（岩波文庫）岩波書店
俵有作編「日本の土人形」文化出版局
山田徳兵衛「日本人形史」角川書店
畑野栄三「全国郷土玩具ガイド2」婦女界出版社
尾西市歴史民俗資料館 特別展「起土人形」平一一
「起土人形・土鈴」平一七

六　津島祭礼太鼓
「古事記」「律令」（日本思想史大系）岩波書店
「源平盛衰記」新人物往来社
「日本の太鼓」堀田新五郎商店
山川直治編「日本音楽の流れ」「日本音楽の歴史と鑑賞」音楽之友社
吉川栄史「日本音楽の歴史」創元社

七　雪駄
「和漢三才図会」（東洋文庫）平凡社
潮田鉄雄「はきもの」（ものと人間の文化史8）法政大学出版局
「日本はきもの史」（日本はきもの博物館）
三宅都子「雪駄づくりにかけた人生」

八　木魚
「和漢三才図会」（東洋文庫）平凡社
柴田南雄他二名「日本の音をつくる」（朝日新聞社）

九　尾張七宝

七宝町「七宝町史」
名古屋市「新修 名古屋市史」
長谷川淑子「七宝焼」美術出版社
鈴木規夫「七宝」（日本の美術３ ３２２）至文堂
小川幹生「現代に引き継がれる七宝技術」（日本の美術３ ３２２）至文堂
名古屋市博物館「宝玉七宝」（調査報告書Ⅴ）
安藤七寶店「七宝焼」「鏤采璃文　安藤七宝店百年史」
寺本典生「尾張七宝焼」（東海の伝統工芸）中日新聞本社
七宝町七宝焼アートヴィレッジ「尾張七宝収蔵作品図録」
名古屋博物館「特別展 七宝（図録）」

一〇　尾張曲げ物

「遊行上人縁起絵」角川書店
岩井宏實「曲物」（ものと人間の文化史75）法政大学出版局
「大正 昭和 名古屋市史」
新川町「新川町史」

一一　瀬戸焼

「尾張名所圖會」「尾張徇行記」
国立国語研究所「日本方言地図」
名古屋市「新修 名古屋市史 第三巻」
瀬戸市「瀬戸市史」
陶磁文献刊行会「瀬戸焼近世文書集」（陶磁文献叢書３）
「陶器法伝記」名古屋叢書　第十六巻
「日本の技　東海・中京技の道」集英社
「探訪 日本の陶芸10 瀬戸 常滑 東海」小学館
三浦小春「中部のやきもの」中日新聞社
「日本のやきもの 第5集 瀬戸・美濃・常滑」読売新聞社
愛知県陶磁資料館「瀬戸焼１３００年の歩み」（特別展）
愛知県陶磁資料館「瀬戸の陶芸 １３００年の歴史と今」（特別展）
愛知県陶磁資料館「猿投窯―須恵器・瓷器から中世陶へ」（特別展）
瀬戸市歴史民俗資料館「明治時代の瀬戸窯業Ⅰ・Ⅱ」（企画展）
「瀬戸焼１３００の伝統と技術」（瀬戸市歴史民俗資料館）
「瀬戸染付の黎明展 図録」平成一〇年
「シンポジウム 瀬戸染付 記録集」平成一三年
「世界へ夢を贈るやきもの セト・ノベルティ展」平成九年
愛知県陶磁資料館「ノベルティ・デザイン」平成一五年
「瀬戸の絵皿展」（企画展 瀬戸市歴史民俗資料館）
「瀬戸本業焼」（企画展）昭和五七年
「江戸時代後期本業展」（特別企画展）昭和六三年
「瀬戸・美濃 民芸古陶展」（企画展）一九九六年

一二　名古屋友禅染

「尾州濃州紺屋惣帳」（名古屋叢書11）
「日本染織地図」（シリーズ染織の文化３）朝日新聞社
福井貞子「染織」（ものと人間の文化史１２３）法政大学出版局
河上繁樹・藤井健三「織りと染めの歴史 日本編」昭和堂
「友禅 小紋」（太陽　染と織シリーズ）平凡社
北村哲郎編「友禅染（日本の美術３ １０６）至文堂

池谷江理子「名古屋友禅」（東海の伝統工芸）中日新聞本社

一三 名古屋黒紋付染
京都紋章工芸協同組合「平安紋鑑」森晴進堂
小川棄拾・朋保氏資料

一四 有松・鳴海絞
「尾張名所圖會」
有松町史編纂委員会「有松町史」
名古屋市「新修 名古屋市史 3」
有松しぼり編集委員会「有松志ぼり」
愛知県絞工業組合「伝統産業 有松・鳴海絞り産地の実態と将来像」
「日本染織地図」（シリーズ染織の文化3）朝日新聞社
堀江勤之助「有松・鳴海絞」（東海叢書 第20巻）
「染めの事典」（シリーズ染織の文化1）朝日新聞社
榊原あさ子「日本伝統絞りの技」（紫紅社）
垣本政子「有松・鳴海絞り」（東海の伝統工芸）中日新聞本社
日本の伝統工芸5 東海」（ぎょうせい）
「有松絞」（図説 日本の伝統工芸）河出書房新社
「有松・鳴海絞」（日本の技 東海・中京の道）集英社
京都造形芸術大学編「染を学ぶ」（美と創作シリーズ）角川書店
「染」（カラー日本の工芸1）淡交社
深谷範雄「有松絞」（教育愛知 郷土再発見）
「有松・鳴海絞りと有松のまちづくり」（地域ビジネス研究叢書）唯学書房
歴史的環境研究会「四間道と有松―名古屋市伝統的町並保全基礎調査」
有松まちづくり会「有松」

一五 名古屋節句人形
土佐光吉画「源氏物語絵色紙帖」東京勉誠社
山田徳兵衛「図説 日本の人形」東京堂出版
読売新聞社編「日本の人形」読売新聞社

一六 名古屋仏壇
山中民彦編「名古屋仏壇―名古屋仏壇の沿革と組合の歩み」名古屋仏壇商工協同組合
山中民彦「名古屋の仏壇づくり」（教育愛知 郷土再発見）
池谷江理子「名古屋仏壇」（東海の伝統工芸）中日新聞本社
日本漆工協会・日本文化財漆協会「日本の伝統仏壇集」松栄出版

一七 名古屋桐箪笥
木内武男他「和箪笥集成」講談社
小泉和子「箪笥」（ものと人間の文化史46）法政大学出版局
鬼頭三男「名古屋の桐箪笥」（教育愛知 郷土再発見）
愛知県教育委員会「愛知の伝統産業―名古屋箪笥」

一八 名古屋凧
「尾張名所圖會 巻二」
若山善三郎輯「尾張童遊集」名古屋温故會
新坂和男編「日本の凧」角川書店
新坂和男「凧の宴・東海の凧」（日本の技 東海・中京技の道）集英社
斎藤忠夫「凧の民俗誌」未来社

斎藤忠夫「江戸凧絵史」グラフィックス社
安藤佐八雄「和凧―凧師名簿」

一九　名古屋櫛
橋本澄子「日本の髪型と髪飾りの歴史」源流社
「かんざし　岡崎智予コレクション」紫紅社
長崎巌「女の装身具」（日本の美術5　396）至文堂

二〇　手作り和蝋燭
上原敬二「樹木大図説」有明書房
大蔵永常「広益国産考」「農家益」（日本産業史資料第二巻）科学書院
野間保彦「名古屋の和蝋燭」（教育愛知 郷土再発見）

二一　名古屋扇子
「有職故実大辞典」吉川弘文館
名古屋市「名古屋市史 産業編」
愛知縣「愛知縣史」第四巻
津村節子「心をつむぐ―伝統の美をささえるもの」大和書房
中村清兄「日本の扇」河原書房
椙杜穹才子編「能を彩る扇の世界」檜書店

大治扇骨
大治町「大治町史」
野崎正美「尾張の竹工芸」（教育愛知 郷土再発見）

二二　名古屋提灯
愛知縣「愛知縣史―明治・大正」
名古屋市「大正 昭和　名古屋市史　第九巻」

二三　名古屋履物鼻緒
赤羽裕毅「下駄」（ものと人間の文化史104）法政大学出版局
「大正 昭和 名古屋市史 第九巻」

二四　名古屋桶樽
新川町「新川町史」
石井真一「桶・樽ⅠⅡⅢ」（ものと人間の文化史82）法政大学出版局
小泉和子「桶と樽―脇役の日本史」法政大学出版局
北斎「富岳三十六景・尾州富士見原」

二五　常滑焼
常滑市「常滑市誌」
「常滑窯業誌」「尾張名所圖會」「張州雜誌」
淺井圖南「圖南先生嶋紀行」
とこなめ焼協同組合編集委員会「創立60年のあゆみ」
とこなめ焼協同組合百周年記念誌編纂委員会編「常滑の陶業百年」
楢橋彰一編「愛蔵版 日本のやきもの」講談社
「日本の技　東海・中京技の道」集英社
「日本の伝統工芸5 東海」ぎょうせい
「探訪日本の陶芸10　瀬戸常滑―東海」小学館
沢田由治「常滑」（カラー日本のやきもの13 常滑）淡交社
三浦小春「中部のやきもの」中日新聞社
杉崎章 村田正雄「常滑焼ーその歴史と民俗」名著出版
赤羽一郎「常滑―陶芸の歴史と技法」技報堂出版
「常滑焼の伝統技術―ヨリコづくり」（教育愛知 郷土再発見）
沢田由治「常滑の急須」（「陶説」第四九八号）
新田清晴「図鑑 急須の魅力」光芸出版

あとがき

小さな四〇軒ばかりの村に生まれ育ち、その後も外へ出ることもなく此処で一生を終えることになりそうである。緑の木々に囲まれた村が点々とある農村地帯での生活であった。子供の時代の村では日常的には自給自足的な面があり、周辺の大きな村には大工、桶屋、竹細工、染め物を生業とする人がおられた。子供の頃は退屈するとそんな所へ出掛け、そこに何時までも座り込んで、仕事ぶりを見ていた。手が生き物のように動いて物が出来上がっていくのは、魔法をみているようであった。こんなことからか、物作りを見ることはとても好きである。

長じて後、納屋の傷みがひどく建替を余儀なくされた折、そこに古い道具、器物が残されていた。糸の掛かったままの機織り機もあり、農具や生活用具が入れ込んであった。懐かしい物もあり、直しておきたいと思う物もあったが、家族の顔は冷ややかであった。ところが、それ以上に困難に出会うことになった。修理に出そうにも、もう直しをする人がいないのである。その道具は、もう今の社会、生活とは関わり合いがなくなっているのである。

今回、伝統工芸に携わっている方を訪ねた折、よく話題になったことは仕事の減少のことであった。生業として続けていくことは困難であり、子も跡を継ぐ意志がないという話がよく出た。誰々さんも戸を閉められた、今休業状態にあるとの話題がよくあった。救いであったのは、自分としては一生この仕事をやってきたことに悔いはない、仕事は楽しく誇りに思うと語られる方が多いことである。

やはり時代、社会は大きく変わってきたのである。伝統工芸も人と共に、時代と共に生きてきたものであり、時代が移り社会が変われば、それとの間に隔たりが生じ、更に必要から遠い物になってしまう。一部の、人の生活と直接関わることの少ない世界、信仰、芸術・美術、趣味の世界に関わるものは、価値が違い求めるものが違うから存在し続け、更に一層の価値追求が為されていくことであろう。しかし、大部分の工芸は、人の生活・生きることと関わっているものであり、時代、社会の変化とともに盛衰することを避けることは出来ないものとも思われる。

今日の変化・進歩はあまりにも大きく急速である。人がその一生の間に出会い、それに対応していくことが出来ない程である。これまでのように長い時間をかけて高められてきた伝統工芸も、その地位を失い、歴史の中にその姿を消していくものも出てくるということであろうか、それにしても一部の伝統工芸にそういった傾向があらわれてきていることは如何にも寂しい思いがする。

しかし、数量は減ってきていても全てが無くなっていくわけではないと思う。一定数量は作られ使われていく。芸事、宗教、儀式・行事、武道や角界などや趣味の世界で用いられる道具、装束などは無くてならないもので、僅かの職人により生産維持されている。戦前、名古屋は知られた一閑張りの生産地であった。今日では消え去ってしまった観があるが、今も作っておられる人がいる。一般生活では使われなくなっているが、伝統的な道具、器物などで今も作り続けられているものがある。


最後になりましたが、長い修業とより高い水準のものを生み出さんと伝統工芸に携わってこられた方々にお会いすることが出来ましたこと本当にうれしく深く感謝申し上げます。自分の個人的な思い、趣味から出た伝統工芸訪問に、貴重な時間を割いてくださり、丁寧に応じ教示いただきましたことに感謝の意を示す言葉が見つかりません。この場をかりて厚く感謝を申し上げます。

最後に、その後お亡くなりになった方もあります。この紙面を借りて、ご冥福をお祈りします。

野寄　正美

平成二〇年四月一五日

[著者略歴]
野嵜　正美（のさき・まさみ）
1937年、愛知県尾張部に生まれる。
愛知県立高等学校（教諭、校長）
短期大学（教授）
尾張野文化研究会

尾張野の伝統工芸

2008年7月15日　第1刷発行
（定価はカバーに表示してあります）

著　者　　野嵜　正美

発行者　　稲垣 喜代志

発行所　名古屋市中区上前津2-9-14　久野ビル
振替00880-5-5616　電話052-331-0008
http://www.fubaisha.com/
風媒社

乱丁・落丁本はお取り替えいたします。　＊印刷・製本／大阪書籍印刷
ISBN978-4-8331-5174-0

岡田稔 文　茶畑和也 イラスト
百人の天職一芸
定価(1900円＋税)

魚篭職人、鋳物師、硯刻師、山部、笛師、伊勢根付木彫師、漆喰鏝絵師…。誇りと矜持を胸に抱き、自らの技に生きる100人の「天職人」たちを紹介する。いま輝く、昭和職人の心意気。『毎日新聞中部本社版』連載をまとめる。

華房良輔 著
伊賀の手仕事
●職人の世界をたずねて
定価(2155円＋税)

昔ながらの伝統の技術を受け継ぐ職人が、今なお数多く残る「匠の里」伊賀。木地師、矢師、野鍛冶、提灯職人、組紐職人、杜氏ら80人の職人を訪ね、その技と心意気とを丹念に取材、洒脱な文章でいきいきと描き出した貴重な記録。

久保田稔 著
川と生きる
●長良川・揖斐川ものがたり
定価(2155円＋税)

洪水との闘い、他村から流れ込む悪水や自村の排水の苦労、他村の取水に関する既得権争いなど、さまざまなエピソードを通じて、長良川、揖斐川とともに暮らしてきた人々の川への関わりを紹介する。

木曽川文化研究会 著
木曽川は語る
●川と人の関係史
定価(2500円＋税)

私たちは川とどう付き合ってきたのか。歴史が照らし出す川の未来。木曽木材と川、渡船から橋への変遷、人びとと川とのたたかい、電力開発などを切り口に、今日の流域の生活様式をかたちづくってきた固有の地域史を掘り起こす。

前田栄作 文　水野鉱造 写真
尾張名所図会 絵解き散歩
定価(1600円＋税)

天保年間につくられた「尾張名所図会」。そこに描かれた場所の現在の姿を紹介。見慣れた風景、馴染みの地域の江戸時代の姿といまを重ね合わせ、未来の姿に思いを馳せる。訪ねてわかった郷土の素顔！

海の博物館　石原義剛 著
熊野灘を歩く
●海の熊野古道案内
定価(1600円＋税)

熊野灘は太古からの太い海上の道であった。大王崎から潮岬まで、はるばるつづく海岸線をたどるとき、そこには豊かな歴史といきいきとした文化が残ることを知る。海からたどる熊野古道のあらたな魅力を紹介する。